한국행정연구원 총서
정부 신뢰와 소통 제고를 위한 Public Relations 시스템 구축 II-1

소셜 미디어와 정부PR

송희준 · 조희정

도서출판 대영문화사

발간사

정부 2.0 패러다임의 등장 이후 페이스북과 트위터 같은 다양한 소셜 미디어가 등장하면서 정치 · 행정적 측면에서 큰 도움을 받게 되었다.

역대 정부는 정부혁신과 전자정부 등 다양한 노력을 통해 행정의 효율성과 투명성을 제고하고, 대(對)국민 서비스를 향상시키려고 노력해 왔다. 그럼에도 불구하고 복잡다단한 행정 현실에 당면하여 국민 및 고객과의 소통에 장애를 받아온 것도 사실이다. 따라서 국민과의 소통 정책과 채널을 개선하고 추진 체계를 정비하는 등의 노력이 정부의 과제가 되었다.

소셜 미디어를 활용한 정부PR 체계 구축 방안 보고서는 정부 2.0 시대에 정부와 국민 간 소통을 활성화하기 위해 소셜 미디어 기반의 정부PR 현황 분석을 통해 바람직한 추진 체계를 구축하는 데 초점을 두었다. 이 연구 결과가 PR정책의 수립과 차후 연구에 많이 활용되기를 기대한다. 끝으로 좋은 연구 성과를 거두기 위해 노력한 연구진의 노고를 치하한다.

2013년 5월

한국행정연구원 원장　이은재

머리말

1990년대 이후 인터넷이 확산되면서 인류는 시공간을 초월한 소통을 향유하고 있다. 사람들은 인터넷을 통해 과거에는 어렵거나 비용이 많이 드는 각종 서비스를 쉽게 제공받고, 국경을 넘어 활발한 상거래 활동을 하고 있다. 인류는 이제 매우 좁은 세상에서 살게 된 것이다. 이러한 변화는 정보통신기술의 발전과 사회적인 수요가 긴밀하게 상호 작용한 결과물이다.

2000년대에 접어들어 페이스북, 트위터, 유튜브 같은 소셜 미디어는 개인, 집단, 조직, 국가 등 행위자들 사이의 소통을 더욱 활성화시키고 있다. 10억 이상의 인구가 페이스북을 통해 소통하고 있고, 유튜브는 싸이의 '강남 스타일'과 '젠틀맨' 덕분에 디지털 콘텐츠를 유통하는 세계적인 매체로 굳게 자리 잡았다. 그런 소셜 미디어는 스마트 폰과 태블릿 컴퓨팅 등 스마트 기기를 통해 모든 사회 부문에서 새로운 기회를 창출하고 있다.

이 책은 스마트 소셜 미디어 확산으로 인해 공공 부문에서 발생하는 새로운 변화를 설명하고 있다. 정부와 국민 사이에 수직적이고 위압적인 통치에서 수평적이고 협업적인 거버넌스로 변화하는 이러한 모습은 새로운 국가-사회 관계를 모색하는 많은 사람에게 희망을 주고 있다. 이 과정에서 정부와 국민 사이의 소통이 일방적인 홍보 관점에서 양방향적 소통 및 참여 관점으로 전환되고 있다. 정부와 국민 사이의 관계 변화라는 공공가치 패러다임의 전환기에 우리 정부부처들이 국민과의 소통을 확대하기 위해 많은 노력을 기울이고 있는 것은 매우 중요한 의미를 지닌다.

이 책에서는 2012년을 기준으로 47개 중앙행정기관을 대상으로 페이스북, 트위터, 유튜브, 블로그 등 소셜 미디어의 개설도, 참여도, 그리고 연결도를 조사하여 클라우트 지수 등 몇 가지 평가지표를 동원하여 부처별 실적을 비교 평가했다. 전반적으로 부처들이 서로 경쟁적으로 국민과의 소통을 확대하기 위해 노력하고 있음을 알 수 있다. 그러나 일부에서는 관행적이고 의례적인 수준에 머무르는 경우도 확인되었다. 또한 국민과의 소통을 활성화하기 위한 다양한 법제도적인 정비와 기술 기반 구축, 그리고 선택과 집중 전략 등 운영상의 문제도 확인되었다. 이 기회에 정부와 국민의 관계가 홍보 차원이 아닌 소통 차원으로 한 단계 진화하는 계기가 되도록 필요한 틀이 정비되기를 기대한다.

실제로 많은 국가의 공직자들은 국민 위에 군림하지 않고 국민과의 소통을 촉진하기 위한 다양한 노력을 기울이고 있다. 따라서 우리 정부 공직자들도 소셜 미디어를 통한 국민과의 소통이 국민의 알 권리와 정책 과정에의 참여를 통한 공공가치 구현에 크게 기여한다는 의식을 가질 필요가 있다.

이 저술은 한국행정연구원의 재정 지원으로 가능했다. 박응격 전 원장님과 이은재 현 원장님에게 감사 말씀을 드리고, 서원석, 류현숙, 조혜정 박사님에게도 고마움을 표한다.

2013년 5월

송희준 · 조희정

차 례

제 1 장 서 론

제 1 장 서 론

제 1 절 연구의 목적과 필요성

21세기에 접어들면서 환경의 불확실성과 복잡성이 급증함에 따라, 공공문제를 해결하고 새로운 기회를 포착하기 위한 정부와 국민 간 소통의 필요성이 과거 어느 때보다 절실한 상황이 되고 있다. 특히 민주주의의 진전으로 인해, 정부는 정책 수립과 집행 과정에서 국민의 이해를 구하고 설득할 필요성이 증대한 반면, 국민은 주권자로서 알 권리와 정책 정보에 대한 접근권 및 국정 참여 욕구를 강하게 표출하고 있다. 이에 더해 인터넷 등 최근에 더욱 급진적으로 진전되고 있는 스마트(smart) 생태계 혁명은 이와 같은 정치 사회적인 변화를 주도하면서 사회문제를 해결하는 기술적 방법까지 제공하고 있다.

첫째, 기술적으로 2009년 11월에 국내에 보급된 애플(Apple)의 아이폰(iPhone)에서 시작된 스마트 생태계 혁명으로 주도되는 스마트 기기 확산, 클라우드 컴퓨팅(cloud computing)과 빅 데이터(big data) 등 정보통신 신기술은 국가, 경제 및 사회를 근본적으로 혁신해 나가고 있다. 특히 인터넷[1] 기반의 페이스북(Facebook), 트위터(Twitter), 마이스페이스(Myspace), 링크드인(Linkedin) 같은 사회연결망 서비스(Social Network Service: SNS)를 포함한 소셜 미디어(social media)를 활용한 인류 사회의 확산은 전 세계를 더 좁은 세상(small world)으로 만들고 있다.[2]

---

1) 인터넷의 모든 URL에 디폴트로 주어지는 http://는 문단 편집상 생략함.

2) 최근의 종합적인 미디어는 '스마트 소셜 미디어'로 표기하는 것을 원칙으로 하고, 그 밖에 구체

스마트 소셜 미디어는 개인 간, 집단 간의 소통 도구로서 참여와 집단 지성을 활성화하고, 네트워크를 통한 새로운 아이디어와 솔루션(solution)을 제시한다. 또한 스마트 소셜 미디어는 더 이상 단순히 개인적인 연결망이나 기호 모임, 채팅을 위한 플랫폼(platform)으로 기능하지 않고 있다. 사적인 영역뿐만 아니라 정치와 정책 영역에서 페이스북, 트위터, 유튜브 같은 전자적 스마트 소셜 미디어가 국민의 여론 형성과 국정 운영에 영향을 미칠 수 있는 새롭고 강력한 소통 도구로 자리 잡고 있다. 그 결과 스마트 소셜 미디어는 정치적으로 이란 대선(2009. 6), 이집트와 튀니지의 권위주의 정부를 무너뜨리는 데 기여했고(2011. 1), 영국 총선(2010. 5), 호주 총선(2010. 8), 서울시장 보궐선거(2011. 10) 등에서 선거 의제 개발, 여론 형성, 정책결정에 큰 영향을 미치고 있다. 전통적인 공간적 참여 형태가 아닌, 온라인을 통한 새로운 방식의 여론 형성과 군중 동원 효과가 사회 전반에 큰 영향을 미치고 있는 것이다.

공공 차원에서 스마트 소셜 미디어는 정부의 각종 정책결정과 행정 서비스를 국민에게 알리는 유력한 수단이고, 브랜드 가치 제고를 위한 홍보와 대(對)고객 서비스 차원에서 기업에 중시되고 있으며, 아울러 매스미디어, 뉴미디어 등을 대체하는 개념으로 급속도로 활용되고 있다. IBM이 1,700여 개 글로벌 회사 CEO를 대상으로 조사한 결과에서도 71%의 CEO들이 향후 3~5년 사이 기업들의 장래에 가장 큰 영향을 미칠 외부 요소로 기술을 제시했고, 스마트 소셜 미디어를 통한 협업과 혁신, 집단 지성, 그리고 네트워크를 통한 새로운 아이디어와 솔루션이 기업문화에 가장 중요한 개방성을 제고하는 데 필수적인 것으로 보고 있다(IBM, 2012).[3)]

스마트 소셜 미디어는 사람들이 생각과 의견, 이념, 경험, 관점 등을 공유하기 위해 사용하는 온라인 툴(online tool)과 플랫폼을 총칭하는 개념으로서, 텍스트(text), 오디오(audio), 비디오(video), 이미지(image), 그래픽(graphic) 등 다양한 멀티미디어(multimedia) 형태를 가지고 있다. 그러한 스마트 소셜 미디어는 개방(openness), 참여(participation), 공유(sharing), 협업(collaboration), 커뮤니티(community) 등 웹 2.0(web 2.0)의 핵심 가치에 토대를 두고 있다. 즉, 이들은 사용자 간 소통 기능 향상, 강력한 온라인 이익집단 형성, 공공 문제에 대한 집단적 의사 표시 등의 기회를 제공한다.

둘째, 이와 같은 기술 변화는 정부와 국민 관계의 변화를 유발하고 있다. 1970년대 이후 글로벌화 · 민주화 · 정보통신혁명은 정부와 국민 간의 관계를 근본적으로 변화시켰다. 정부

적으로 트위터나 페이스북, 유튜브 등의 고유한 서비스를 지칭할 때에는 'SNS'로 표기함.

3) vo.to/kQN

의 행정 이념도 경제성·효율성은 물론, 민주성·투명성·반응성과 같은 민주적 가치를 구현하는 방향으로 전환되었다. 또한 2008년의 미국 금융위기와 2010년의 유럽 재정위기는 시장 실패와 정부 실패를 노정함으로써 정부와 국민 간 관계에 새로운 변화를 모색하는 계기가 되고 있다. 그 과정에서 2010년 이후 정부와 국민은 동반자적 관계(partnership) 속에 참여·개방·공유를 통한 협업(collaboration)이 핵심적인 행정 가치로 자리 잡고 있다.

전자정부는 정부 내부 업무 프로세스 개선과 효율성 증진은 물론, 국민에 대한 서비스의 양적 확대와 질적 변화에 크게 기여하고 있다. 특히 전자정부는 정부 내부 업무 효율화와 대민 서비스 개선에 초점을 두던 초기 방식에서 벗어나 국민과의 대화 및 협업을 확대하는 방향으로 진화하고 있다. 정부가 관료제 내부에서 배타적·폐쇄적으로 결정한 정책 내용을 국민에게 일방향적(one-way)으로 전달하는 일방적 홍보 관점에서 국민이 정책 과정에 함께 참여 및 대화하는 쌍방향적 소통(two-way interaction)으로 전환되고 있다. 특히 정책 환경이 불확실하고, 복잡하며, 동태적일수록, 정책결정 과정과 내용에 대한 국민의 협조가 필요하다는 점에서, 국민의 이해와 공감을 끌어낼 수 있는 정부PR 체계가 요구된다.

셋째, 정부-국민 관계의 변화와 전자정부 서비스의 발전은 기존의 정부PR의 가치와 접근 방법에 대한 근본적 변화를 가져오고 있다. 현재 한국은 세계 1위의 전자정부 국가에 걸맞게 우리 국민의 스마트 소셜 미디어 활용도 매우 활성화되어 있다. 국민의 만 6세 이상 인터넷 이용자의 66.5%가 최근 1년 이내에 블로그, 커뮤니티, 미니홈피 등 SNS를 이용하고, 최근 1주일 이내 이용한 경우도 34.8%나 될 정도로 상시 이용하며, SNS 이용 기기도 데스크톱 컴퓨터에서 스마트폰과 노트북 등으로 확산되고 있다(한국인터넷진흥원, 2011). 그러나 SNS 교류 대상은 친구와 선·후배(91.4%), 취미·관심사가 같은 사람(47.4%), 가족·친척(42.6%) 등에 집중되고 있고, 정치·경제인(2.1%)은 매우 취약하다는 점에서 SNS 기반의 정부PR를 기회적 요인으로 활용할 필요가 있다.

그러나 이와 같은 스마트 소셜 미디어를 활용한 정부PR이 왜곡된 정보 유통을 제어하고 정부의 진중한 정책 의도와 내용을 전달하는 데 충분한 성과를 거두어 왔다는 긍정적인 평가는 많지 않은 실정이다. 현재까지 정부의 스마트 소셜 미디어 활용은 정책의 일방향적 홍보 및 정보 전달 방식에서 벗어나지 못하고 있고, 스마트 소셜 미디어를 활용하여 시민의 정책 참여와 정책을 심의(policy deliberation)하는 수준은 미흡한 상태에 머물러 있다. 일부 전문가들은 스마트 소셜 미디어를 활용한 정부PR의 필요성을 강조하고, 정부의 스마트 소셜 미디어 활용 방식 진단을 통한 활용 개선을 제안하며, 스마트 소셜 미디어를 활용한 여론 분석과 정책 반영을 주장하고 있다. 또한 일부에서는 스마트 소셜 미디어를 통한 국민과의 소통을 위한 정부 홍보조직 체계의 근본적인 개선이 필요하다고 주장한다.

이에 따라 현재의 스마트 소셜 미디어에 대한 정부PR 체계의 현황과 문제점, 장애 요인을 면밀히 분석함으로써, 개선 과제를 도출한 뒤 그것을 추진할 바람직한 정부PR 체계를 구축할 필요가 있다. 이를 위해 과거부터 현재까지의 정부PR 체계 전반에 대한 평가가 필요하다. 또한 스마트 소셜 미디어를 활용한 정부PR를 위한 기회 요인은 전자정부와 ICT(Information Communication Technology) 강국으로서 스마트 소셜 미디어의 사회적 확산이 진전되고 있다는 기술적 요인과 이명박 정부에서 발생한 쇠고기 수입 관련 촛불집회와 천안함사건 등 정부와 국민 간의 신뢰 문제를 근본적으로 재정립할 시점적 요인이 포함된다.

제 2 절 연구의 주요 내용

이 연구는 스마트 소셜 미디어를 활용한 정부PR 체계 구축 방안을 도출하기 위해 다음과 같은 핵심 내용을 연구한다.

첫째, 정부PR과 관련 개념들을 관련 연구들과 비교하며 정의한다. 특히 스마트 소셜 미디어 기반의 정부PR 2.0을 웹 2.0과 정부 2.0 개념과 연계하여 정책적・행정적 의미를 해석한다. 또한 정부PR에 대한 학문 분야별 접근 방법을 개략적으로 소개한다.

둘째, 스마트 소셜 미디어의 발전 동향을 살펴보고, 이를 바탕으로 스마트 소셜 미디어 채널들의 상이한 본질과 특성을 논의한다. 스마트 소셜 미디어의 본질과 특성으로 스마트 소셜 미디어의 개념 정의 및 다른 미디어와의 차이점을 찾아내고, 트위터, 페이스북, 블로그, 커뮤니티, SNS 등 수많은 스마트 소셜 미디어 유형을 도출한 뒤 스마트 소셜 미디어와 전통적 매체로서의 매스 미디어(신문, 방송, 라디오) 및 전자정부(홈페이지 등)의 관계를 정립한다. 또한 스마트 소셜 미디어 기반 정부홍보를 개념화하고, 정부 PR의 기본 모형으로서 OECD, UN 등 전자정부 성숙모형과 전통적 정부PR 모형의 비교 분석 후 스마트 소셜 미디어 기반 정부PR 모형을 도출한다.

셋째, 주요 국가와 국제기구 등의 동향을 조사 분석한다. 이를 위해 미국 오바마 정부의 열린 정부 정책 등의 주요 내용을 분석하고, 부처별 추진 실태를 살펴본다. 영국에서 추진하는 'Data.gov.uk'(범정부 통합 정보공개 공유 서비스)와 'Alpha.gov.uk'(범정부 통합 서비스 플랫폼)의 정부 뉴스, 연설문, 정부기구, 정부정책 및 보고서 등의 소셜 미디어 기반 서비스 내용을 분석한다. 또한 일본은 어떤 추세로 스마트 소셜 미디어를 정부PR에 활용하는지를 분석한다. 마지막으로 UN의 「전자정부보고서(E-Government Survey)」에 나타나는 국가 간 비교 자료를 분석하고 주요 국가와 국제기구 동향 분석을 통한 함의를 도출한다.

넷째, 이 연구의 핵심 부분으로서 스마트 소셜 미디어 기반의 정부PR(PR 2.0)의 현황과 문제점을 도출한다. 이를 위해 우선 ICT 진화 동향을 분석한다. 이를 위해 각 부처의 스마트 소셜 미디어 활용 현황을 모니터링 및 분석하고, 정부 홍보 콘텐츠를 비교한다. 이를 통해 스마트 소셜 미디어 기반 정부홍보 현황 및 문제점을 도출한다. 운영적인 측면에서는 SNS 프로그램과 담당자 교육 및 업무 과부하 등의 문제점을 도출하고, 스마트 소셜 미디어 기반 정부PR 조직 체계의 정책홍보 내용, 방법, 정보 흐름을 분석한 뒤 그 문제점을 도출한다. 특히 스마트 소셜 미디어에 기반한 정부PR의 모범 사례를 찾아내어 분석하고 모범적인 성공 사례(best practices)를 통해 성공 요인을 분석하여 정책적인 함의로 제시한다.

다섯째, 스마트 소셜 미디어를 통한 정부PR와 전자정부의 관계를 통합적인 관점에서 분석한다. 기존의 전자정부사업이 어떻게 스마트 소셜 미디어 활용과 연계되고, 향후에 어떤 방향으로 통합 시스템화되는 것이 바람직한지를 살펴본다.

마지막으로, 스마트 소셜 미디어 기반의 정부PR 체계 구축 방안을 도출한다. 구축 방안은 현황과 문제점에 대한 분석 및 평가를 바탕으로 정부부처들이 실현 가능한 대안 형태로 제시한다. 이를 위해 정부 조직 체계로서 대통령실과 중앙부처의 PR 체계를 개략적으로 살펴본 뒤 그 개선 방안을 제시한다. 특히 중앙부처의 스마트 소셜 미디어 기반 정부PR 조직 체계의 운영 및 관리 방식과 인식 개선 및 내부 역량 강화 방안, 그리고 스마트 소셜 미디어 채널 선택과 운용, 관계 형성을 위한 현행 운영 지침 보완 방안을 제시한다. 이 단계에서 개인정보 보호와 정보보안 등 정보 시스템상의 취약점 보완 및 정보격차 해소(bridging digital divide)와 사회적 통합(e-Inclusion) 문제를 다룬다.

연구 내용은 제2장에서는 정부PR 2.0의 동향 분석, 제3장에서는 주요 국가의 정부PR 2.0 동향 정리, 제4장에서는 정부PR 2.0 분석, 제5장에서는 스마트 소셜 미디어와 전자정부 통합 체계 분석, 제6장에서는 스마트 소셜 미디어 홍보의 활성화 방안 제시의 순서로 작성했다.

제 3 절 연구의 범위와 방법

1 연구 범위

스마트 소셜 미디어를 활용한 정부PR 체계 구축을 위한 연구 범위를 구체적으로 제시하면 다음과 같다.

첫째, 이 연구의 대상기관은 47개 중앙정부기관이다. 정부조직법 등에 행정기관으로 명시되어 있는 중앙행정부처는 2012년 12월 31일 현재 15부, 2처, 18청, 2원, 3실, 7위원회이다. 그 속에는 청와대와 총리실을 포함한 15개 부처와 처·청, 그리고 국민권익위원회 등을 포함했다. 따라서 광역 및 기초자치단체와 공공기관은 연구 대상에서 제외된다. 또한 이 연구에서는 중앙정부 차원에서 각 부처의 스마트 소셜 미디어를 활용한 PR를 분석하는 것이기 때문에, 대한민국 정부 포털(www.korea.go.kr)의 스마트 소셜 미디어 활용은 분석 대상에서 제외했다. 연구의 주 목적은 각 부처 차원에서의 전략 수립과 적절한 가이드라인 제시에 있는 것이기 때문에 부처별 특성을 반영한 대국민 소통 전략의 중요성에 중점을 두어 분석했다.

둘째, 분석 대상인 스마트 소셜 미디어는 트위터, 페이스북, 유튜브, 블로그, 모바일 애플리케이션(application, 이하 모바일 앱), 그 밖에 미투데이(Me2day)와 요즘(yozm)을 포함했다. 이 중에서 트위터, 페이스북, 유튜브, 블로그, 모바일 애플리케이션이 주된 분석 대상이며, 미투데이와 요즘은 기관별 홈페이지 및 블로그와의 링크 실태 분석에 활용되었다.

셋째, 이 연구에서 조사하는 중앙행정기관들의 스마트 소셜 미디어 채널 활용 실태와 추세 분석은 채널 개설 시기부터 현재까지 전 기간에 대한 시계열분석(time series analysis)보다는 특정 시점에서의 횡단면적 비교(cross-sectional comparison)에 가깝다. 47개 기관의 스마트 소셜 미디어 개설 이후 현재까지의 활용 실태를 모두 조사하는 것은 짧은 연구 기간을 고려할 때 쉽지 않기 때문이다. 따라서 실태조사는 2012년 6월 한 달 동안의 실적을 중심으로 이루어졌다. 그럼에도 불구하고 기관들 사이의 스마트 소셜 미디어 활용상의 특성, 경향성과 장단점은 비교적 손쉽게 파악할 수 있을 것이다.

넷째, 연구는 활용의 외형적·기술적 측면에서 트윗(tweet)과 리트윗(retweet), 팔로어(follower)와 팔로잉(following) 등 외형적 수치를 파악하는 차원에 초점을 두었다. 기관들의 스마트 소셜 미디어를 통한 PR 실태의 내용적·실질적 측면의 분석은 기관들의 정책과 서비스의 내용은 물론, 고객과의 커뮤니케이션의 내용에 대한 분석이 필요하므로 작업 자체가 방대하고 시간도 많이 소요되어 몇 개의 기관을 선별하여 비교 분석하는 것이 오히려 바람직할 것이다.

이와 같은 연구 범위와 내용에 맞는 연구 방법과 절차는 다음과 같이 채택했다.

2 연구 방법

1) 연구 절차 및 접근 방법

연구를 위해 크게 세 가지 접근 방법을 활용한다.

첫째, 선행연구에 대한 문헌조사 및 분석이다. 이를 위해 그동안 연구 축적된 정부PR, 전자정부, 그리고 공공 및 민간 부문의 스마트 소셜 미디어 활용 실태와 관련된 각종 연구 논문, 보고서, 기관의 정책자료, 언론보도, 실태조사 자료 및 하드 데이터(hard data)를 수집하여 분석했다. 이 속에는 스마트 소셜 미디어를 포함한 정보통신기술 동향과 추세에 대한 분석 내용도 포함된다.

둘째, 이 연구의 핵심 부분으로서 47개 중앙부처들의 스마트 소셜 미디어 개설, 운영, 링크 등 실태를 전수 조사했다. 즉, 국내 실태조사로서 중앙정부의 블로그, 트위터, 페이스북, 유튜브, 모바일 등의 채널 유무를 조사했으며, 이들의 스마트 소셜 미디어 활용에 대한 계량조사를 수행하고, 메타 소셜 미디어분석 자료[4]를 참조했다. 또한 양적 조사뿐만 아니라 질적 조사로서 각 기관의 스마트 소셜 미디어 콘텐츠에 대한 내용분석(contents analysis)을 실시하여 우수 사례와 보통 사례 간 콘텐츠의 종류와 차이를 평가하고 분석하여 정부기관의 성공적인 스마트 소셜 미디어 활용 조건을 알아보고자 했다.

이를 위해 연구 인력을 동원하여 47개 기관의 웹사이트와 각종 평가기관들의 평가 결과 자료를 조사했다. 특히 47개 기관의 스마트 소셜 미디어 관련 자료를 시계열적으로 조사하기에는 시간적인 제약으로 인해 현실적으로 어려우므로 2012년 6월 한 달 동안의 실태를

4) 대부분의 스마트 소셜 미디어 서비스는 오픈 API를 사용하기 때문에 스마트 소셜 미디어 이용 현황에 대한 데이터를 제공하는 메타 소셜 미디어분석 서비스가 매우 활발하다. 예를 들어 페이스북 인용 지수, 트위터 인용 지수 등이 대표적인 메타 소셜 미디어 분석 서비스라고 할 수 있다.

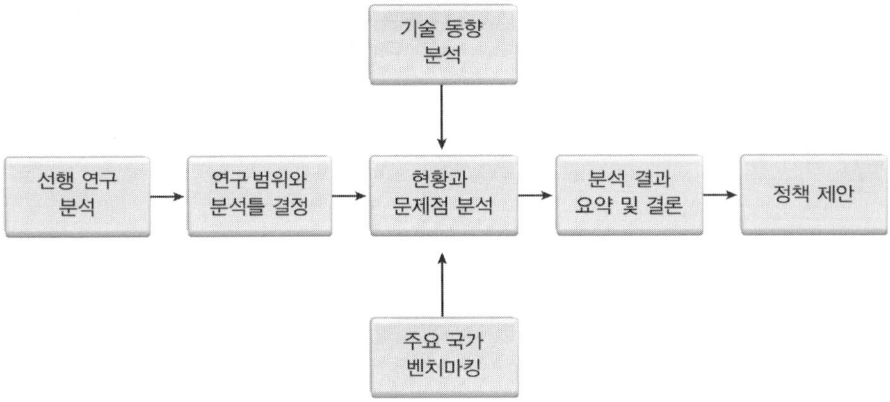

그림 1-1 연구 절차 및 방법

조사하여 교차 비교했다.

셋째, 주요 국가의 중앙정부와 지방정부에서의 스마트 소셜 미디어 활용 현황과 특성을 조사하여 국내 정책에의 시사점을 분석했다. 또한 UN과 OECD 등 국제기구와 미국, 영국, 일본 등 주요 국가의 성공 사례들을 벤치마킹하여 한국 사례와 비교했다. 또한 UN 전자정부조사 자료를 토대로 회원 국가들이 전자정부를 통한 정부-국민 간 소통 활성화를 어떤 방법으로 추진하는지를 비교 분석했다. 이와 같은 비교 자료들은 한국의 향후 정부PR 방향에 대한 시사점과 학습 자료를 제공하는 데 기여할 것이다.

이와같이 수집 및 분석된 선행연구 분석, 기술 동향 분석, 주요 국가 및 기관 벤치마킹, 현황과 문제점 분석의 결과를 종합하여 요약 및 결론을 내리고, 이를 바탕으로 바람직한 정책 제안을 했다.

2) 측정 방법

(1) 개요

중앙행정기관들의 스마트 소셜 미디어 활용 실태에 대한 비교분석은 정부PR 2.0의 세 가지 기본 철학인 개방·참여·공유 관점에서 중앙행정기관이 각종 스마트 소셜 미디어의 활용 실태를 측정하여 설명하는 것이다. 조사 및 측정 방법의 개요는 <표 1-1>과 같다.

측정 방법상의 특성은 두 가지이다. 첫째, 기관들이 개방·참여·공유의 세 가치별 활동 성과는 주로 계량적 수치로 측정된다. 이 점에서 PR 2.0 가치의 질적·정성적 측면에 대한

표 1-1 분석모형 및 측정 방법

PR 2.0 가치	미디어	측정 방법
개방	트위터, 페이스북, 유튜브, 블로그, 모바일 앱	– 기관별 스마트 소셜 미디어 개설도
참여	트위터	– 활동: 클라우트 지수 – 유형: 16개 클라우트 유형(4x4 행렬)
	페이스북	– 활용 실태 • '좋아요' 숫자 • '이야기하는 사람' 숫자 • 가장 인기있는 주간 • 가장 인기있는 도시 • 가장 인기있는 연령집단 – 활용 추세 • '좋아요'와 '이야기하는 사람'의 변동 추세의 유사성 • 상승, 정체, 하락 유형
공유/협업	미투데이, 요즘, 트위터, 페이스북, 유튜브, 블로그, 모바일 앱	– 기관별 웹사이트 및 블로그와 스마트 소셜 미디어 채널의 링크 수

평가를 최대한 포함하려고 노력했다. 둘째, 스마트 소셜 미디어 개설도나 웹사이트와 블로그에의 링크 수는 물리적인 수치라는 기술적 차원(technical dimension)에 집중되어 있다. 따라서 진정한 스마트 소셜 미디어를 활용한 홍보 효과, 즉 기관과 고객과의 소통의 질적 측면은 설문조사나 앞에 언급한 내용분석 등을 통해 보완될 필요가 있으나, 시간 등 제약 조건으로 인해 이 부분에 대한 보완 연구는 하지 못했다. 그러나 이 연구는 중앙부처의 전반적인 실태조사로서 비교적 초기 작업이라는 점에서 큰 의미를 지닐 수 있다.

(2) 개방: 개설도

첫째, 개방 관점에서 기관별로 트위터, 페이스북, 유튜브, 블로그, 그리고 모바일 앱의 개설도를 조사한다. 스마트 소셜 미디어 채널의 개설이 그 활용의 첫 번째 단계이기 때문이다. 이를 통해 기관별 실태와 기관 유형별 특성을 파악할 수 있다.

(3) 참여: 트위터와 페이스북 참여도

정부PR 2.0이 추구하는 두 번째 가치인 참여에 대한 평가는 트위터와 페이스북의 활용 실태를 중점적으로 조사했다. 트위터와 페이스북은 용도가 다르다. 트위터는 140자의 단문의 소통을, 페이스북은 친구 등 네트워크 간의 관계 형성에 활용된다는 점에서 그 측정 방법이 다르다.

첫째, 트위터는 클라우트[5] 지수(Klout score)와 유형(style)을 분석했다. 클라우트는 샌프란시스코에서 소셜 미디어 분석기법(social media analytics)을 제공하는 회사로서 트위터 사용자 네트워크에서의 영향력을 진정한 도달(true reach), 증폭(amplification), 네트워크 영향(network impact) 등에 대한 알고리즘 공식을 통해 평가하는 지수를 산출하여 제공하고 있다. 공식에 따라 클라우트 지수는 1에서 100 사이에 위치하며 전 세계 트위터 사용자의 평균 지수는 20 내외로 나타나고 있다. 클라우트 지수의 산출 방식에 대한 비판이 없는 것은 아니지만,[6] 트위터 이용자들의 상대적인 영향력을 측정 평가하는 하나의 방법으로 많이 사용된다.

다음 클라우트 유형은 트위터 활용 형태를 다음과 같은 네 가지 차원으로 나누어 16종의 셀을 제시하여 트위터 이용자의 성향을 비교하는 것이다: ① 공유형 대 창조형, ② 광범위형 대 집중형, ③ 즉흥형 대 일관형, ④ 참여형 대 경청형. 이 네 가지 차원은 각각 서로 다른 측면을 설명하며, 각 차원 내에서 실제 활용 형태는 서로 대립되는 양 극단의 두 유형 사이의 연속선(continuum)상의 어디쯤에 위치하는 개념으로 이해된다.

첫째, 최고 유명인(celebrity) 유형은 트위터 활용이 공유적이지 않고 창조적이고, 소극적인 경청보다는 적극적인 참여 지향적이다. 또한 소통이 집중되지 않고 광범위한 영역에서 즉흥적이지 않고 일관성이 있는 방식으로 전개된다.

둘째, 전시가(curator)는 트위터 활용이 창조적이지 않고 공유적이고, 일관성이 부족하고 즉흥적이라는 점에서 최고 유명인 유형과 다르다. 그러나 트위터 활용 범위가 광범위하고, 참여적이라는 점에서는 최고 유명인과 유사하다.

셋째, 전문가(specialist)는 공유적이지 않고 창조적이라는 점과 즉흥적이지 않고 일관성이 있다는 점에서 최고 유명인 유형과 유사하나, 주제가 광범하지 않고 집중된다는 점과 참여적이지 않고 경청적이라는 점에서 다르다.

넷째, 관찰자(observer)는 참여적이지 않고 경청하는 입장을 취하고, 소재가 광범위하지 않고 집중되며 창조적이지 않고 공유적이다. 또한 일관성이 부족하고 즉흥적이라는 점에서 최고 유명인과는 모든 면에서 대조적이다. 그리고 공급자, 대화자, 생각의 리더, 사교자 등 나머지 12개 유형은 네 차원의 중간적 특성을 지니고 있는 것으로 분류된다.

---

5) 영어 단어인 klout는 '정치적 영향력'이라는 의미를 갖고 있다.
6) www.en.wikipedia.org/wkik/Klout

표 1-2 트위터의 16개 활용 유형

공유 → 창조 / 즉흥성 → 일관성 / 경청 → 참여 / 집중성 → 광범위함

Curator (전시가)	Broadcaster (방송인)	Taste Maker (취향 창작자)	Celebrity (최고 유명인)
Syndicator (배포자)	Feeder (공급자)	Thought Leader (생각의 리더)	Pundit (권위자)
Dabbler (애호가)	Conversationalist (대화자)	Socializer (사교자)	Networker (확산자)
Observer (관찰자)	Explorer (탐험가)	Activist (활동가)	Specialist (전문가)

자료: www.klout.com를 참조하여 재구성.

각 유형은 나름대로 특성을 가지고 있지만, 최고 유명인이 트위터 활용 유형에서 가장 바람직한 선도모형으로 분류된다. 중앙기관의 트위터 활용이 어떤 유형에 속하는지 분석하면 트위터 활용 방향에 대한 정책적인 방향을 제시하는 데 일정 부분 기여할 수 있다.

둘째, 페이스북은 기관별 '좋아요(likes)'와 '이야기하는 사람(people talking about this)' 등의 숫자를 찾아내어 비교하고, 6월 한 달 사이에 이 수치가 기관별도 어떠한 변동 추세를 보이는지를 비교했다. 우선 페이스북 활용 실태는 다음과 같은 다섯 가지 정량지표를 조사한다.

① 좋아요(likes)
② 이야기하는 사람(people talking about this)
③ 가장 인기있는 주간(the week when the most people were talking about this page)
④ 가장 인기있는 도시(the cith where most of the people talking about this page are from)
⑤ 가장 인기있는 연령대(the largest age group of the people talking about this page)

다음으로 페이스북의 활용 추세의 안정성과 일관성을 보기 위해 2012년 6월 한 달 동안의 사용 실태를 조사한 자료를 바탕으로 첫째, '좋아요'와 '이야기하는 사람'의 수치가 유사

한 모습을 보이는지 여부를 분석했다. '좋아요'는 게시된 콘텐츠에 대한 동의 정도가 소극적인 동감 수준이지만, '이야기하는 사람'은 콘텐츠에 대한 '좋아요' 반응 이상으로 찬성 또는 반대에 대한 적극적인 의견 개진을 의미하기 때문에 질적인 차원에서 더 높은 관여도를 보여준다. 따라서 두 수치가 유사한 모습을 보이는 것이 질적인 성숙도가 높다고 평가될 수 있다.

둘째, 페이스북 활동 빈도가 상승하는지, 정체되는지, 하락하는지는 기관별 노력을 파악할 수 있는 중요한 척도가 될 수 있다. 이런 관점에서 활동 빈도는 지속적 상승, 최근 급상승, 돌발 상승 후 하락, 정체, 하향 등의 유형으로 구분하여 분류할 수 있다.

(4) 공유/협업: 홈페이지 및 블로그와 SNS의 연결도

마지막으로 공유/협업 가치는 앞의 다섯 가지 미디어 이외에 국내의 미투데이와 요즘까지 포함하여 웹사이트와 블로그에 링크된 수치를 찾아내어 비교했다.

제 2 장 정부PR 2.0의 동향 분석

제 2 장 정부PR 2.0의 동향 분석

제 1 절 정부PR의 이론적 동향

1 정부PR 및 관련 개념의 정의와 중요성

1) 정부PR의 개념

행정에서 PR는 사회 질서 유지에 필요한 기능만을 수행하는 자유방임적 최소 정부에서는 중요하게 인식되지 않았으나, 행정 기능이 확대 및 복잡화되어 그 결과가 국민의 생명과 재산에 많은 영향을 미치게 되는 행정국가로 전환되면서 국민의 알 권리와 국정 참여 확대에 반응하는 중요한 기능으로 인식되기 시작했다.

고전 행정학에서 정부PR는 공보, 홍보, 대민 관계 등으로 번역되면서 정부의 정책과 사업에 대한 국민의 이해를 높이고 협력을 구하기 위한 정부와 국민 간의 의사전달(박동서, 1997: 596) 또는 정부가 국민과 상호 이해, 상호 수용, 상호 지지 형태로 좋은 관계를 유지・발전시키기 위해 수행하는 작용(오석홍, 2007: 786)으로 정의되었다. 정부PR는 특히 정부가 좋은 일을 하고 그에 대해 국민의 이해와 협력을 얻으려는 점에서 정부가 원하는 주장이 받아들이도록 어떤 사실을 왜곡하거나 장점만을 일방향적으로 반복하여 알리는 선전(propaganda)과는 다르다. 실제로 역사적으로 나치 독일과 구소련 등 전체주의 국가나 많은 권위주의적인 개발도상국가에서 정부가 각종 매체를 동원하여 사실을 왜곡하고 국민의 알 권리를 부정한 사례가 빈발한 바 있다. 정부PR는 무언가를 숨기고 위장하거나 사실을 조작하려는 시도로 오랫동안 부정적으로 인식되어 왔다(White & Park, 2010). 이와 같은 점 때문에 국민이 지니는 정부PR에 대한 부정적인 인식을 탈피하는 것이 정부PR의 성과를 제대로 구현하는 첫걸음으로 인정되어 왔다.

PR가 조직 관리활동의 하나로 도입되기 시작된 20세기 초부터 미국홍보학회(Public Relations Society of America: PRSA)는 공공 관계(public relations: PR)를 오랫동안 '관계관리(relation management)'로 정의해 사용했다. PR는 집단과 조직들 사이의 상호 이해를 촉진하여 복잡하고 다원적인 사회에서 의사결정의 효과성을 제고하는 데 기여하도록 한다는 것이다. 그러나 PRSA는 오랫동안 유지해 온 관계관리 개념을 2011년에 소통관리(communication management)로 바꾸었다. PR란 "조직과 그 대중 사이의 상호 유익한 관계를 형성하는 전략적 소통"이라는 것이다. 이와 같은 입장에서 PR는 조직이 대중과 장·단기적으로 우호 관계를 형성, 유지, 발전시키기 위해 시행하는 계획된 소통 활동으로 규정할 수 있다(유재웅·박현우, 2009; 강정석·이재호·최호진, 2010: 17).

유럽에서는 관계관리와 소통관리에 공중과 그 공적 영역(public sphere)에 관한 성찰적 패러다임(reflective paradigm)을 추가했는데(Vercic, Betteke, Butschi, & Flodin, 2001), 이는 하버마스(Jürgen Habermas)와 같은 유럽의 철학적 전통에서 배태된 것이다.

1980년대 이후 공공 부문에 신공공관리(NPM)와 전자정부가 도입되면서 정부PR의 목적과 기법에 큰 변화가 발생한다. 이를 계기로 정부와 국민 사이의 관계에 대한 근본적인 인식 변화가 발생하고, 온라인 매체를 이용한 소통이 활성화되었다. 온라인 정책홍보는 국민의 삶에 영향을 미칠 수 있는 정치적·법적·사회적·문화적 쟁점들을 파악한 후, 쟁점 속에 담겨 있는 국민의 정책 수요를 정확히 분석하여 여론을 최대한 반영하는 활동이며, 정책의 수립·실행·평가·수정의 전 과정에서 쌍방향 커뮤니케이션을 지향하는 온라인 매체를 적극 활용하는 활동을 의미한다(정책홍보혁신포럼, 2005: 7). 이런 관점의 정부 홍보는 전자정부 서비스 등 인터넷을 매개로 이루어지는 소통을 의미한다.

이 연구에서 스마트 소셜 미디어를 활용한 정부PR, 즉 정부PR 2.0은 전자정부와 모바일 기기 등 전자적 매체를 토대로 트위터, 페이스북, 유튜브, 블로그, 모바일 애플리케이션 등 SNS를 활용한 정부와 고객 및 일반 국민과의 쌍방향적인 소통을 강조하는 상호작용으로 정의된다. 그리고 PR 체계는 정부와 국민 간의 쌍방향적 소통을 활성화하는 데 필요한 제도적·기술적·행태적 토대를 말한다.

2) 관련 개념: 웹 2.0, 정부 2.0, 스마트 소셜 미디어 및 SNS

이 연구에서는 정부PR 개념과 더불어 웹 2.0, 정부 2.0, 소셜 미디어, SNS, UGC 등 관련된 개념들의 정의가 필요하다. 웹 2.0은 소프트웨어 개발자와 엔드 유저(End User)들이 웹(www)을 새롭게 사용하는 방법을 묘사하는 용어로서 2004년부터 사용하기 시작했다. 웹 2.0은 콘텐츠와 애플리케이션들이 더 이상 특정 개인들에 의해 창조 및 출판되지 않고, 참여적 · 협업적인 방법으로 지속적으로 수정되는 하나의 플랫폼으로 운영되는 것을 의미한다(Kaplan & Haenlein, 2010: 61). 예를 들면, 개인 웹 페이지, 온라인 브리태니커 사전(Encyclopedia Britannica Online) 같은 웹 1.0이 웹 2.0에서는 블로그, 위키, 그리고 협업 프로젝트로 대체된다는 것이다.

웹 2.0은 월드 와이드 웹(World Wide Web: WWW)에 대한 특정 기술의 갱신이나 혁신이 아니며, 그 작동에 필요한 기본적인 기능성의 집합(a set of basic functioning)이다. 그 속에는 Adobe Flash, RSS, AJAX 같은 기술이 포함된다. 또한 웹 2.0은 스마트 소셜 미디어의 발전을 위한 플랫폼이며(web as platform), 스마트 소셜 미디어 애플리케이션과 도구들이 운영되거나 기능하는 컴퓨터 네트워크, 즉 인터넷 기반의 플랫폼으로 정의된다(Weinberg & Pehlivan, 2011: 276). 스마트 소셜 미디어가 이용자들이 쌍방향적 소통을 참여적 · 협업적 방법으로 지속해 나간다는 점에서 위의 카플란(A. M. Kaplan)과 핸린(M. Haelein)의 정의와 같다고 할 수 있다.

스마트 소셜 미디어는 웹 2.0의 이념적 · 기술적 토대에 의존하여 형성된 인터넷 기반의 애플리케이션들의 집합물이다(Kaplan & Haenlein, 2010: 61). 위키피디아에서는 스마트 소셜 미디어를 커뮤니케이션을 조직, 커뮤니티, 그리고 개인 간의 대화를 상호작용적으로 전환시키는 데 사용되는 웹 기반 및 모바일 기반의 기술로 정의한다.[1] SNS는 스마트 소셜 미디어의 일종으로서 이용자들이 개인정보 프로파일을 창출하고, 친구와 동료들이 그 프로파일에 접근할 수 있도록 초청하여 이메일과 인스턴스 메시지를 교환하면서, 서로 연계 및 소통할 수 있게 하는 애플리케이션을 말한다(Kaplan & Haenlein, 2010: 63).

보이드(D. M. Boyd)와 엘리슨(N. B. Ellison)은 SNS를 개인들이 ① 어떤 제한된 시스템 내에서 공공의 또는 준(準)공공의 프로파일을 구축하고, ② 그들이 하나의 연결을 공유하는 다른 이용자 목록을 표현하며, ③ 그 시스템 내에서 자신의 연결 목록과 다른 이용자들이

---

1) en.wikipedia/wiki/Social_media

만든 목록을 보고 교환하도록 허용하는 웹 기반 서비스로 좀 더 상세하게 정의한다(Boyd & Ellison, 2008: 211). 또한 스마트 소셜 미디어와 SNS는 개념적으로는 다르지만, 교환적으로 사용되기도 한다(Auer, 2011).

손수 제작 콘텐츠(user created contents or user generated contents: UCC or UGC, 이하에서는 UGC)란 상당한 정도의 창조적 노력을 반영하고, 전문직업적 관행에서 벗어나 보상이나 수익에 대한 기대를 하지 않는 비전문가들이 창조하며, 인터넷을 통해 대중에게 제공되는 콘텐츠를 말한다(OECD, 2007: 17-18). 즉, UGC에는 대중이 접근할 수 있는 웹사이트나 일부 선택된 집단만이 접근할 수 있는 SNS의 페이지 같은 곳에서 출판된다는 출판 요건(publication requirements), 완전히 창조적이거나 현존 작품을 수정하여 뭔가 새로운 것을 만들어 내야 하는 창조적 노력(creative effort), 그리고 전문직업적 상례와 관행(professional routines and practices)에서 벗어난 비전문가들의 활동이라는 세 가지 조건이 필요하다.

정부 2.0(Government 2.0)이라는 용어에 대해 오라일리(Tim O'Reilly)는 웹 2.0의 협업적 기술을 활용하여 도시, 중앙정부, 지방정부 그리고 국제적 수준에서의 집합적 문제를 좀 더 잘 해결하는 정부로 정의한다(O'Reilly, 2012: 제1장). 2000년대 중반 이후 스마트 스마트 소셜 미디어로의 진화와 ICT 발전은 기존의 국민-정부 간 관계 및 정부의 일하는 방식을 변화시켜 'Gov 2.0'이라는 정보화정책의 새로운 의제를 생성했다. Gov 2.0의 등장을 촉진시킨 세계적 기술 트렌드는 쌍방향 정보 교환과 공유, 참여 기능을 활성화시켜 준 웹 기술(Web 2.0)과 브로드밴드(광대역) 인프라 확대 등이 대표적이다.

2 학문적 접근 방법

정부PR에 대한 접근은 정치학, 언론학, 행정학, 정책학에서 여론 형성과 국정홍보에서 신문, 방송 등 매스 미디어의 역할 관점에서 접근하고 있다. 경제학에서는 시장행위자 간 정보비대칭에서 발생하는 시장실패를 교정하는 정부의 공공정보 창출 및 공급 관점에서 접근하고, 사회학은 전통적으로 사람과 사람, 집단과 집단 간의 연결망에 초점을 두어왔다.

전통적으로 행정 PR에 대해 언론학은 미국PR학회의 정의에서 보듯이 관계관리 관점에서 접근했다. 특히 언론사/공표모형(일방향적 소통), 공공정보모형(일방향적 소통), 일방향적 비대칭모형(일방향적 소통), 쌍방향적 대칭모형(쌍방향적 소통) 등 그루니히(James Grunig)의 4개 PR 모형은 언론학의 대표적 지위를 확보해 왔다. 그루니히 모형은 OECD와 UN의 전자정부 진화모형이나 행정학의 정부-국민 관계모형과 마찬가지로 사회 권력 변화와 기술 진화에 따른 정보 제공자와 정보 이용자 사이의 관계 변화를 반영하고 있다.

행정학은 전통적으로 정부활동과 업적을 국민에게 알리는 홍보와 선전 관점으로 접근했으나, 1980년대 이후 신공공관리(NPM) 도입 이후 민주행정과 대(對)고객 서비스 관점의 정보공개와 투명성 제고에 초점을 두고 있다. 특히 1970년대 이후의 신자유주의적인 시장경제의 확산은 정부 주도의 집권적 통치를 마감하고 정부와 국민을 전통적인 지배자–피지배자 관계에서 관리자(manager)–고객(customer) 관계로 전환시켰다(Vigoda, 2002).

ICT 발전에 힘입은 전자정부와 신공공관리 원리에 입각한 정부혁신이 진행되면서 정부와 국민의 관계에 대한 철학적 토대의 재정립과 소통 방식의 패러다임적 전환이 두드러지고 있다. OECD(2004)와 UN(2005)은 전자정부 성숙모형에서 전자정부 서비스가 일방향적 정보 제공에서 쌍방향적 상호작용으로 진화하는 모습을 제시했다. 정보기술이 웹 1.0에서 웹 2.0으로, 행정 원리가 정부 1.0에서 정부 2.0으로 공진화(co-evolution)하고 있는 것이다. 이에 따라 정부와 국민 간의 소통에 초점을 두는 정부PR도 1.0에서 2.0으로 진화하는 모습을 제시할 필요가 있다.

정책학에서 PR는 정보 수집, 조작, 전송의 과정 및 효과가 다양한 고객에게 미치는 영향을 분석하는 '커뮤니케이션 과학(science of communication)'에 관심을 둔 라스웰(Harold Lasswell) 관점이 특히 중요하다. 특히 커뮤니케이션 과학은 정책 과정을 정보 수집, 조작(manipulation), 전송 및 효과로 보는 라스웰적 시각을 잘 반영한다. 전자적 소통을 활성화하는 스마트 소셜 미디어를 활용하여 정치의 민주화에 기여할 잠재성을 보여주기 때문이다(Auer, 2011: 709). 라스웰이 강조하는 정보(intelligence), 촉진(promotion), 처방(prescription), 발동(invocation), 적용(application), 종결(termination), 평가(appraisal) 등 정책결정 매 단계마다 스마트 소셜 미디어는 매우 중요한 역할을 수행할 수 있다(〈표 2-1〉).

최근 정책학 연구 주제의 하나인 정책수단론(policy tools)에서는 공공정보(public information) 수집 및 배포의 중요성에 주목하고 있다(Hood, 1986: 124-5; Howlett, 2007: 117-8). 시장의 정보 부족과 비대칭 문제에서 발생하는 도덕적 해이와 역선택 등의 문제를 해결하기 위해 정부가 적절한 정보를 발굴하여 제공한다는 관점이다(Weimer & Vining, 2005). 공공정보 수집 및 배포는 행정학의 홍보와 유사한 활동으로 볼 수 있다. 특히 살라몬(Salamon, 2002: 26-39) 등은 15종의 정책 수단을 제시하고, 각각의 특성을 강제성·직접성·자동성, 그리고 가시성의 네 차원에서 비교했다. 또한 정책 수단이 달성할 것으로 기대되는 효과를 효과성·효율성·형평성·관리가능성(manageability)·정치적 지지의 다섯 가

표 2-1 라스웰의 정책 과정과 스마트 소셜 미디어 활용

정책 과정	정의	공공문제에의 스마트 소셜 미디어 활용
정보	정책결정에 관련된 정보의 수집, 처리, 발표	국가나 비국가 행위자가 주장하는 정치와 정책에 기여하는 트위터, 페이스북, 유튜브, 기타 마이크로블로그 등에서 발견되는 콘텐츠
촉진	정책대안의 옹호	정치적 관점을 환기시키거나 정책 대안을 제안하는 블로그, 마이크로블로그, 포럼
처방	누가 어떤 기준으로, 어떤 절차를 거쳐, 결정을 내리고 실행하는가에 대한 공공 관점을 반영한 규범	정치지도자의 공식적 발표를 전달하는 미디어 공유 플랫폼; 규칙·규정 개요를 가진 포럼; 특정 커뮤니티 규범에 대한 독자/관전자의 기대를 안정시키는 일관성 있는 입장들이 지배하는 블로그
발동	처방과 일치/불일치하는 특성 법령의 예비적 확정	정치 엘리트에 의한 단정된 위반에 대한 자발적, 마이크로 블로그상의 코멘트 ; 미디어 공유 사이트 상에서 작성 편집된 전자적 버전의 체포영장
적용	처방과 일치/불일치하는 특정 법령의 최종 확정	미디어 공유 사이트에 업로드된 불명예 정치인의 사임 연설 ; 140 단어로 요약된 법원 판결문
종결	처방 및 그 집행장치의 폐기	계엄령 해제에 대한 신속한 트위터 뉴스 ; 보험 프로그램이 연기된 후의 실업보험을 다루는 국가 후원의 페이스북 페이지와의 하이퍼링크의 삭제
평가	의사결정의 평가	태그 클라우드(tag cloud)를 이용하여 투표장을 떠난 유권자의 코멘트를 조직 및 분석 ; 강제력을 사용한 대통령 결정에 대한 트위트들에 대한 추적

자료: Auer(2011: 718).

지 관점에서 비교했다. 15종의 정책 수단은 정부의 직접 행동, 사회규제, 경제규제, 계약, 보조금, 직접 대출, 대출보증, 과세, 사용료와 수익자 부담금, 책임법, 공기업, 바우처 등이 포함된다. 정부의 정보 제공 활동, 즉 정부PR도 정책 수단의 하나로 추가된다.

강제성(coerciveness)은 하나의 도구가 개인이나 집단행동을, 단순히 고무 또는 억제하는 것과 반대로, 제약하는 정도를 측정한다. 직접성(directness)은 공적 활동에 권한을 부여하거나 재정을 지원하거나 시작하는 기관이 그것을 수행하는 일에 관여하는 정도를 측정한다. 즉, 직접적 도구란 권한부여, 재정 지원, 및 집행 모두를 동일한 기관이 수행하는 경우이다. 자동성(automaticity)은 하나의 도구가 그 자체의 고유한 행정 장치를 창출하지 않고 성과를 산출하기 위해 현존 행정구조를 활용하는 정도를 측정한다. 가시성(visibility)은 도

표 2-2 정책 수단으로서 정보 제공의 특성과 기대 효과

구분	특성	기대되는 효과				
		효과성	효율성	형평성	관리 편의성	정치적 지지
강제성	낮음	낮음	보통	낮음	보통	높음
직접성	높음	높음	중간	높음	높음	낮음
자동성	낮음	높음	낮음	높음	중간/낮음	높음
가시성	중간	N/A	보통	보통	보통	보통

자료: Salamon(2002: 24-37).

구에 기여하는 자원이 정상적 정부예산과 정책 검토 과정에서 나타나는 정도이다. 정보 제공은 강제성은 낮고, 직접성은 높으며, 자동성은 낮고, 가시성은 중간 정도로 평가된다. 요컨대, 정부의 홍보 영역인 정보 제공 활동은 강제성이 낮고, 직접성이 높으며, 자동성이 낮고, 가시성은 중간적인 특성을 지닌다.

이와같이 정책과 행정 등 공공 부문에서 정부와 국민 사이의 소통을 중시하는 민주주의의 본질적 측면에서 스마트 소셜 미디어를 활용하는 정부PR 활동의 필요성과 정당성은 크다고 할 수 있다. 이와 같은 스마트 소셜 미디어를 활용한 정부-국민 간 소통에 대한 새로운 인식과 활동이 웹 2.0과 정부 2.0 관점에서 접근되고 있다. 이러한 접근 방법은 정부PR 방법에서 전통적인 매체인 올드 매스 미디어와 각종 관보를 이용한 배치(batch) 방식의 일방향적인 정보 전달에서 스마트 소셜 미디어 등 실시간 쌍방향적인 의사 소통이 가능한 방향으로 큰 변화를 보여주고 있다.

제 2 절 정부 2.0과 정부PR 2.0의 가치

1 정부 서비스 패러다임의 변화

웹 2.0 개념은 2004년 팀 오라일리(Tim O'Reilly)에 의해 참여·공유·개방의 의미를 가진 새로운 웹으로 개념화되었으며, 이후 SW 2.0, 자본주의 2.0, Gov 2.0 등 패러다임의 전환이 필요한 사회 주요 영역에 도입되어 세계적인 트렌드로 정착했다.

표 2-3 인터넷 발달과 정부 서비스의 패러다임 변화

구분	1995~2000	2005~2010	2015~2020
정부	Government 1.0	Government 2.0	Government 3.0
웹	WWW	Web 2.0	Real-World Web
접근성	정부 중심	시민 중심	개인 중심
	First-stop-shop 단일 접속 창구(포털)	One-stop-shop 정부 서비스 중개기관을 통해 접속	My Gov 개인별 정부 서비스 포털
서비스	일방향 정보 제공 제한적 정보 공개 서비스의 시공간 제약 공급 위주 서비스 서비스의 전자화	쌍방향 정보 제공 정보 공개 확대 모바일 서비스 정부·민간 융합 서비스 신규 서비스 가치 창출	개인별 맞춤정보 제공 실시간 정보 공개 중단 없는 서비스 개인별 맞춤형 서비스 서비스의 지능화
채널	유선 인터넷	무선 인터넷	유·무선·모바일 기기 통합 (채널 통합)
업무 통합	단위 업무별 처리	프로세스 통합 (공공-민간 협업)	서비스 통합
기반 기술	브라우저 웹 저장	브로드밴드 Rich Link	시멘틱 기술 센서네트워크

웹 2.0 기술은 누구나 쉽게 사용할 수 있는 인터페이스(interface)를 제공하여 개인이 다양한 소스로부터 데이터를 재활용 할 수 있도록 인터넷 환경을 구현한다. 이에 비해 웹 1.0 시기에는 정보를 제공하는 웹 포털 구축으로 일방향 정보 접근 중심이었다. 웹 2.0은 SNS와 같은 참여형 커뮤니티와 관련 기반 기술, 매시업(mash-up) 등의 발달을 촉진하면서 사용자 중심의 웹이나 플랫폼으로서의 기능을 대신하는 기업과 정부 서비스 방식 변화의 촉매제로 역할하게 되었다.

2 정부 2.0의 기본 개념

정부 2.0을 최초로 언급한 에거(William Egger)는 국민 중심의 정부 서비스와 국민의 참여 기회가 증대됨에 따라 좀 더 투명하고 민주주의적이며 효율적인 미래정부 개념으로서 정부 2.0 개념을 제시했고, 가트너그룹(Gartner Group)은 ICT를 통해 정부 서비스와 프로세스 및 데이터의 '사회화' 및 '상품화'를 촉진하는 정부 형태로 개념화하여, 국민·기업·정부 간 소통과 연계로 인한 '사회화', 수평적인 서비스와 프로세스 체계에서 하나로 통합되고 공유하는 서비스와 프로세스 체계로 전환되어 정부가 국민과 기업에 관련 권한을 위임하는 '상품화'로 새로운 개념을 제기했다.

웹 2.0 개념의 창시자 오라일리는 전환적(transformative)이고, 다층위적이며(multi-leveled), 기술적으로 가능하고(tech-enabled), 순환적이며(iterative), 목표 지향적이고(mission-driven), 정책 기반의(policy-based), 상호 균형이 이루어지는(counterbalancing) 정부 모습으로 표현했다.

웹 2.0을 배경으로 해외 주요국의 정부 2.0 서비스는 능동적인 국민 참여와 국민-정부 간 쌍방향적 관계를 기반으로 계속 진화 중이다. 호주는 국민이 공공 정보에 더 잘 접근할 수 있고, 정책 형성에 더 큰 역할을 할 수 있는 개방적이고 투명한 정부 구현을 위해 ICT를 적극 활용하는 모습을 보이고 있으며, 미국은 열린 정부 구현을 통한 정부 2.0 서비스를 제공하고, 영국은 공공정보 개방을 통한 국민 참여와 신가치 창출 촉진하는 데에 주력하며, 일본은 점진적인 정보 개방으로 명확한 기대 효과를 추구하고 있다.

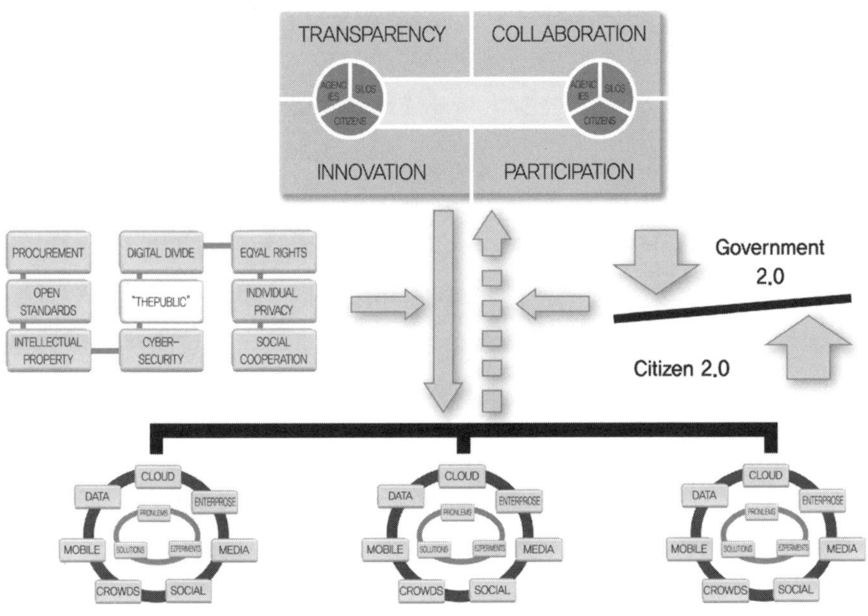

그림 2-1 웹 2.0을 창안한 오라일리의 정부 2.0 개념도
자료: O'Reilly/aGRj7C.

통상적으로 정부 서비스는 인터넷의 진화에 따라 일방향→쌍방향→개인별 맞춤정보 서비스로 발전할 것으로 유형화되었으며, 기존 정부 서비스가 일방향적이고 '서비스'라는 최종 상품을 제공하는 '자판기형'[2]이라면, 정부 2.0 패러다임의 정부 서비스는 '플랫폼형'[3]으로 진화할 것이라고 전망되었다. 향후 정부 서비스는 좀 더 다양하고 개인화되면서, 국민 각자에게 좀 더 새로운 가치를 창출하는 기회를 제공할 것으로 전망되고 있다.

해외 주요국의 적극적인 정부 2.0 추진은 기존 정부 운영 방식의 한계를 보완하고 미래 사회의 기술 환경 변화에 선제적으로 대응할 수 있는 미래 지향적 국정 운영 패러다임으로 자리매김하고 있으며, 이와 같은 변화는 다양해진 국민 수요와 복잡한 사회 갈등 및 정책 현안을 효과적으로 해결할 수 있는 정부 역량 강화는 물론, 효율적인 업무 방식 개선과 참여 중심 민주주의 향상에 기여할 것으로 기대할 수 있다.

3 정부 2.0의 핵심 가치: 개방 · 참여 · 협업

정부 2.0의 핵심 운영 원리는 개방 · 참여 · 협업으로 이루어지며, 논리적으로는 개방→참여→협력으로 이루어지는 3단계를 구성하지만, 이러한 서비스의 단계가 동시에 구현될 수 있다. 각 단계에서 정부는 점차 조정자 역할로 변화하여, 향후에는 중간자적 조정 역할이 더욱 중요해질 전망이다.

정부 2.0은 웹 2.0 기반의 정보 · 서비스 공유와 참여 활성화로 새로운 가치를 창출하는 형태로 진화한 정부를 의미한다. 주요국 정부와 공공 컨설팅 업체, 학계 등은 정부 2.0의 특징으로 정보 개방과 접근성 향상, 플랫폼 형태의 서비스 제공, 국민 중심의 참여 증대, 효율적 정부 운영 등을 공통적으로 제시하고 있다. 정부 2.0은 현재 여러 단계의 진화를 통해 정부 서비스의 내용과 품질이 업무의 효율성과 국민의 만족을 충족시키는 방향으로 발전하는데, 1단계(개방)에서는 국민의 정보 접근성 증대, 2단계(참여)에서는 국민이 정부의 의사결정에 활발하게 참여, 3단계(협력)에서는 정부가 중간 조정자로서 정책 거버넌스의 운영을 이상형으로 제시한다.

---

2) 일방적으로 최종 산출물을 제공하는 자판기 형태의 서비스.
3) 다양한 정보와 서비스가 한 곳에 모여 국민과 정부가 함께 새로운 가치를 만들어 내는 플랫폼 형태의 서비스 제공 방식.

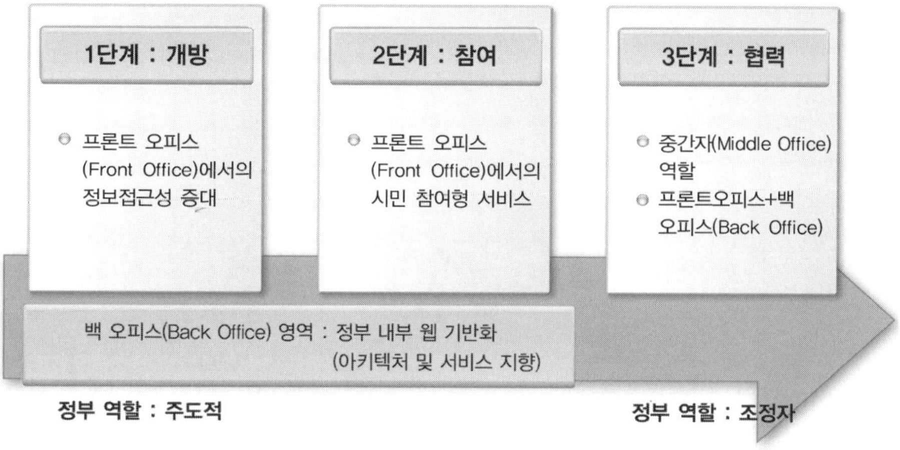

그림 2-2 Gov 2.0으로의 단계별 접근

자료: 한국정보화진흥원(2008: 12).

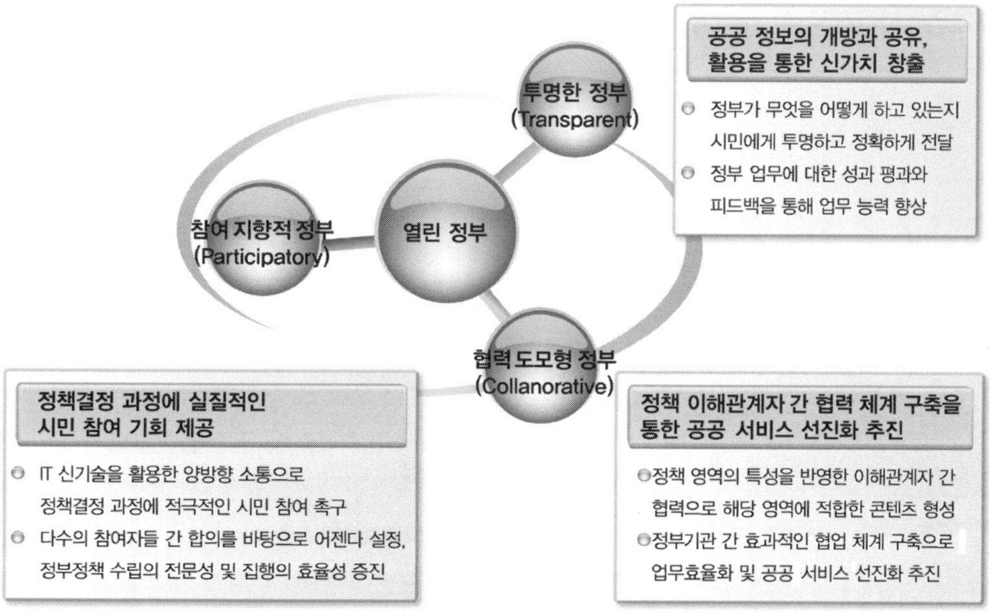

그림 2-3 열린 정부의 3대 구현 원칙과 핵심 추진전략

또한 정부 2.0에서는 데이터, 모바일, 클라우드, 미디어, 소셜을 총망라하는 기술 리더십이 구현된다.

정부 2.0은 "정부가 개방·참여·협력을 국정 운영의 핵심 가치로 실현시켜 정부 업무는 물론 국가 전반에 새로운 부가가치를 창출하는 거버넌스(governance) 형태"를 의미한다. 여기에서 개방은 공공 정보와 자원을 국민에 공개·공유하는 것이며, 참여는 국민이 자유롭고 자발적으로 정부 결정에 참여할 수 있는 장(場)을 마련하는 것이다. 그리고 협력은 국민, 기업, 정부의 협업 체계를 구축하고 활성화하는 것을 의미한다.

윤종수(2010. 1. 15)는 이러한 정부 2.0의 특징으로, 정보공개와 투명성(정보와 데이터의 공개와 공유, 공공 데이터 공개 의무화, 공공 데이터의 접근, 오픈 API 또는 데이터 자체의 제공, 정보공개 청구, 민간의 창의적 서비스를 위한 정보의 공개, 개방적 기술에 의한 정부의 지원), 시민 참여(소통의 행정, 쌍방향 커뮤니케이션, 청원 시스템, 스마트 소셜 미디어·모바일 웹, 클라우딩 컴퓨팅에 의한 커뮤니케이션, 공공섹터와 시민과의 실질적인 협조, 공유, 비용 제로의 커뮤니케이션 기술의 활용, 상호적인 민주주의), 대응성(가치 창출의 극대화, 공공정보 및 시스템의 플랫폼화, 정보 재활용), 표준과 접근성(표준과 사용권이 공개된 참여 지향적 정부, 공공정보에 대한 접근과 사용 가능성, 데이터베이스(DB)화, 포맷의 호환성, 평등하고 쉬운 접근, 웹 서비스의 접근성 개선, 서비스 네트워크, 공공 섹터에서의

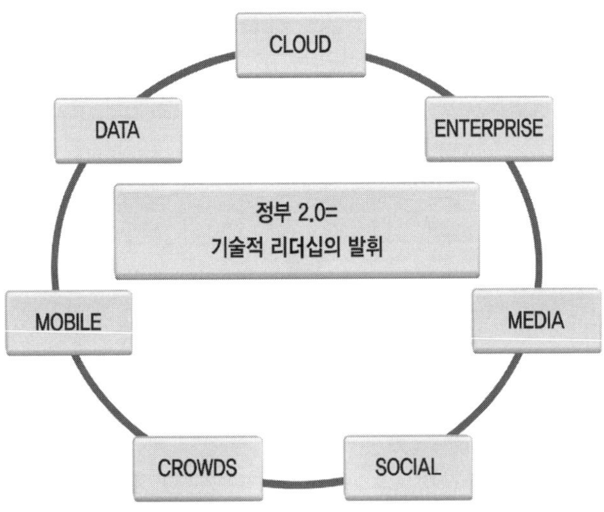

그림 2-4 정부 2.0의 기술 리더십

자료: 한국정보화진흥원(2011: 30).

디지털 네이티브 확산), 협력에 의한 혁신(새로운 서비스와 가치의 창출, 정부와 시민의 협조, 효율성 증대) 등을 들고 있다.

4 정부 2.0에서의 공공-민간 협업 모델

스마트 소셜 미디어에 기반한 공공-민간의 협업 체계는 공공 부문이 직업 개설·보유한 스마트 소셜 미디어 내에서 공공-민간이 직접적으로 소통하는 직접 협업과 공공 부문 이외의 다양한 스마트 소셜 미디어 채널을 통해 수집되는 정보를 분석하여 민간에 피드백을 제공하는 간접 협업 방식으로 가능하다.

민간에서 적극적인 관심을 가지고 공공 부문과의 협업에 참여할 수 있는 제안자에 대한 명예 보상, 금전적 보상 등의 동기부여 장치를 마련하는 것이다. 이러한 공공-민간의 협업이 실현되기 위해서는 미국의 시민참여국이나 영국의 디지털참여국과 같은 대(對)민간 전담조직을 참조하여 공공-민간 간에 상호 신뢰, 책임 의식, 역량 강화가 이루어져야 한다.

그림 2-5 스마트 소셜 미디어 기반의 공공-민간 협업 체계 개념도

자료: 김현곤 외(2011. 12)

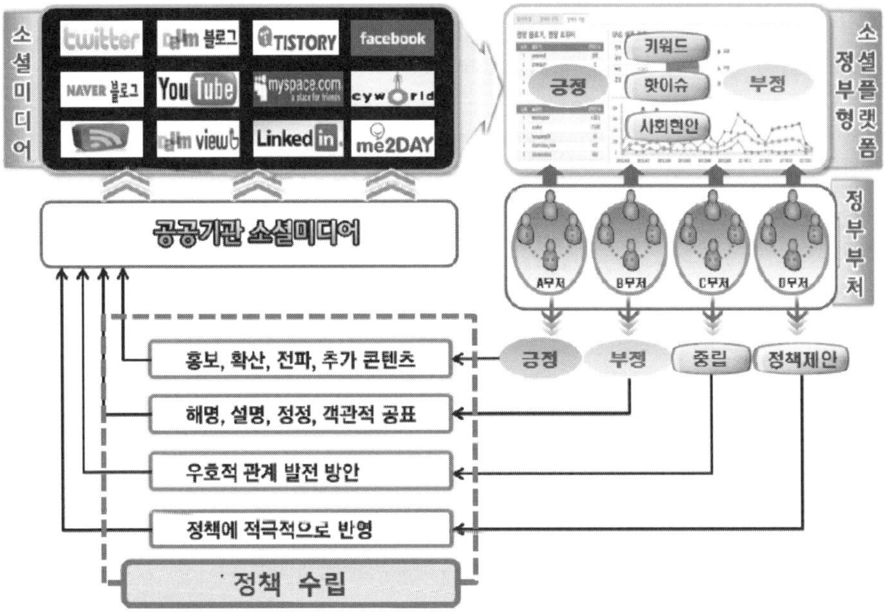

그림 2-6 정부형 소셜 플랫폼을 활용한 공공-민간 협업 흐름도

자료: 김현곤 외(2011: 14).

제 3 절 정부PR 2.0의 기술적 동향

정부기관 홍보를 강화하기 위해 가장 먼저 고려해야 할 것은 시공간 환경 및 주체의 변화에 대한 이해이다. 여기에서 환경은 인프라(기술 혹은 미디어 서비스)와 사용자가 형성하는 구조를 의미한다. 따라서 제2장에서는 정부PR 환경 변화의 내용으로서 새로 등장한 기술 인프라인 SNS와 모바일의 특징을 알아보고, 사용자로서 국민이 표출하고 있는 속성의 변화를 분석한다. 그리하여 여론 형성의 구조와 주체가 변화했으므로 정부기관의 홍보에서는 신속한 대응 능력과 정부 서비스에 대한 새로운 가치로의 전환이 요구되고 있음을 강조한다.

특히, 인프라로서 기술을 이해하기 위해서는 기술결정론적 사고에 매몰되어 신기술 도입이 모든 문제의 해결이나 유일한 수단이 아님을 알아야 하고, 수용자로서 국민이 더 이상 한 가지 정체성만을 가진 고립된 주체이거나 정부 정책의 수혜자로서 수동적으로만 머물러 있는 존재가 아니라는 것을 인지해야 한다.

또한 여론 형성 구조로서 네트워크가 정부기관의 홍보에 주는 함의는 네트워크 자체가 긴밀하게 연결되어 있는 만큼 정보 유통의 사이클이 과거와는 비교도 되지 않을 정도로 단축되고 있다는 것이고, 다른 한편으로는 유대의 네트워크가 사회 갈등의 국면이나 부분적으로는 끼리끼리 뭉치는 분열 현상으로 상존할 수 있기 때문에 오보나 루머의 확산이라는 역기능을 수행하는 경우도 많지만 기본적으로 매순간 변화하는 동적인 속성을 지닌 네트워크의 연결성이 유동적으로 작동함으로써 역기능보다는 순기능의 확산에 기여하고 있음을 유념해야 한다.

아울러, 역기능과 순기능은 해당 사회의 정치문화에 의해 언제든지 다르게 나타날 수 있으며, 지배적으로 영원한 속성은 아니라는 것이 중요하다. 현재까지 증명된 유일한 사실은 역기능과 순기능이 언제든지 나타날 수 있다는 것일 뿐, 네트워크 자체가 역기능만 혹은 순기능만 표출하는 것은 아니기 때문이다.

따라서 정부기관 홍보는 과거와 같은 일방향적인 홍보보다는 쌍방향의 대화에 기반한 소통을 지향해야 하고, 좀 더 효율적인 미디어를 매개하는 관점에서 진행되면서 사회 발전에 기여할 때 그 의미를 획득할 수 있다. 아울러 민간 기업의 이윤 추구를 위한 일방적인 홍보와 달리 국민과의 수평적 소통을 전제로, 공공성을 담보한 공공홍보(Public PR)의 관점에서 접근할 필요가 있다.

1 스마트 소셜 미디어와 관계성의 확장

1) 스마트 소셜 미디어 개요

(1) 스마트 소셜 미디어의 개념

스마트 소셜 미디어는 사람들의 의견과 생각, 경험, 관점 등을 서로 공유하기 위해 사용하는 온라인 툴(online tool)과 플랫폼을 총칭한다. '스마트 소셜 미디어'라는 용어는 뉴미디어 회사인 가이드와이어그룹(Guidewire Group)의 창시자인 시플리(Chris Chipley)가 2004년 '블로그 콘퍼런스(The Blog on Conference)'에서 처음 사용했으며, 이때에 그는 "스마트 소셜 미디어란 인터넷상에서 대화를 용이하게 만드는 모든 것"이라고 정의했다.

스마트 소셜 미디어는 텍스트, 이미지, 오디오, 비디오 등의 다양한 형태를 가지고 있으며 블로그, SNS, 메시지 보드(Message Board), 팟캐스트(Podcast) 등의 서비스를 포함한다(한국정보화진흥원, 2010. 8: 4).

인류의 통신 역사에서 우편 서비스는 기원전(BC)에 출발했고 이후 전보, 전화, 라디오 등 전기통신이 발전했으며, 알파넷(ARPANET)은 인터넷의 출발이 되었다([그림 2-7]). 그러나 주요 스마트 소셜 미디어의 연혁(timeline)에서 Six Degrees.com은 효시적인 출발을 보였고, 한국의 싸이월드도 중요한 이정표의 하나로 평가받는다(Boyd & Ellison, 2008: 212).

대표적인 스마트 소셜 미디어로서 SNS는 "네트워크에서 인간관계를 강화하거나 새로운 인맥을 형성함으로써 폭넓은 인적 네트워크를 형성할 수 있게 해주는 서비스"이며, 미니홈피, 블로그(blog), 마이크로블로그(microblog), 프로필 기반 서비스 등을 포함한다. 보이드와 엘리슨(Boyd & Ellison 2008)은 SNS를 공개적 혹은 반공개적으로 개인의 프로필을 구축하고, 개인들 간의 관계를 통해 형성된 연결을 공유하며, 그 연결을 바탕으로 일어나는 상호작용을 지원하는 웹 기반 서비스로 정의했다.

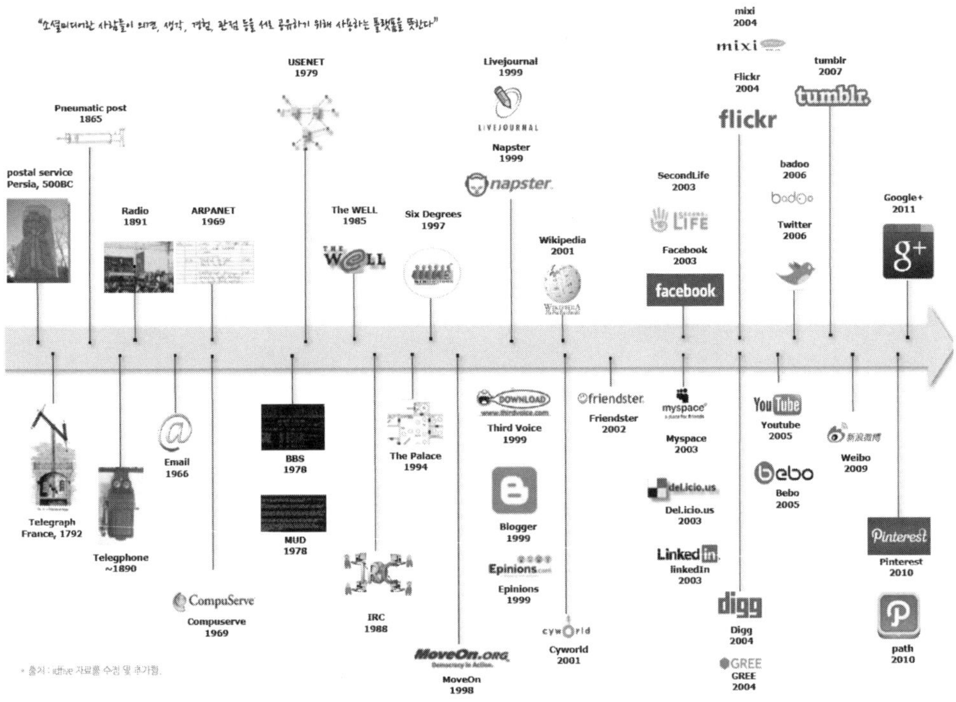

그림 2-7 주요 스마트 소셜 미디어의 이정표

자료: DMC 미디어 R&D팀. 2012. 4. 『소셜 미디어 현황 및 전망』.

보이드와 엘리슨(Boyd & Ellison 2008)은 스마트 소셜 미디어를 세 가지 특징을 가진 서비스로 정의했는데 첫째, 제한된 시스템 내에서 개인이 자신을 대중에게 혹은 일부 대중에게 소개하고 정보를 제공하거나 받을 수 있고, 둘째, 관계를 형성하고 유지하고 싶은 다른 이용자들의 리스트를 형성할 수 있고, 셋째, 시스템 내에서 다른 이용자들이 만든 관계망을 보거나 연결할 수 있다는 것이 그것이다. 즉, 현재의 미디어 환경 변화의 핵심은 콘텐츠와 이용자의 접점(contact point)이 증가한다는 것에 있다(도준호 · 심재웅 · 이재신, 2010: 1).

비자네스(Elias Bizannes, 2008)는 스마트 소셜 미디어가 2007년 개발된 페이스북과 트위터를 중심으로 한 새로운 커뮤니케이션 기술의 확산과 오바마의 트위터 선거운동 등 각종 위기 상황에서 신속한 정보 공유를 하면서, 2008년을 기점으로 그 존재와 역할을 이용자들에게 강하게 형성했다고 분석했다(도준호 · 심재웅 · 이재신, 2010: 11).

(2) 스마트 소셜 미디어의 유형 분류

수백 종에 이르는 매우 다양한 유형을 가지고 있는 스마트 소셜 미디어는 내용과 특성에 따라 다양한 분류 방식을 가지고 있다.

표 2-4 미디어 진화의 역사와 특징

구분	매스미디어 (1950년~1990년)	미디어 1.0 (1990년대 중반~ 200년대 초반)	미디어 2.0 (2000년대 중반)	소셜 미디어 (2006년 이후)
미디어 형식	소수의 신문, 방송, 라디오, 잡지 등 전통 매체	인터넷 미디어 등장/인터넷 커뮤니케이션 툴 등장 (카페, 메신저)	오픈 플랫폼으로서 인터넷, 1인 미디어, UCC 등	소셜 네트워킹 서비스(페이스북, 트위터 등)
의사소통 방식	일방향 정보 전달	양방향 소통 시작 (댓글 등 콘텐츠 종속성)	양방향 극대화, 집단 지성 활성화	양방향성 일방향성 공존
이용자의 정보 소비 행태	획일적 정보 소비, 집중적 관심	관심과 기호에 따른 능동적이고 분산된 소비와 선택	콘텐츠 소비자, 중재자(펌) 생산자의 모든 역할 수행	일방향적 정보 전달(중개자 역할 증대), 이동성에 의한 실시간 정보 전달
콘텐츠 유형	프로페셔널 콘텐츠 (뉴스, 오락 등 모든 영역)	프로페셔널 콘텐츠의 정보화, 틈새 콘텐츠의 등장	UCC 본격화	사진, 동영상, 게임, 커머스 등 매우 다양

자료: 이호영 · 김희연 · 정부연 · 장덕진 · 김기훈(2011. 12: 43).

첫째, 미국과 유럽의 스마트 소셜 미디어 생태계는 짧은 기간에 매우 복잡하고 동태적 진화를 거듭하고 있다. 프레드카파자는 2008년부터 2012년까지 5년 동안 스마트 소셜 미디어의 공급자 유형이 연도별로 복잡하게 진화하는 양상을 인포그래픽스로 알기 쉽게 보여주었다. 그러나 스마트 소셜 미디어 서비스들을 망라한 목록은 아니기 때문에, Skype 같은 불리틴 보드나 인스턴트 메시징 서비스(IMS) 같은 일부 총괄적인 플랫폼이나 플레이어는 보이지 않는다. 2012년도 그림은 매우 밀도 높은 스마트 소셜 미디어 생태계를 보여주고 있다. 즉, 기기(스마트폰, 데스크톱/랩톱 PC, 태블릿 PC, 커넥트 기기), 대화 및 상호작용, 스마트 소셜 미디어 등 3개 계층에서 미디어 출판, 공유, 게임, 네트워킹, 구매, 로컬라이징 등 여섯 개 유형으로 묘사되고 있다. 대화와 사회적 상호 작용을 허용하는 온라인 서비스를 컴퓨터와 모바일, 대체 장치(스마트 폰, 태블릿, IPTV 등)를 통해 제공한다. 프레드카바자는 스마트 소셜 미디어를 3계층 6유형으로 나누었지만, 스마트 소셜 미디어는 서로 다른 행위자들이 공생(symbiosis)하며, 사는 매우 밀도 있는 생태계라고 할 수 있다. 이 생태계에서는 페이스북, 트위터 및 구글 플러스 등 세 개의 주요 서비스가 중심지에서 발견된다.

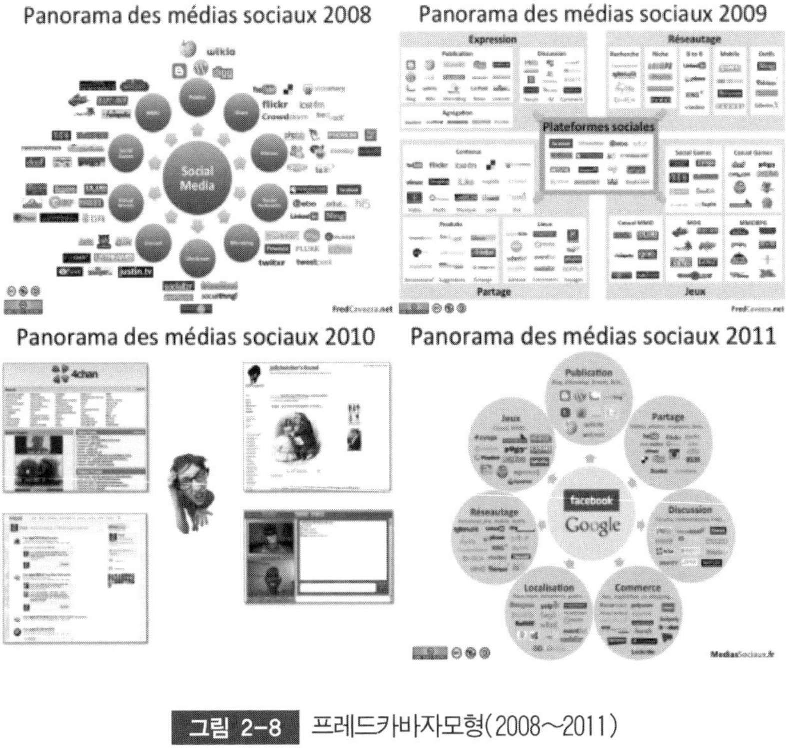

그림 2-8 프레드카바자모형(2008~2011)

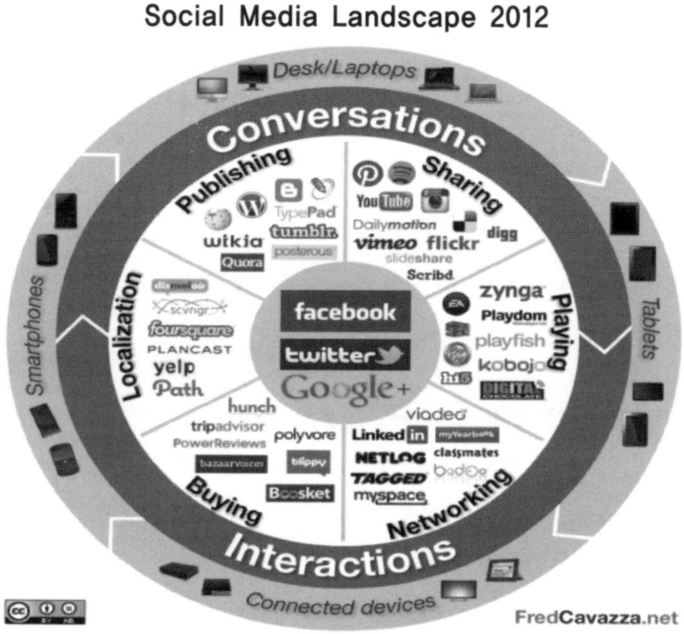

그림 2-9 프레드카바자모형(2012)

자료: www.fredcavazza.net/2012/02/22/social-media-landscape-2012

카플란과 핸레인(Kaplan & Haenlein, 2010: 62)은 스마트 소셜 미디어 사용자의 자기 표현 및 노출(self-presentation/self-disclosure)의 정도가 높은가 낮은가에 따라, 그리고 사회적 표현과 미디어 풍요성(social presentation/media richness)이 높은가, 중간인가, 낮은가에 따라 크게 여섯 가지 유형으로 나누고 있다. 예를 들면, 가상세계를 체험하게 하는 세컨드 라이프(Second Life) 같은 미디어는 개인적 자기 표현과 사회적인 미디어 풍요성이 동시에 높지만, 블로그는 자기표현성은 높지만 사회적 표현성, 즉 미디어 풍요성은 낮은 유형으로 분류된다. 또한 위키피디아 같은 협업 활동은 자기표현성도 낮고, 사회적 표현성도 낮다. 페이스북이나 트위터 같은 SNS는 자기표현성은 높지만, 사회적 표현성/미디어 풍요성은 중간 정도이다. 카플란과 핸레인 유형은 수많은 스마트 소셜 미디어를 전체적으로 이해하는 데 도움을 준다.

와인버그(Bruce D. Weinberg)와 펠리반(Ekin Pehlivan)은 스마트 소셜 미디어를 통해 창출되거나 유통되는 정보의 깊이(depth)와 반감기(수명)(half-life)에 따라 네 유형으로 분류하고 있다(Weinberg & Pehlivan, 2011: 279). 이 모형은 트위터와 페이스북, 블로그 사이의

표 2-5 카플란과 핸레인의 분류

구분		사회적 표현/미디어 풍요성		
		낮음	중간	높음
자기 표현/ 자기 노출	높음	블로그	SNS(예: 페이스북)	버추얼 세상 (예: 세컨드 라이프)
	낮음	협업 프로젝트 (예: 위키피디아)	콘텐츠 커뮤니티 (예: 유튜브)	버추얼 게임 (예: 워크래프트)

자료: Kaplan & Haenlein(2010: 62).

차이를 이해하는 데 도움을 줄 수 있다. 즉, 트위터와 페이스북은 정보 반감기에서는 유사하지만, 깊이에서는 차이가 있으며, 트위터와 블로그는 정보의 깊이는 유사하게 낮지만 정보의 반감기에서는 차이가 있다.

이와 같은 스마트 소셜 미디어의 특성 차이를 인식한 바탕 위에서 정부기관들의 활용 실태를 비교 분석하는 것이 바람직하다.

또한 모바일 소셜 미디어에서는 다른 분류 방식이 제시되기도 한다. 카플란(Andreas M. Kaplan)은 시간 민감성(time-sensitivity)과 공간 민감성(location-sensitivity)의 유무에 따라 각각 두 가지씩 네 가지 유형을 제시한다(Kaplan, 2012: 132). 트위터에 메시지를 포스팅하거나 페이스북을 업데이트하는 것은 소통의 즉시성(immediacy)을 향상시키기 위해 전통적인 소셜 미디어를 모바일 기기로 이동시키는 유형으로서 시간 민감성은 있지만 공간 민감성은 없는 신속 이동자(quick-timer) 유형이다. 반면 유튜브를 시청하거나 위키피디아를 읽는 활동은 전통적인 소셜 미디어를 모바일 기기로 이동하는 유형으로서 시간 민감성과 공

표 2-6 와인버그와 펠리반의 분류

구분		정보의 깊이	
		낮음	깊음
정보의 반감기 (수명)	장기	블로그 - 예: WordPress - 브랜드 구축 - 제품 지식 전달	커뮤니티 - 예: HP 커뮤니티, MacRumors - 관계 형성 및 유지
	단기	마이크로 블로그 - 예: 트위터 - 인식과 리콜 창출 - 약식 참여, 짧은 대화	소셜 네트워크 - 예: 페이스북 - 신념·태도에 영향 주고 트래킹함

자료: Weinberg & Pehlivan(2011: 279).

간 민감성도 없는 서행 이동자(slow-mover) 유형이다. 공간시간자(space-timer)는 페이스북 장소(places), 포스퀘어(Foursquae), 고왈라(Gowalla) 같이 특정 시간에 특정 장소에서 적실성 있는 메시지를 주고받는다. 공간위치자(space-locator)는 장소는 특정하지만 시간대는 특정되지 않고 이후에 읽어도 되는 메시지 교환 유형으로 옐프(Yelp)나 콰이프(Qype) 같은 사이트가 이에 속한다.

이와같이 스마트 소셜 미디어와 모바일 소셜 미디어 매체의 내용과 특성은 매체를 통한 개인적 · 사회적 표현 정도나 교환되는 정보의 깊이와 수명, 그리고 시간 및 공간의 특정성 정도에 따라 달라질 수 있다. 이것은 스마트 소셜 미디어를 활용하여 국민과의 소통을 강화하려는 정부행정기관은 매체의 특성을 잘 고려하여 PR 목적과 내용에 맞게 활용해야 한다는 점을 암시한다. 동시에 정부기관들의 스마트 소셜 미디어 활용 실태에 대한 분석과 평가도 이와 같은 매체가 가지고 있는 개별적인 특성들을 고려하여 그에 맞는 방법을 선택해야 한다는 점을 보여준다.

표 2-7 모바일 스마트 소셜 미디어 활용 유형

구분		공간 민감성	
		없음	있음
시간 민감성	있음	신속 이동자: 즉시성 증진을 위해 전통적 미디어의 모바일 기기로 이전(예: 트위터 메시지 포스팅이나 페이스북 지위 업데이트)	공간 시간자: 특정 시간에 특정 장소에서의 적실성 있는 정보 교환(예: 페이스북 Place; Foursquare; Gowalla)
	없음	서행 이동자: 전통적 소셜 미디어 응용을 모바일 기기로 이전(예: 유튜브 비디오 시청이나 위키피디아 독서)	공간 위치자: 장소는 특정하지만 뒤에 읽도록 태그되어 있는 특정 장소에서 적실성 있는 메시지 교환(예: Yelp; Qype)

자료: Kaplan(2012: 132).

(3) 스마트 소셜 미디어의 활용 실태

스마트폰 시장의 급속한 성장으로 소통 방식이 크게 변화하고 있다. 휴대전화는 스마트폰의 등장으로 음성통화, SMS와 같은 기본적인 커뮤니케이션 모바일 미디어에서 기술과 문화를 매개로 하는 개인별 통합 미디어로 기술적으로 진화했다. PC 기반의 SNS에 대한 사용자의 긍정적 경험과 결합한 이러한 진화는 모바일 SNS에 대한 활용적 차원으로 확장되고 있다.

표 2-8 국내 주요 스마트 스마트 소셜 미디어 사용 현황

미디어	사용 규모와 특징
트위터 (Twitter)	- 6,420,000명(2012년 5월 4일 기준) - 2006년 서비스 시작, 세계 사용자 5억 명
페이스북 (Facebook)	- 7,193,260명(2012년 6월 24일 기준) - 2004년 서비스 시작, 세계 26위, 세계 사용자 9억 5,500만 명(2012년 8월 기준) - 이 가운데 81%의 트래픽이 미국 밖에서 도달 - 매달 2억 3천만 명의 이용자가 페이스북으로 게임
미투데이 (Me2day)	- 700만 명[4](2012년 5월 말 기준) - 2007년 서비스 시작, 국내 서비스
요즘 (yozm)	- 300만 명 - 2010년 서비스 시작, 국내 서비스
핀터레스트 (Pinterest)	- 2,000만 명(2012년 2월 기준) - 2010년 5월 서비스 시작 - 핀보드 방식의 정보 제공과 정보 공유 서비스 방식으로 운영
스마트폰	- 25,718,197명 - 2012년 3월 말 기순

자료: OikoLab, SocialBakers(www.socialbakers.com), 방송통신위원회.

국내에서 SNS의 종류는 많지만 트위터와 페이스북이 대표적이며, 그 밖에 미투데이, 요즘 등의 서비스에 대한 국내 가입자도 늘어나고 있다. 2012년 6월 말 현재, 국내에서 가장 많은 사용자를 보유하고 있는 것은 미투데이이며, 최근 1년 동안 페이스북 사용자도 급증 추세이다(〈표 2-8〉 참조). 2012년 2월 방송통신위원회가 집계한 국내 이동통신 3사 스마트폰 가입자는 2,479만 명으로, 전체 이동전화 가입자의 47.7%에 달했으며, 2012년 상반기 안에 50%를 넘을 것으로 전망한 바 있다.

SNS 사용이 급증하는 상황은 글로벌 추세에서도 확인된다.

[그림 2-10]에서 볼 수 있듯이, 2012년 현재 대부분의 국가에서는 페이스북 사용이 급증하고 있어서 전 세계 페이스북 사용자는 9억 5,500만 명에 이르며, 트위터 사용자는 2012년 8월 들어 5억 명을 돌파했다. 이 밖에도 arto.com(덴마크), bebo(미국), Gruppo SMB (student.it, Giovani, 이탈리아), Hyves(네덜란드), Myspace(미국),[5] nasza-klasa.pl(폴란드), Netlog(벨기에), ONE.LT(리투아니아), Piczo(스웨덴), Rate.ee(에스토니아), Skyrock(프랑스), Studivz(독일), sulake(핀란드), tuenti(스페인), zap.lu(룩셈부르크) 등의 서비스가 국가별로

4) 미투데이 사용자는 2009년 6월 2NE1와 지드레곤의 가입 사실이 공개되면서 급증함.
5) 국내 가입자 수는 약 5만 명으로 추산되며 2008년 12월 이후 가입자가 정체됨.

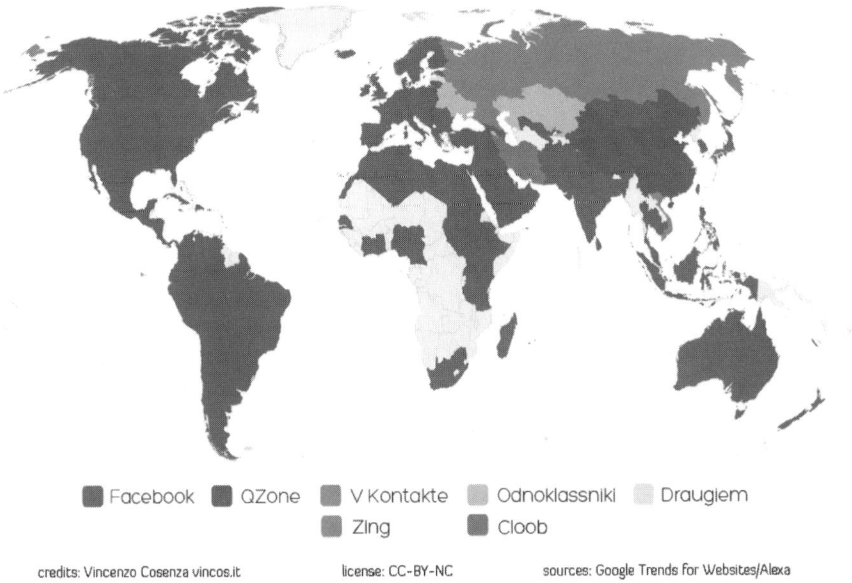

그림 2-10 전 세계 소셜 네트워크 지도(2012년 6월 기준)

자료: vincos.it/world-map-of-social-networks

강세를 보이고 있는 스마트 소셜 미디어 서비스이며, 특히, 중국과 러시아에서는 보편적인 SNS보다는 자국 SNS의 강세가 매우 높게 나타난다는 특징을 보이고 있다.

표 2-9 유럽 국가별 SNS 순위

	1순위	2순위	3순위
Belgium	Facebook	Badoo	LinkedIn
Denmark	Facebook	LinkedIn	Badoo
Finland	Facebook	LinkedIn	Twitter
France	Facebook	Badoo	Skyrock
Germany	Facebook	Wer-Kennt-wen	StayFriends
Italy	Facebook	Badoo	Twitter
Netherlands	Facebook	Hyves	Twitter
Norway	Facebook	LinkedIn	Twitter
Sweden	Facebook	LinkedIn	Twitter
Russia	V Kontake	Odnoklassniki	Facebook
United Kingdom	Facebook	Twitter	LinkedIn

자료: DMC 미디어 R&D팀. 2012. 4. 『소셜 미디어 현황 및 전망』. p. 6.

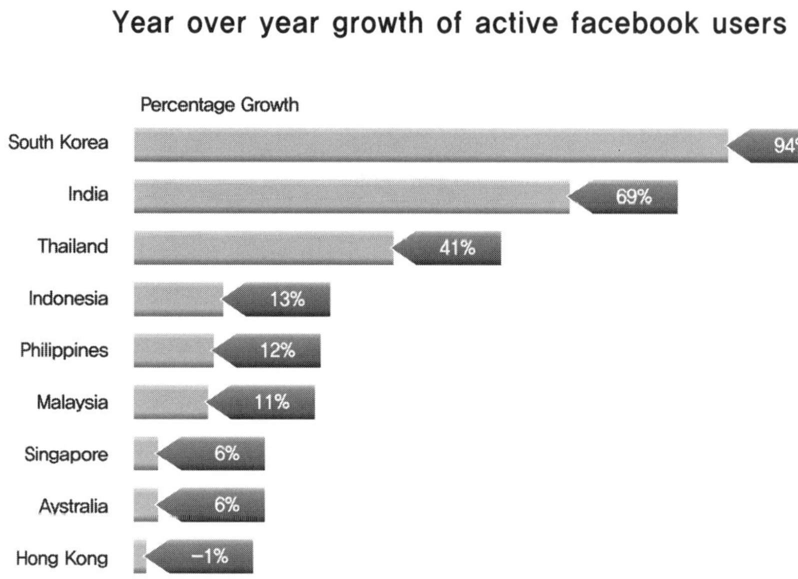

그림 2-11 아시아 국가별 최근 페이스북 사용자 수 성장률

자료: bit.ly/NBkdrE

2011년 7월, 미국의 조사기관 퓨 인터넷(PEW Internet)에 의하면 SNS 미국 성인 기준 주 사용 계층은 평균 38세로 드러났으며, 성인 SNS 사용자의 50%가 35세로 나타났다. SNS 이용의 남녀 비율에서는 여성이 56%로 44%인 남성보다 높게 나타났으며, 특히 페이스북의 남녀 비율이 43%, 58%임에 비해 트위터는 남성 36%, 여성 64%로 드러나 트위터 사용자 가운데 여성의 비율이 높은 편으로 나타났다. 한편, 페이스북 사용자의 26%가 하루에 다른 페이스북 사용자의 글에 '좋아요'를 표시한다고 밝혔다.

이와같이 2007년에 4억 명이 불과했던 SNS 사용자 수는 2011년 12월 세계 인터넷 이용자의 82%인 12억 명을 돌파하는 등 급성장세를 유지하고 있다.6) 또한 초기의 사람과 사람을 연결해 주는 단순 네트워크 서비스로서의 SNS에서 벗어나 플랫폼화되어 가고, 다른 산업과의 연계를 빠르게 진행하는 방향으로 진화하고 있다(한국인터넷진흥원, 2012. 3. 27: 2).

즉, 페이스북은 LBS(Location Based Service, 위치정보 기반 서비스), 미디어 서비스 강화, 스마트 자동차 시장 진출 등 다른 산업과의 연계를 통해 다양한 비즈니스를 진행하겠다는

---

6) eMarketer는 2014년에는 SNS 사용자 수가 18억 5천 만 명을 넘어설 것으로 전망함.

방침이고, 트위터는 기업의 브랜드 광고 솔루션을 모바일 애플리케이션에도 확대 적용하면서 미디어, 광고, 마케팅 영역으로 확대할 예정이다. 또한 구글 플러스는 구글의 콘텐츠와의 연계를 통해 콘텐츠 사업 강화 및 모바일 광고 영역으로 본격적인 진출을 한다는 전략을 발표했다.

2) 관심 SNS의 부상과 소셜 큐레이션의 시대

최근 부상하고 있는 SNS로는 핀터레스트(Pinterest, www.pinterest.com)가 유명한데, 2010년 5월에 정식 서비스를 시작한 이 서비스는 핀(Pin)과 관심(Interest)의 합성어로서 다양한 정보를 수집하여 정보 제공과 공유를 하는 서비스이다. 핀터레스트는 기존의 읽는 SNS가 아닌, 보는 SNS라는 특징이 있어서 이미지와 동영상을 통해 관계 형성의 핵심 요소를 구성한다.

이 서비스는 지난 1년간 4,377%의 괄목할 만한 성장세를 기록하여 미국에서 방문자 수 순위는 페이스북과 트위터에 이어 3위를 기록하고 있으며 전체 가입자의 97.9%가 여성이라는 것

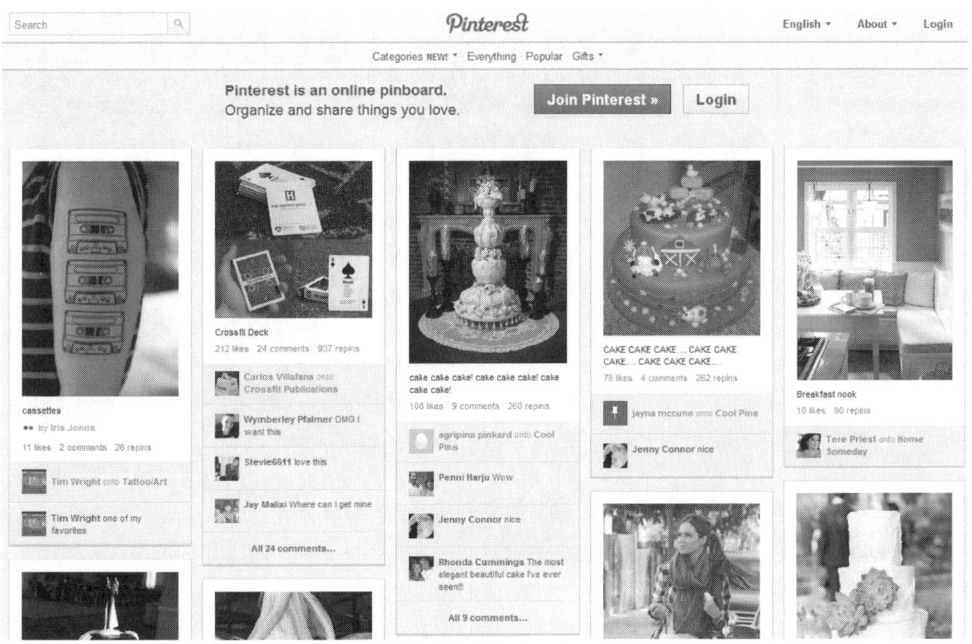

그림 2-12 핀터레스트

자료: www.pinterest.com

이 특징이다. 2012년 1월, 핀터레스트의 순사용자 수는 1,100만 명을 기록하여 인터넷 서비스 사상 가장 빨리 순사용자 수 1,000만 명을 돌파했다. 월평균 이용 시간은 트위터의 3배를 상회하는 80분에 달해 페이스북, 텀블러에 이어 인터넷 서비스 전체 3위 서비스로 부상하고 있다.

핀터레스트는 웹이나 모바일상에서 접하게 되는 마음에 드는 이미지 또는 다른 사람들의 핀터레스트 계정에 올려진 이미지들을 클릭 한 번으로 자신의 핀터레스트 계정의 특정 주제 폴더에 콘텐츠와 함께 저장할 수 있다.

수집된 정보는 자신의 핀터레스트 계정을 구독하는 다른 사람들이 언제든지 방문하여 코멘트를 남기거나 다른 사람과 공유할 수 있으며, 계정 · 카테고리 · 세부 주제별로 이미지의 열람이 가능하고 키워드 입력을 통한 이미지 검색도 가능하기 때문에 특정 주제에 대해서는 기존 검색 엔진보다 관련성 높은 정보를 제공할 수 있다는 것이 서비스의 장점이다.

핀터레스트 계정 보유자 대상의 설문조사 결과, 21%에 이르는 이용자들이 핀터레스트에서 본 아이템을 실제로 구매한 경험이 있다고 응답하는 등 핀터레스트를 통해 추천된 제품에 대한 소비자들의 신뢰도 또한 실제로 높은 편이다.

그림 2-13 인터레스트미

자료: www.interest.me

핀터레스트 외에 외국의 관심 SNS로는 Curated.by, del.icio.us, Fab.com, Paper.li,[7] Polyvore, Snip.it, Storify,[8] Visual.ly[9] 등이 있으며, 국내의 관심 SNS로는 관심 이미지, 음악 파일, 콘텐츠를 스크랩하여 공유할 수 있는 국내 서비스 '인터레스트.미(www.interest.me, 페이스북으로 로그인 가능)' 음악을 수집하여 공유할 수 있는 '리슨미(www.lisn.me)', 애완 동물의 정보를 공유할 수 있는 '펫러브즈미(www.petloves.me)', 스토리파이와 같은 '에디토이(editoy.com)', 뷰티 매거진 스타일픽 등이 대표적이다.

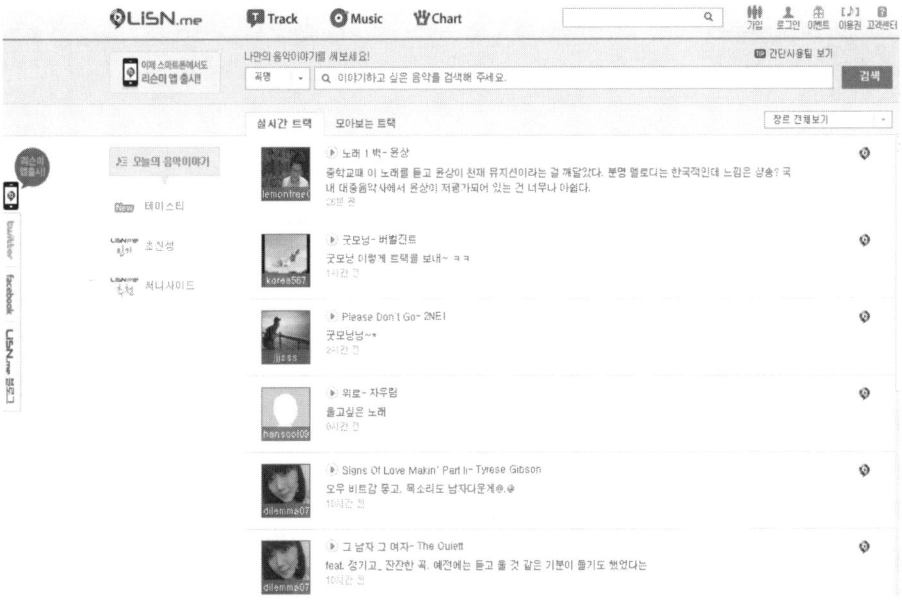

그림 2-14 리슨미

자료: www.lisn.me

7) 평소에 관심을 갖고 있는 트위터, 페이스북의 콘텐츠뿐만 아니라 RSS 피드, 구글 플러스 등의 키워드와 콘텐츠의 수집이 가능한 서비스. 이렇게 수집한 키워드를 도태로 하여 매일 뉴스처럼 발행도 가능하다.

8) 트위터와 같은 각종 SNS에 올라온 글을 골라서 하나의 스토리보드를 만들 수 있는 서비스. 트위터 계정으로 로그인 한 후에 트위터뿐만 아니라 페이스북, 플리커, 유튜브, 구글 검색, RSS 피드 등에서 글을 가져와 자신만의 스토리 구성이 가능하다.

9) 인포그래픽을 수집한 위 소개하는 서비스. 자신의 계정에 인포그래픽을 추가하고 SNS로 공유하거나 필요한 사이트로 발행할 수 있고, 자신의 페이스북 페이지와 트위터 계정의 인포그래픽을 만든 뒤 SNS와 이메일로 실시간 공유가 가능하다.

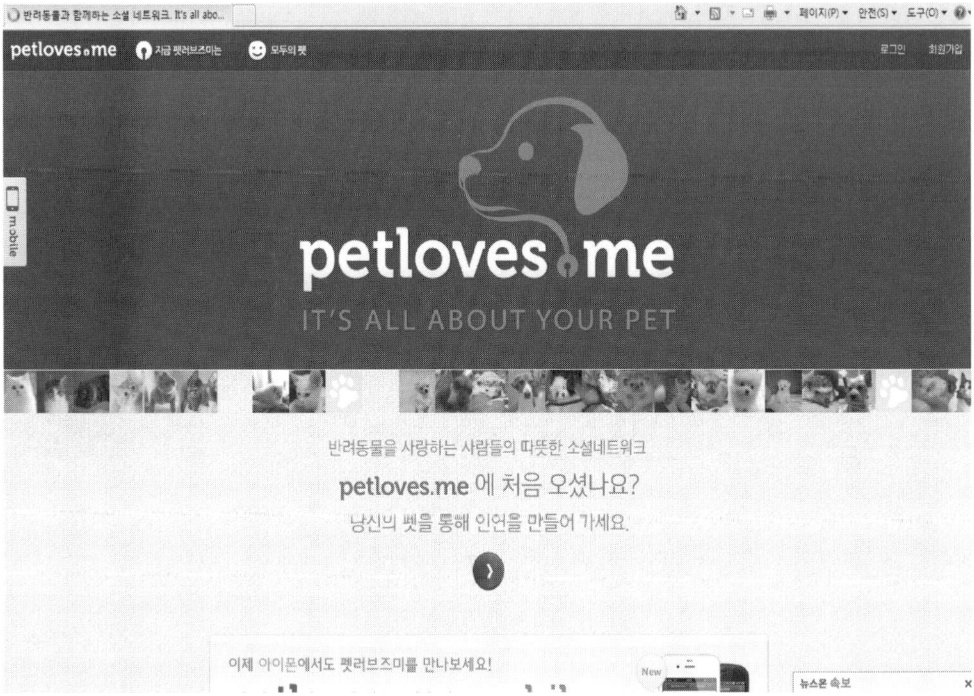

그림 2-15 펫러브즈미

자료: www.petloves.me

향후에는 관계 기반 SNS에서 관심 기반 SNS의 성장 가능성이 높아지고 있는데 관심 기반 SNS는 사용자의 관심사에 따라 정보를 수집하고 공유하는 서비스로서 '소셜 큐레이션(Social Curation)'으로 불린다. 이는 일종의 정보 수집용 개인 비서 역할을 하는 것으로서 매스미디어에 의한 획일적인 정보나 SNS 공간에서 범람하는 수많은 비관련 정보 속에서 개인의 정보 활동에 대한 효용성을 높일 수 있는 정보 제공의 수요(needs)가 증가하면서 소셜 큐레이션의 필요성이 증대된 것이라고 볼 수 있다.

이와 같은 경향은 네그로폰테(Nicholas Negroponte), 선스타인(Cass R. Sunsteim), 탭스콧(Don Tapscott) 등이 예견한 개인 중심의 시대(The Daily ME, Me Age)가 도래하는 경향이라고 평가할 수도 있다. 스마트 소셜 미디어 이전에는 사용자 중심이 아니라 웹 페이지(web page) 중심이었다는 지적과 같이 개인의 중요성이 중요해진 것이다. 그러나, 한편으로는 콘텐츠 공급자 중심에서 소비자 중심의 정보 유통 채널이 증가한다는 의미가 있는 반면 저작권 문제의 해결이 필요하다는 지적도 제기되고 있다.

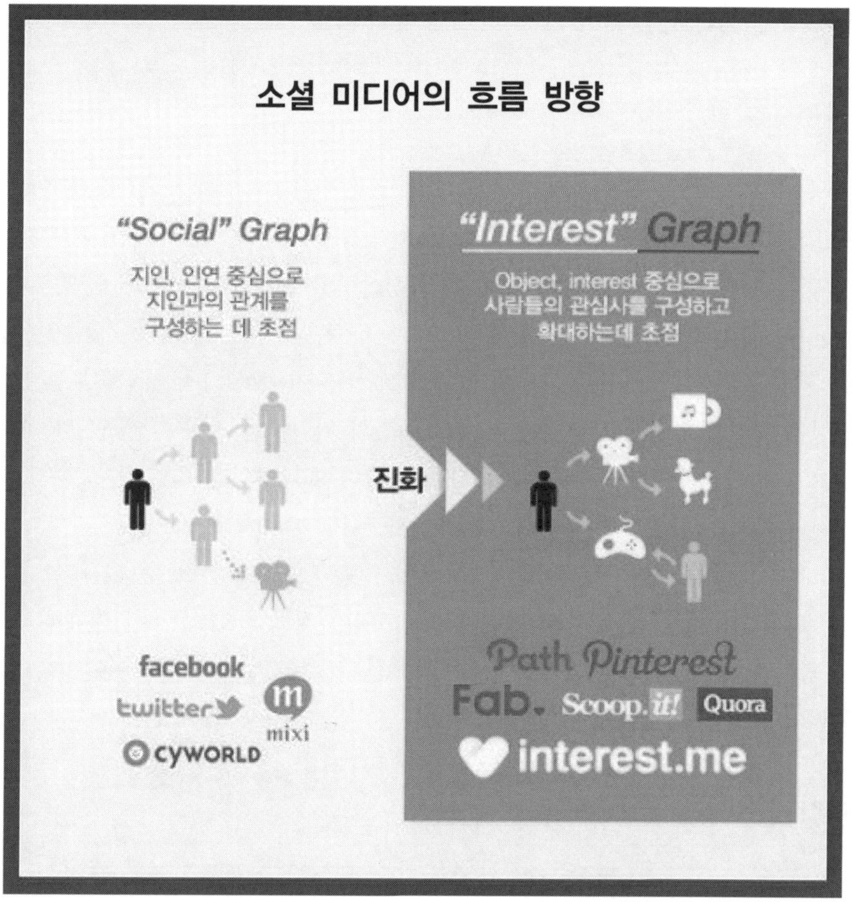

그림 2-16 스마트 소셜 미디어의 흐름 방향

자료: "인터레스트.미, 한국도 2세대 SNS 물꼬." *ZDNet Korea*, 2012년 7월 10일자.

이와같이 현재까지의 전 세계적인 미디어의 활용 변화는 뉴미디어로서 인터넷이 등장하던 1990년대 초반에는 청소년 등의 젊은 세대가 주로 정보와 오락을 위해 인터넷을 사용했다면, 20년이 지난 현재에는 정보와 오락에 더해 커뮤니케이션과 참여 또한 주된 이용 동기로 작동하고 있다(Gross, 2004; Lenhart, Madden, & Hitlin 2005; Valkenburg & Peter, 2007; Valkenburg & Soeters, 2001; 금희조, 2010: 10에서 재인용). 뉴미디어로서 쌍방향성이 강화된 SNS는 2005년 유튜브 등장 이후로, 기존 언론, 집단행동, 정당, 정부의 서비스 방식과 운영에 변화를 촉발하고 이 밖에도 사회의 다양한 영역에서 소유 양식이 아닌 공유 양식의 확대, 시민의 관여력(empowerment) 증대 등의 영향을 확대하고 있다.

3) SNS의 장점과 단점[10)]

(1) SNS의 장점

블로그는 정보 제공을 특징으로 하며, SNS는 정보 제공과 관계 확산이 특징적이다. 대체적으로 SNS는 신속·개방·연결·참여·소통의 특징을 가지고 있다. 일반 유선 웹 서비스와 달리 적은 자원으로 사용자의 이동에 따라 신속하고 편리하게 정보와 인맥을 증가시킬 수 있는 것이 가장 큰 장점이기 때문에 의제 확산·콘텐츠 공유·의견 결집에 유용하다.

SNS의 장점은 첫째, 개인화된 네트워크(Networked Individual, Jeff Jarvis)[11)]로서 모든 정보와 인맥은 개인을 타깃으로 한다는 점에서 이전의 미디어와 가장 차별적이다. 또한 개인을 대상으로 하기 때문에 이해와 설득보다는 공감이 효과적인 전략이다.

둘째, 시간에서는 신속성과 지속성을 가지는데, 쉽고 빠르게 콘텐츠를 전파하며(특히 매스미디어보다 월등히 빠름), 콘텐츠의 영향력이 지속적으로 발휘될 수 있다. 스마트 소셜미디어의 확산력(magnification power)은 크다. 트위터 정보의 50%는 8분 이내에 확산된다. 만약 한 명이 5명의 친구에게 이야기하고, 그들이 각각 5명의 친구에게 이야기하면 12번만에 100만 명이 넘는 사람에게 퍼진다.

표 2-10 페이스북과 트위터의 특징 비교

구분	페이스북	트위터
정보 전달 유형	사진, 텍스트, 유튜브(동영상)	텍스트
정보 전달 특성	개인적이며 복합적	단순하지만 상호연계성이 강함
사용되는 기기 범위	웹, 모바일	웹, 모바일
관계맺기 방식	초대 및 수락	팔로잉, 팔로어
정보 전달의 확산 속도	빠른 편이지만 전달의 허락이 전제되어야 함	매우 빠른 실시간 효과
비즈니스 모델의 전망	배너 광고, 유료 애플리케이션	현재 비즈니스 모델 진행 중
공통점	친구들 글이 찾아옴(구독 개념)	

자료: "트위터와 페이스북." 『매일신문』. 2011년 1월 27일자.

---

10) 삼성경제연구소, 2010. 7. 14, "확산되는 소셜 미디어와 기업의 신소통전략," *CEO Information*, 제764호, pp. 4-10을 참조하여 보완함.

11) 보이드(Boyd, 2008)는 이를 '네트워크화된 대중(networked publics)'이라고 표현했다(금희조, 2010: 11).

셋째, 대상에서는 다수성과 다양성을 들 수 있는데, 국가와 계층의 경계를 넘어 다수의 다양한 사람에게 콘텐츠를 전달하여, word of mouth(단순한 구전)에서 world of mouth(구전의 세계) 시대로 변화하고 있다고 평가된다.

넷째, 비용면에서는 경제성이 장점으로서, 매스미디어를 사용하지 않고도 적은 비용으로 효과적인 소통이 가능하기 때문이다.

다섯째, 관계에서는 친근성과 신뢰성을 가진다. 인간적인 소통이 가능하며, 쌍방향 소통을 통해 신뢰를 제고할 수 있다.

여섯째, 한편으로는 관계의 비익명성, 메시지의 공개성, 매스커뮤니케이션과 대인 커뮤니케이션의 혼종성 등이 나타난다(이은주, 2011: 35-40). 트위터의 경우 평균 4명만 거치면 대부분의 사람과 연결 가능하다는 연구 결과도 제기되어 있다.

일곱째, SNS는 여론의 빅뱅에도 영향을 미친다(서인석, 2010. 10. 7: 4-5). 다양한 의견과 이슈의 생산이 이루어지기 때문에 관심 분야가 다른 각계 각층의 사람들이 스마트 소셜 미디어에서 사적인 일상사뿐만 아니라 정치사회적인 콘텐츠도 적극적으로 공유한다. 매스미

표 2-11 속성별 서비스의 장점

속성	서비스 평가
전달 범위, 파급력, 개방성	싸이월드 〈 페이스북 〈 미투데이 〈 트위터
신속성	싸이월드 〈 페이스북 〈 미투데이 〈 트위터
관계의 깊이, 상호성	트위터 〈 미투데이 〈 싸이월드 = 페이스북
통제성	트위터 〈 미투데이 〈 싸이월드 = 페이스북

자료: 연세대학교 산학협력단(2011. 8: 27).

디어가 주도하는 이슈 제기에서 벗어나 사용자가 발굴한 이슈가 사회 전반에 반향을 일으키는 사례가 증가한다. 다수의 다양한 의견 속에서 소수의 파워가 강해질 수 있다.

(2) SNS의 단점

SNS의 단점으로는 첫째, 수신자의 노력이 중요하기 때문에 낮은 의사소통 비용에 비해 높은 관계 유지 비용이 들어간다.

둘째, 다양한 정보가 범람하는 만큼 정보의 신뢰성 문제가 제기될 수 있다. 2011년 11월, 방송통신위원회 조사에 의하면 SNS의 정보를 신뢰하는 국민은 42.9%, 보통은 45%, 믿지 않는다고 응답한 사람은 12.1%인 것으로 나타났다. 노벨 경제학상 수상자인 사이먼(Herbert Simon) 교수는 정보의 풍요가 주목의 빈곤을 유발한다고 했다. 정보경제학에서 다루는 정보 부족과 비대칭이 거래 비용을 유발하는 시장 실패 상황보다는 정보의 과잉이 주목 또는 관찰 역량을 감소시킴으로써 신뢰 문제를 제기한다.

셋째, 사생활 노출에 의한 개인정보 침해 가능성이 높다. SNS로 인해 모든 것이 연결된 사회에서는 개인에 대한 모든 정보의 수집에 의한 감시가 가능한 것이다. 모든 것을 말할 수 있는(tell-all) 속성상 지나친 사생활 노출의 위협이 있을 수 있다. 특히 소셜 프로파일링(social profiling)에 의해 노출된 정보만을 모아서 빈집 정보를 알려주는 서비스도 제공되어

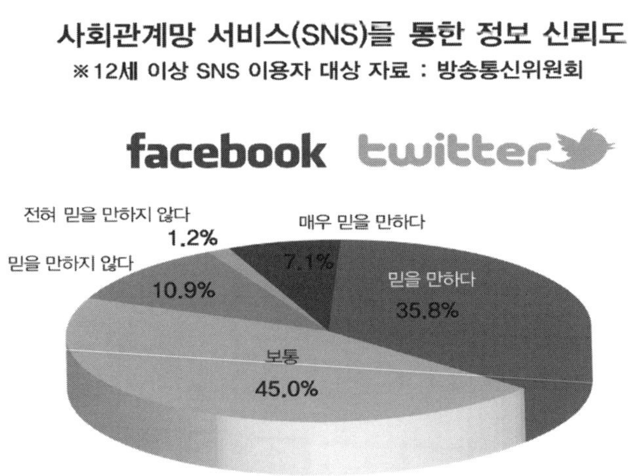

그림 2-17 SNS에서의 정보 신뢰도

자료: "SNS 사용자 43% "정보 믿을 만" 인터넷 실태조사… "최신정보 가장 빨라" 24%." 『한겨레신문』, 2011년 11월 30일자.

표 2-12 SNS에서의 정보 신뢰도

Social Media	2010	2011	2012	% Change Since Last Year	% Change Since First Year
Aggregate	70	70	69	−1.4%	−1.4%
Google +	NM	NM	78	NA	NA
Wikipedia	77	78	78	0.0%	1.3%
YouTube(Google Inc.)	73	74	73	−1.4%	0.0%
Pinterest	NM	NM	69	NA	NA
All Others	72	67	64	−4.5%	−11.1%
Twitter	NM	NM	64	NA	NA
LinkedIn	NM	NM	63	NA	NA
Facebook	64	66	61	−7.6%	−4.7%

자료: “미 SNS 만족도 살펴보니… 페이스북이 꼴찌.” 『지디넷코리아』. 2012년 7월 17일자.

소셜 절도의 위험성 또한 제기된 바 있다. 물론 한편으로는 개방된 구조 속에서 정보가 유통되기 때문에 다수의 집단 지성에 의한 협업과 필터링으로 거짓 정보의 범람을 막을 수 있다는 긍정적인 전망도 제시되며, 정치인으로서는 실언이나 잘못된 정보에 대한 사회적 파장이 빠르게 이루어지기 때문에 정정 불가능하다는 점이 치명적인 단점이다.12)

최근 조사에 의하면 미국에서의 서비스별 만족도에서 페이스북이 꼴찌를 한 것으로 나타났는데 이는 2012년 64점을 받은 이후 3년 연속 60점대의 저조한 점수를 받은 결과이다.

조사기관 씨넷(Cnet)은 페이스북의 만족도가 낮은 이유를 개인정보 보호의 미흡으로 꼽았는데 이 밖에 잦은 인터페이스 변경, 과도한 광고 노출도 이용자들의 불만 요소라고 지적했다. 아무리 전 세계적으로 가입자 9억 5,500만 명의 페이스북이라 해도 사용자 만족도를 높이지 못한다면 언제든지 다른 서비스가 유행의 흐름을 대치할 수 있으며, SNS에서 개인정보 보호가 최우선임을 알 수 있는 조사라고 할 수 있다.

넷째, 선별적 자기 강화 가능성과 끼리끼리 현상과 같은 파편화의 증대가 이루어질 수 있다.

12) 트위터에서의 전파 속도는 최소한 8~30분 내라는 연구 결과 등이 제시됨.

표 2-13 SNS의 장점과 단점

장점	단점
의제 확산, 정보 공유, 의견 수렴 용이	
개인 대상의 이해와 설득에 용이	개인정보의 침해 가능성(소셜 프로파일링)
신속성, 지속성	
다수성, 다양성	음란물 유통, 스팸 및 어뷰즈
경제성	낮은 의사 소통에 비해 높은 관계 유지 비용
친근성, 신뢰성	(정보의 양이 너무 많기 때문에) 정보의 신뢰성이 낮음, 오보의 유통 가능성도 높음
관계의 비익명성	저작권 문제, 사이버 폭력
메시지의 공개성	
매스커뮤니케이션+대안 커뮤니케이션	
여론의 빅뱅	파편화
정부와 시민 간 직접 소통의 증가	포퓰리즘(populism) 가능성 증대(책임 정치의 문제 발생)

2 스마트폰과 이동성의 증대

1) 스마트폰과 소셜 네트워킹

2009년 말 국내 아이폰 상륙을 기점으로 스마트폰 도입이 본격화된 이래 2012년 8월 현재까지 2년여 만에 국내 스마트폰 사용자는 3천만 명 규모에 이른다. 또한 대표적인 모바일 메신저인 카카오톡의 경우 2012년 1월 기준으로 3,200만 명이 사용하고 있으며, 하루 10억 건 이상의 메시지가 전송되고 있다(정원모, 2012: 28).

이 밖에도 모바일을 활용하여 위치 기반, 영상 기반의 증강 현실, 많은 정보를 한 번에 연결할 수 있는 QR 코드(Quick Response Code), 응급의료 정보 제공, 긴급신고, 생활불편 신고 등을 할 수 있는 모바일 앱(Mobile Application) 기술도 함께 발전하고 있다.

전 세계 모바일 사용자 가운데 SNS를 이용하는 비중은 미국(32.3%), 스페인(25.3%), 일본(20.2%) 순으로 나타나고 있다(DMC 미디어 R&D팀, 2012. 4: 5). 일본과 미국 등지에서 급성장 중인 모바일 소셜 네트워킹은 웹사이트라는 물리적 제약을 넘어 언제 어디서나 구축된 관계를 쉽게 활용하고 커뮤니케이션을 가능하게 하고 있다. 일본의 모바일 소셜 네트워킹 서비스인 '모바게타운'은 가입자 수가 300만 명을 돌파한 지 불과 38일 만에 100만 명이 증

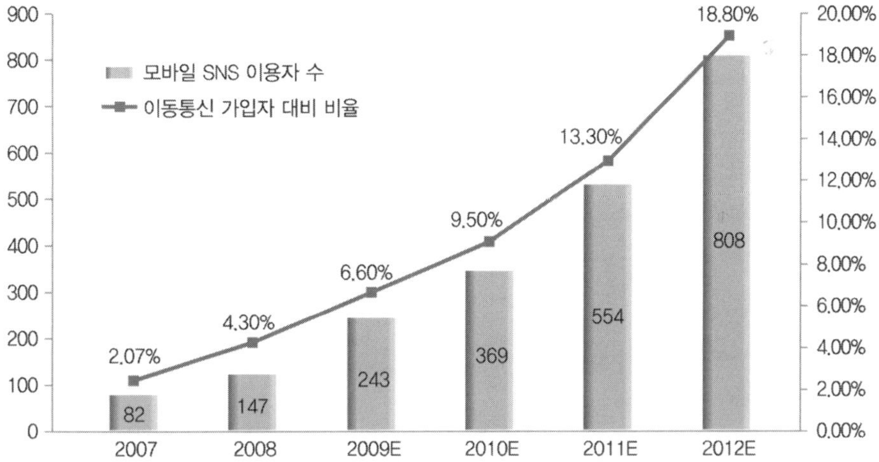

그림 2-18 전 세계 모바일 SNS 이용자 수 추이 및 전망

자료: eMarketer(2012).

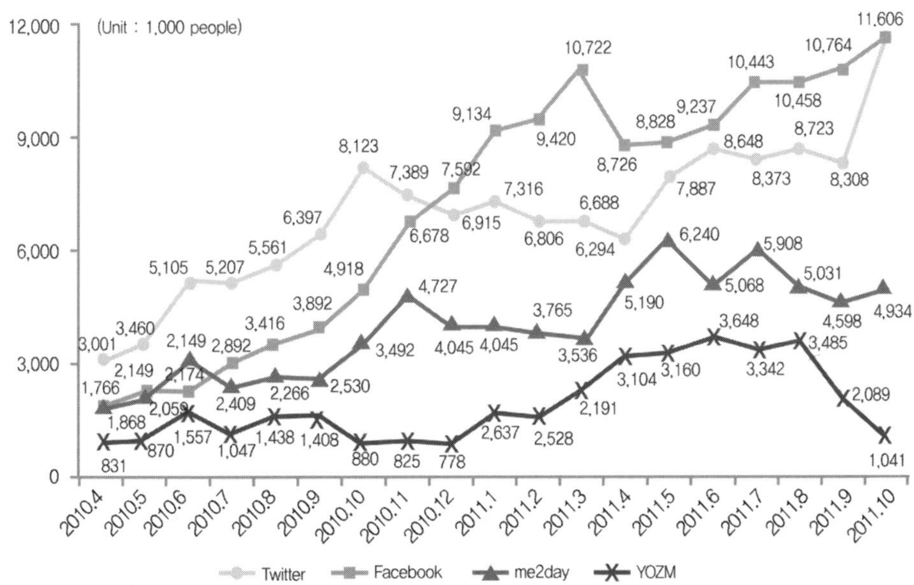

그림 2-19 주요 SNS에 대한 국내 방문자 변동 추세

자료: 방통위 · 인터넷진흥원(2011), 오이코랩(tki.oiko.cc), 각사 자료.

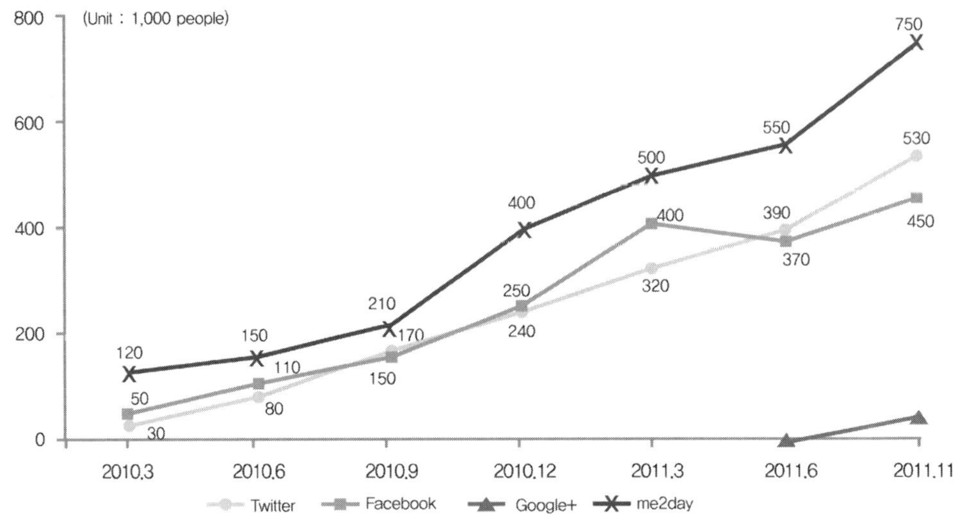

그림 2-20 주요 SNS에 대한 국내 가입자 추이

자료: 방통위 · 인터넷진흥원(2011), 오이코랩(tki.oiko.cc), 각사 자료.

가했으며, 마이스페이스는 미국 1위 이동통신업체인 싱귤러 와이어리스 및 세계 최대 이동통신업체 보다폰과 제휴하여 모바일 소셜 네트워킹 시장에 진출했다.

ABI리서치의 조사에 따르면, 2011년 12월 기준 전 세계 모바일 소셜 네트워킹 사용자는 5,000만 명에서 1억 7,400만 명으로 증가할 것으로 예상되고 있는데, 노키아에서는 모쉬(MOSH)라는 콘텐츠 공유 네트워크 서비스를 제공해 휴대폰과 웹에서 사진이나 동영상, 게임과 애플리케이션, 문서 등을 만들고 공유할 수 있는 플랫폼을 제공하고 있다.

국내에서도 트위터 등 주요 SNS들 간의 시장점유율은 급격히 변동하고 있으나, SNS 방문자와 가입자 수 전체는 지속적으로 증가하고 있다. 최근에는 국내에서 개발된 카카오 스토리(Kakao Story)가 모바일 SNS 부문에서 출범한 지 석 달 만에 페이스북을 제치고 1위로 등장했다.13) 이미 확립된 인맥 관리를 온라인으로 확장 및 강화하는 결속형(bond) SNS는 관심사를 바탕으로 새롭게 만난 인맥을 유지하는 가교형(bridge) SNS와 달리 서비스를 개인의 일상 공유 기능에 특화하는 특징이 있다. 이와 같은 결속형 SNS에서 카카오 스토리가 굉장히 빠른 속도로 증가하고 있다([그림 2-21]).

---

13) Nielsen KoreanClick Mobile Behavioral Data(2012.05).

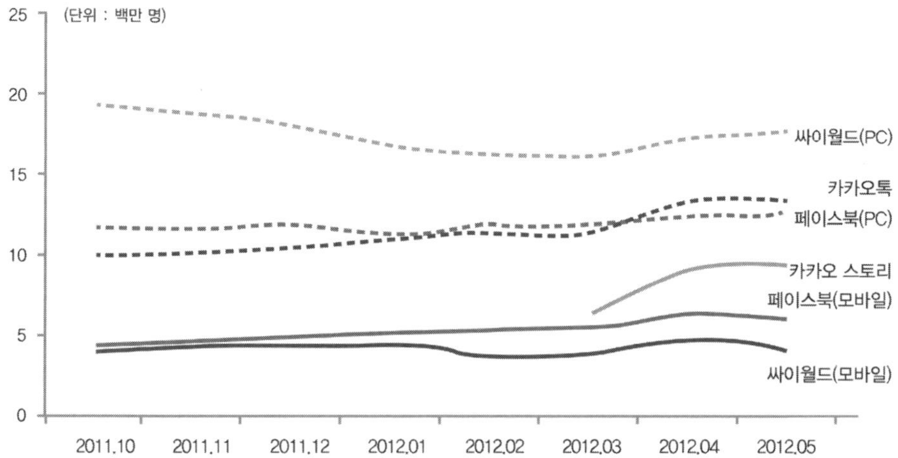

그림 2-21 국내의 주요 SNS 사용자 추세

자료: www.bloter.net/archives/115969

한편 국내에서 SKT는 유무선 연동의 소셜 네트워킹 서비스인 토시(Tossi.com) 서비스를 본격화하고 있는데, 토시는 휴대폰과 네이트온의 인맥을 통합적으로 관리하고, 무선 인터넷 연결 없이 문자 메시지로 포스팅이 가능하게 했으며, 공유 포스팅 기능을 통해 친구의 블로그에서 동시 포스팅도 가능하다.

또한 2011년 9월에는 모바일 방송 솔루션 업체인 옴니텔과 이인프라네트웍스가 공동으로 유무선 연동 SNS 2.0 서비스인 '엔플러그(Nplugs.com)' 서비스를 공식 출시해 LG텔레콤을 통해 서비스를 시작했다. 이 서비스는 휴대폰 사용자가 엔플러그 PC용 버전을 설치하고 특정 디렉토리에 자료를 담아두면, 다른 휴대폰 사용자도 무선 인터넷을 통해 해당 자료를 공유할 수 있다. 이 서비스는 질문 파도타기를 통해 최대 6촌까지 이어지는 지인들 간의 실시간 Q&A도 가능하며 휴대폰과 PC를 넘어서는 유무선 연동의 소셜 네트워킹을 지향하고 있다.

2) 스마트 사회의 특징

네트워크 사회 세상은 스마트폰이 나타나기 전인 2008년 전과 2008년 이후로 구분할 수 있다[14](물론 우리나라에서는 아이폰의 도입이 늦었기 때문에 2010년으로 그 기준을 정정해야 한다[15])). 2012년 현재, 국내 스마트폰 사용자는 3천만 명에 달하며, 스마트폰에서 사용되는 다양한 애플리케이션에는 LBS, 증강 현실, 3D, QR코드 등의 신기술이 빠르게 접목되고 있다. 한 시장조사기관의 조사에 의하면 2013년에는 앱스토어 시장이 295억 달러에 이를 것이라고 한다. 가히 모바일의 중요성이 이렇게 중요한 때가 있었나 싶을 정도의 시대가 되었다.

한편으로는 인류가 그동안 축적해 온 정보의 양보다 최근 30년 동안 인터넷에서 생산된 정보의 양이 훨씬 많은 현실이 되어 가고 있다. PDA에 무선통신을 추가한 기술에서 출발했을 뿐인 스마트폰이 세상을 바꾸고 있다. 스마트폰이 없었다면 단순히 유선 인터넷만으로 그렇게 많은 정보가 축적되지는 못했을 것이기 때문이다. 인터넷과 블로그를 통해 형성된 정보에 비해 스마트폰이 형성하는 네트워크가 주목받는 이유는 개개인이 소유한 스마트폰으로 인해 이제는 정말 언제 어디서나 네트워크 연결이 가능해졌기 때문이다.

스마트폰은 단순히 전화 통화만을 하는 전화기가 아니라 컴퓨터이다. 산업혁명 때에는 기계가 인간의 노동을 대신했다. 그러나 스마트폰을 통해서는 지식, 능력, 놀이, 커뮤니케이션까지 가능하다. 많은 앱을 사용할수록 생활이 달라진다. 단순 휴대전화나 컴퓨터로 할 수 없던 많은 일이 스마트폰으로 가능해진다. 예를 들어, 앱을 통해 놀이를 하면서 운동하기, 이럴 때에 스마트폰은 개인 트레이너가 된다. GPS를 통해 등산로를 확인하고, 등산하던 중에 찍은 사진을 해당 지점에 기록으로 남길 수도 있다.

환자의 기록과 상태를 스마트폰을 통해 체크하여 원격 의료를 할 수도 있다. 쇼핑 방식도 달라진다. 스마트폰으로 제품의 바코드를 찍어 물건값의 비교를 통해 좀 더 똑똑한 쇼핑을 할 수 있게 되었다. 무거운 물건을 카트에 싣고 쇼핑하는 것 외에 스마트폰으로 제품의 바코드를 찍어서 쇼핑한 후에 스마트폰으로 결제하고 간편하게 집으로 배달시킬 수 있다. 심지어 양주의 진품 확인이 가능한 앱까지 나와 있다.[16] 다양한 종류의 악기앱을 통해 연주를 할 수 있고 스마트 밴드, 오케스트라까지 구성할 수 있다. 헤어스타일 앱을 통해 자기에게 맞는 스타일을 찾을 수 있다. 스마트폰으로 영화찍기도 가능하다. 2011년 9월에는 제1회 스마트폰 영화제 시상식도 있었다.

시공간을 초월한 체험학습을 통해 수많은 교육 관련 앱도 나타나고 있다. 일정 관리나 증강 현실을 통한 길찾기, 그리고 관련 위치에 대한 정보 얻기는 기본이다. 교통정보, 사진

---

14) 2007년 6월 29일 아이폰 출시.
15) 2009년 11월 28일 아이폰 국내 출시.
16) 양주 뚜껑의 RFID를 찍어서 국세청 양주 데이터 서버에 연결하여 진품 여부를 확인할 수 있다.

전송, 미디어 이용, 영화 티켓 예매, 인터넷 사용, 음성 통역까지도 스마트폰으로 손쉽게 할 수 있다.

3) 스마트폰의 다양한 영향력

스마트폰의 영향력은 정치 · 사회 · 경제 · 문화적으로 다방면에 걸쳐 나타나고 있다.

(1) 정치사회적 영향력

사회적으로 스마트폰은 전 국민을 기자로 활동할 수 있게 한다. 스마트폰 세상에서는 실시간 소통이 가능하다.

> "사실상 방송용 카메라를 전 국민이 휴대하고 있는 상황이 되었다. 스마트폰을 통해서는 자신이 촬영한 동영상을 실시간으로 어디로든 전송할 수 있다. 이제는 뉴스 개념이 달라질 것이다."(김어준)

2010년 9월 서울에서 발생한 홍수는 스마트폰을 통해 촬영한 동영상이 SNS를 통해 확산되면서 널리 알려지게 되었다. 2008년과 2012년 오바마는 스마트 선거운동을 전개했고, 2011년 1월 중동에서는 스마트폰을 활용하여 자스민 혁명이 발발했다. 국내에서는 2010년 지방선거 이후부터 스마트폰을 통해 투표 인증샷을 통한 투표 독려운동은 하나의 선거 캠페인의 전형이 되어 오고 있다.

(2) 경제적 영향력

경제적으로는 앱을 통한 광고와 스마트폰을 통한 상거래가 더욱 확산될 전망이다. 미국의 햄버거 업체 4food.com에서는 소셜 방식으로 주문하고 매장에서 찾는 방식으로 영업하고 있다. 이 업체에 의하면 고객이 주문할 수 있는 메뉴는 1억 4천만 가지에 달하며 자기 메뉴로 등록 가능하고, 다른 사람이 자기 메뉴를 주문하면 먼저 등록한 사람에게 25센트를 지급하는 방식을 채택하고 있다.

자동차 회사 GM는 스마트폰 카 콘셉트로 스마트폰으로 관리할 수 있는 자동차를 제작 중이다. 이 차는 실시간으로 차의 상태 확인이 가능하고, 차 내부의 모니터로 화상회의도 할 수 있다.

포스코는 스마트 공장 시스템을 운영하고 있다. 여의도 면적의 3배에 달하고, 40개 이상이 있는 포스코에서는 스마트 맵으로 작업 경로를 지시하는데, 모든 차량의 운행 상황을 자동으로 관리한다. 설비 관리도 스마트폰과 계측기로 스마트하게 관리하는데, 각 설비에 계측기를 갖다대면 스마트폰으로 데이터를 전송할 수 있다. 6만 개 이상의 각 장비에 RFID를 부착하여 정비 시간을 30% 단축하고, 완벽한 점검이 가능해졌다.

굴착기와 같은 중장비의 경우, 고가의 장비에 문제가 발생하기 전에 스마트폰을 통해 장비의 상태를 체크하고 원격으로 사전 위기관리를 한다. AS(After Service)가 아니라 BS(Before Service)가 가능해진 것이다. 이와 같은 방식은 효율적 관리와 사고 예방, 도난 방지에 효과적이다.

(3) 문화적 영향력

문화적으로 대표적인 사례로는 런던박물관(Museum of London)의 런던 전체를 박물관으로 만드는 프로젝트를 들 수 있다. 스마트폰과 증강 현실을 이용한 이 프로젝트에서는 스마트폰으로 일정 지역을 찍으면 그 지역의 100년 전 모습과 역사를 볼 수 있다. 이 앱은 박물관 홈페이지에서 다운받을 수 있는데 사용자들은 이와 같은 체험에 대해 작은 타임머신을 타는 것과 같은 기분이라고 말한다.

그림 2-22 런던박물관의 거리박물관(Street Museum) 예시 화면

자료: www.museumoflondon.org.uk/Resources/app/you-are-here-app/home.html

예를 들면 이런 식이다. 런던 거리를 지나가다가 하나의 건물을 본다. 그 건물을 앱을 통해 사진으로 찍는다. 그러면 그 지역의 100년 전의 모습이 역사적 사건에 대한 설명과 함께 앱 화면으로 보여진다. 이제 박물관은 입장권을 끊어서 진열된 대로 둘러보고 나오는 한정된 공간의 여행 코스가 아니라 내가 걸어다니는 곳 어디든 박물관이 되기 때문에 거리 박물관이라는 프로젝트명이 붙여진 것이다.

이를 우리나라의 경우로 응용해 보면, 이제는 많은 오래된 건축물이 사라진 서울의 거리, 그곳에 서서 아무 곳이나 찍어 보았을 때 그곳은 과거 역사적인 장면의 한 곳이 된다. 전쟁, 혁명, 민주화운동, 선거운동 장면, 투표하는 모습 등등을 움직이면서 한눈에 볼 수 있다.

2010년 7월, 유튜브 '안드로이드녀' 사례로 유명해진 성보경 씨 동영상은 40만 건 이상이 조회했다. 2012년 8월, 싸이의 신곡 '강남 스타일'의 뮤직 비디오는 발표한 지 1개월도 안 되어 유튜브 조회 수 1천 5백만 건 이상을 기록했다. 유튜브는 스마트폰 이전에도 있었다. 그러나 중요한 것은 스마트폰을 통해 유튜브에의 연결이 가능하다는 사실이다. 전자책뿐만 아니라 전자책을 프린트해 주는 에스프레소 북 머신까지 등장했다.

제 4 절 SNS의 함의: 네트워크화된 주체의 등장

1 네트워크화된 행위자

최근 들어 트위터를 통해 나타난 재해 속보 전달, 헌혈 요청의 확산, 자살 방지 효과, 투표 독려에 이르는 다양한 층위의 참여 행위는 비단 스마트 소셜 미디어의 제한적 장점으로만 해석되어서는 안 되는 의미 있는 현상들이다. 즉, 이들 참여 행위는 '사회의 네트워크화'와 '네트워크의 사회화' 과정을 거치면서 ICT를 매개로 시빈성이 발현된 긍정적인 사례로서 체계적으로 평가될 가치가 있다. 즉, 누가, 왜 움직이고 연결되는가뿐만 아니라 어떻게 연결되는가를 분석함으로써 새로운 사회 변화의 구성 원리를 제시할 수 있으며, 여기에 새로운 민주주의로의 연결 가치를 부여할 수 있다.

첫 번째 가치로서, 사회의 네트워크화 차원에서의 키워드는 '연결'이다. 사회 각 부분에서 발생하는 다양한 사건이 인터넷을 통해 상시적으로 노출되면서 경제 위기뿐만 아니라 복지와 생활 이슈 등에 대한 관심과 문제 의식이 높아지고 있다. 즉, 기술적으로 사회 연결망이 형성되면서 개인(node) 간 연결 정도가 조밀해지고 확대되고, 사회 의제에 대한 문제 의식 공유가 실시간으로 쉽게 이루어지고 있다.

이러한 현상은 첫째, 정부나 제도 행위자들이 독점하며 진행되던 시혜적・하향식(top-down) 성책관리 방법이 시민의 자발적·상향식(bottom-up) 방법으로 전환되는 것을 의미하며, 둘째, 그러한 시민의 참여와 요구를 능동적으로 수렴하지 못해 공조가 체계적으로 관리되지 못할 경우, 제도와 사회간 균열 가능성의 위험을 경고하는 것이기도 하다. 그에 따라 정부와 사회의 균열 간극을 메꾸고 사회적으로 의미있는 선순환 구조를 창출하기 위해서는 스마트 복지, 열린 교육, 재능 기부 등의 새로운 공조에 더 많은 행위자를 체계적으로 포함할 수 있는 새로운 거버넌스(new governance)가 필요하다.

두 번째 가치로서, 네트워크의 사회화 차원에서는, 사회구성원으로서 개인(혹은 의제)을 네트워크의 기본 단위로 상정하며 단지 기술적 의미에 한정되는 네트워크가 아닌 사회적 의미에서의 네트워크 중요성에 대한 해석이 필요함을 강조할 수 있다. 즉, 네트워크에 대한 기존 연구에서 제시하는 6단계이론(six degrees), 좁은 세상(small world), 유력자(influencer) 이론 등이 사회 현상 해석에서 핵심 이론으로 적용되며 기존의 네트워크 이론이 사회적으로 재적용될 필요가 있음을 강조한다.

이는 기술이 단지 도구적 차원에만 머무르는 것이 아니라 매개 기능을 함으로써 개인의 관여도를 높이고, 매개를 통한 실천에 주목할 필요성을 강조하는 관점이며 방법론적 개인주의(methodological individualism)의 기계적 연결이 아닌 사회적 개인의 실천이 거시 사회의 변화를 추동할 수 있다는 의미이다(조희정・이상돈, 2011: 232-233).

2 사회적 공조와 집단지성

스마트 소셜 사회에서는 인터넷 사회에서처럼 원하는 정보를 사용자가 찾아다니는 환경이 아니라, 사용자를 중심으로 정보가 찾아오고, 소비・확산되는 식으로 정보 유통의 환경이 변화하고 있다.[17] 이 과정 속에서 시민들의 활발한 사회적 공조[18]가 이루어지고 있으

17) 이는 싸이월드 서비스와 트위터 서비스의 차이이기도 하다(정원모, 2012: 28).
18) 최근에는 2012년 7월 페루에서 골육종을 앓던 소녀가 페루 파견 한국인 신부의 페이스북에서의 호소를 통해 한국에서 치료받는 사례도 있었다.

표 2-14 트위터의 국내외 분야별 영향력 사례

분야	사례 및 특징
재난 보도	• **실시간 속보 제공** – 2007년 10월 LA 소방국, 캘리포니아 화재 관련 속보 제공 – 2008년 5월 중국 쓰촨성 지진을 가장 먼저 알림 – 2008년 11월 인도 뭄바이 테러 사건의 희생자 뉴스 공유 – 2009년 1월 미국 뉴욕 허드슨강에 추락한 비행기 사고를 맨 처음 보도 – 2009년 7월 중국 위구르 유혈 사태를 가장 먼저 보도(CCTV는 하루 늦게 시위 사건을 보도) – 2010년 1월 아이티 지진 보도 및 구호 활동 – 2010년 서울 폭설 – 2010년 4월 BP의 멕시코만 심해 유정 폭발에 대해 미국 정부는 다양한 스마트 소셜 미디어를 활용하여 신속하게 실시간 정보 제공 – 2010년 9월 서울 태풍 보도 – 2011년 3월 일본 대지진(전송 트윗의 2/3이 일본 지진 관련 트윗, 퓨 인터넷 조사, 긴급 정보, 통로, 화장실 위치부터 가족 찾는 방법까지 공유, 복구 노력을 위한 기금 마련, 애도 트윗, 2012년 3월 대지진 1주년 추도 메시지) – 2011년 7월 한국 서울 집중호우(자발적으로 '수해본부' 역할 수행, 네티즌이 직접 '침수 피해지도' 작성)
나눔 활동 / 사회운동	• 물적 · 비물질적 공조 형태(돈, 지식, 노동의 공조) – 2008년 4월 이집트에서 미국 대학생이 반정부 사진으로 인해 체포된 사건 알림. 미국의 지인과 정부의 노력으로 다음날 석방. – 오노 요코의 '월요일에 고기 안 먹기 운동' 전개로 수많은 사람이 채식주의자로 전환 – 적십자, 그린피스, 아메리칸 캔서 등의 시민단체들의 운동 활발 – 한국: 구순구개열 어린이 돕기 운동을 통해 140명의 어린이 도움 – 한국: 2010년 2월 Rh-O형 어린이 헌혈 도움 – 한국: 아나바다 장터, 독거노인과 고아원에 김치나누기행사(100% 트위터 자원봉사자) – 한국: 트윗 나눔운동, 트위터를 이용한 기부 서비스(트윗 한 개당 1원, 2009년 11월 29일 기준 402명 참여, 1,039만 원 모금) – 한국: 재능기부운동(정재승의 지역 소규모 도서관 과학강연자 모집운동, 10시간에 500명 기부) – 한국: 압구정동 밝은세상안과에서 시작된 트위터 나눔 확산. 설날에 떡국나눔을 하자는 제안 15일 만에 5천인분, 1톤이 넘는 떡을 양로원과 무료 급식소를 통해 배포. 이어 기부된 1,004개의 작품을 전시하고, 이를 블라인드 경매를 통해 판매하여 판매 수익금을 이웃돕기에 사용하는 1004데이 캠페인 실행 – 한국: 구미의 단수 사태를 지원하는 '트윗 물공급 원정대' – 한국: 2009년 11월, 한지수요일을 통해 온두라스에 억류된 한지수 씨 구명운동 2011년 6월 한진중공업 사태, 희망버스 운동 – 분실물 찾기, 성추행, 폭행남 동영상 신고, 기업 홍보, 기업 고발(소비자운동)

정치 활용	• 정치적 사건, 선거, 정치 미디어로 활용 – 2008년 10월 이스라엘, 가자 지구 공격에 대한 공식 발표로 활용(트위터를 공식적으로 활용한 세계 최초의 정부) – 2008년 미국 대선, 오바마의 선거 플랫폼으로 적극 활용 – 2009년 5월 독일, 연방대통령 재선거에서 일부 하원의원이 인터넷을 통해 사전 선거 결과를 발표 – 2009년 6월 중국, 트위터와 플리커 접속 차단(e-만리장성) – 2009년 6월 이란 부정선거에 항의하는 민주화 시위 확산의 도구로 활용(순식간에 6천 명이 팔로어 등록) – 2009년 7월 일본 선관위, 이미지 선거 금지 조항에 위배되므로 선거운동 시 트위터 사용 금지 – 2010년 3월 프랑스 지방선거에서 트위터의 정치적 활용 유용성에 대한 논란 – 2010년 5월 영국 총선에서 트위터 활용 확대 – 2010년 3월 민주노동당 홍희덕 의원: '언론이 놓친 이 트윗'을 통해 새로운 이슈 결집 활동 – 2011년 1월 중동 시민혁명
정부 홍보	• 정책 홍보, 정보 전달, 대국민 소통 – 2009년 7월 영국 정부, 공무원들에게 국민과의 소통을 목적으로 트위터 활용 확대화 지침을 지시함 – 2010년 서울시 하이서울 페스티벌에서 솔로는 축제를 즐기기 어렵다는 트윗 때문에 서울시가 번개팅 주선(2010년 10월 1회, 2011년 5월 번개팅) – 2010년 9월 청와대, 회의를 트위터로 브리핑(twtkr.com/BluehouseKorea). 2010년 1월에는 청와대 트위터 사칭의 가짜 트위터 등장 – 2011년 3월 김황식 국무총리의 연필 트위터 – 2011년 3월 일본 지진 초기에 외교통상부 트위터, 페이스북, 주일대사관 트위터를 통해 구조 현장, 시내 모습, 교민 피해 현황 등을 게재. 실종자 및 연락 두절자 민원 접수(영사콜센터 주일대사관) 및 사람 찾기 사이트 운영, 민원 안내 – 예산 읽어주는 남자: 기획재정부의 김동연 전 예산실장, 현2차관이 트위터, 유튜브(youtube.be/z-3crljilygc)에 예산에 대한 쉬운 안내글 게시 – 2011년 9월 15일 부산에서 세관 압류물품을 사칭한 바자회에 대한 트윗글 발생. 신속한 대응으로 소비자 피해 확산 방지

자료: 조희정 · 이상돈(2011).

며, 스마트 소셜 미디어를 통한 사회적 공조는 의제 제안, 연결, 집단화의 네트워크 유형으로 특징화되어 나타나고 있다.

우선 의제 제안의 경우, 네트워크 사회 속 개인은 상시적으로 네트워크에 연결되어 지속적으로 다양한 정보를 습득하고 생산하는 과정을 형성한다. 이러한 환경에서 개인의 관심은 다양한 형태로 표출되는데, 트위터의 리트윗, 페이스북의 '좋아요' 등 단순한 클릭 한 번에도 개인의 관심에 대한 의견 표명이 이루어지고, 좀 더 적극적인 행위로서 댓글이나 펌질도 이루어진다.[19] 이 과정에서 '사람들에게 영향을 미치는 것'이라는 트위터의 목적은 대단히 유용하게 발휘된다. 물론 이러한 모든 행위를 의제 제안의 범위에 포함할 수 있는가는 논란의 여지가 있다.[20]

한편, 의제 제안은 정보의 속도를 중심으로 재해 알림 등의 속보 보도와 소비자 고발 등 생활 의제 제안으로 구분할 수 있다. 의제 연결은 의제 제안에 기반하여 개인 혹은 단체를 연결하거나 공공과 인간이 보유한 동원 가능한 자원 간의 연결을 통해 공조를 통한 효과를 더욱 증대시키려는 노력을 의미한다. 개인이 보유한 자원은 매우 한정적일 수밖에 없기 때문에 의제 연결은 유사한 목적을 가진 개인들 혹은 자원을 가지고 있는 단체와의 연결을 통해 의제 확대는 물론 의제 해결을 유도한다.

스마트 소셜 미디어의 기술적 특성은 개방적 네트워크를 통한 소통과 관계 맺기로 정의될 수 있다. 강한 유대보다는 약한 유대를 기반으로 하는 스마트 소셜 미디어는 인적 네트워크를 확장함으로써, 사적·공적 정보의 현시성을 통한 공유와 참여를 촉진하는 메커니즘을 구축하고 있다(김현·이현주, 2011: 11). 사회적 개인의 의제 제안 실천과 물적·인적 자원의 동원이 연결되는 의제연결이 공조의 공명 현상이 이루어지면 네트워크를 형성하며 시민 집단화가 이루어진다. 특히 작은 의제 혹은 일상적 의제로서 단일 의제가 조직화되거나 사회적 확산을 목표로 하는 소셜 캠페인 등은 가장 대표적인 시민 집단화 사례라고 볼 수 있다.

---

19) 트위터에서의 이벤트는 팔로잉&RT 요청형, 라디오 인터넷 애플리케이션형, 속보형(생중계형), 옴부즈만형, 사연응모형, 사진인증형, 메이븐 관리형&퀴즈 이벤트, 게릴라성 이벤트, 리뷰 이벤트로 구분할 수 있다(문화체육관광부, 2010: 35-38).

20) 이러한 차원에서 인터넷에서 이루어지는 지식정보 관련 활동이 생산인가 아닌가에 대한 논란이 있다. 그 과정에서 토플러(Alvin Toffler)는 생산과 소비가 동시에 이루어진다는 뜻으로 '프로슈머(prosumer)'라는 개념을, 브룬스(Axel Bruns)는 생산과 사용의 합성어로서 '프로듀시지(produsage)'를 제안했다(김상배, 2010: 46). 인터넷에서의 지식정보가 소비되는 것이 아니라 사용된다는 지적을 고려한다면, 이 글에서 말하는 네트워크 사회에서의 의제 제안도 의제 '생산'이 아닌 '제안'으로 표현되는 것이 타당하다.

제 3 장 국내외 정부PR 2.0의 주요 동향

제 3 장 국내외 정부PR 2.0의 주요 동향

제 1 절 주요 국가의 동향

이 장에서는 미국, 영국, 일본의 정부기관들을 중심으로 스마트 소셜 미디어 활용 현황을 정리한다. 목적은 이들 국가에서 나타난 개방·참여·공유의 구현 사례분석을 통해 정부기관의 스마트 소셜 미디어 홍보를 발전시킬 수 있는 방안을 모색하기 위한 것이다.

주요 국가들은 정부 2.0과 정부PR 2.0을 추진하는 데 크게 두 가지의 흐름을 보이고 있다. 첫째는 모바일 통신기술의 적극적인 활용이다. 무선 인터넷과 스마트폰과 결합된 모바일 전자정부 서비스의 보급으로 국민이 언제나, 어디서나 원하는 서비스를 즉각적으로 받을 수 있는 모바일 서비스 시대로 진화하고 있다. 미국 백악관과 연방부처들은 모바일 웹사이트를 구축하여 기존의 공식 포털과 연계함으로써 국민의 모바일 애플리케이션 서비스를 제공하고 있다. 예를 들면, 미국 정부는 국가안보 및 재난관리 업무에 모바일 서비스를 가장 활발하게 활용하고 있다. 영국은 디지털 브리튼(Digital Britain) 사업에서 제시한 모바일 기반의 국가 인프라 구축과 서비스 제공 방식의 혁신에 많은 재정투자를 함으로써 국가 포털인 디렉거브(Directgov)를 통해 교통정보, 여행정보, 실시간 뉴스와 사건·사고 정보 등 다양한 정책 및 생활 정보를 제공하고 있다. 일본도 'i-Japan 2015' 전략에 따라 디지털 기술에 의한 새로운 행정개혁을 통해 시민의 편의성 향상과 행정사무 간소화 등 눈에 보이는 행정정보화를 추진하고 있다. 또한 스마트폰, TV, PC 등을 통한 전자정부 서비스와 신시장 창출을 위해 노력하고 있다. 특히 2011년 3월의 도호쿠대지진과 후쿠시마 원자력발전소 사태 이후 스마트 기술을 활용한 재해재난 예보, 방지 및 사후 처리에 역점을 두고 있다.

둘째, 열린 정부(open government)의 추진이다. 1980년대 이후 정부와 국민 간의 관계에 대한 재인식을 바탕으로 국민 중심의 열린 정부 개념이 확대되면서 미국과 영국, 호주 등은 행정의 투명성과 국민의 국정 참여를 확대하고 있다. 호주도 열린 정부 구현을 위해 공공정보의 개방과 공유, 시민 참여, 웹 2.0과 스마트 소셜 미디어 기반의 다양한 정책 역량 강화 전략을 수립 집행하고 있다. 다음 절에는 미국, 영국, 일본을 중심으로 살펴본다.

제 2 절 미국

1 개요

미국의 오바마 대통령은 취임 직후 '투명성과 열린 정부(Transparency and Open Government)'라는 정책의제, '접속 유지(Stay Connected)'라는 소셜 미디어 사이트, '우리 국민(We the People)'이라는 온라인 국민청원 플랫폼, '전자민회(e-Town Hall Meeting)'라는 직접 대화 모임 등을 도입했다. 이를 위해 백악관 대통령실(EOP)에 시민참여국(Office of Public Engagement)을 설치 운영하고 있다. 또한 연방부처가 가진 주요 정보를 개방·공유하도록 연방정부의 주요 정보를 쉽게 다운로드 받을 수 있는 'Data.gov', 국가정보화예산정보 포털인 'IT Dashboard', 경기부양법에 따른 예산 운영 정보 포털인 'Recovery.gov' 등 포털을 설치 운영하고 있다.

투명성, 참여, 협업을 강조하는 오바마 대통령의 '열린 정부' 의제에 따라 대통령부 관리예산처(OMB) 전자정부국장에 취임한 쿤드라(Vivek Kundra) 국장은 전자정부 등을 통한 국민과의 소통 강화 정책을 추진했다(Lakani et al., 2010). 오바마 대통령은 2012년 8월 7일에 백악관 트위터 계정이 300만 명을 돌파했고, 9월 4일에는 온라인 청원 플랫폼인 '우리 국민'도 300만 번째 서명되었다고 발표할 정도로 스마트 소셜 미디어 활용에 적극적이다.

연방부처들은 페이스북, 트위터, 유튜브를 기관 웹사이트에 활용 가능한 정보의 리포스팅(reposting)하거나 기관 웹사이트에 활용 가능하지 않는 콘텐츠의 포스팅, 코멘트 요청, 포스팅된 콘텐츠에 대한 코멘트에 대한 응답, 그리고 비정부기관 웹사이트와의 링크 제공

등의 형태로 활용되고 있다(GAO, 2011: 11). 이 중 연방기관 웹사이트에서 활용할 정보의 리포스팅은 페이스북, 트위터, 유튜브가 비슷하게 활용되고 있고, 기관 웹사이트에서 활용 가능하지 않는 콘텐츠의 포스팅은 트위터가 가장 많은 모습을 보이고 있다

그러나 미국 정부의 스마트 소셜 미디어 활용을 보면 몇 개 부처를 제외하고는 스마트 소셜 미디어 활용 방안이 뚜렷하다고 보기는 어려운 것으로 나타났다. 페이스북이나 트위터의 경우 홈페이지의 콘텐츠 블로그(혹은 홈페이지에서 파생된 블로그)의 글을 단순히 중복적으로 소개하는 경우가 많았다. 이제까지의 미국 정부의 대국민 서비스가 매우 다양한 채널을 통해 적극적으로 추진되어 온 것에 비해 부처 각각의 활동에서는 전체적으로 발전적이라고 보기보다는 현재 국내의 상황과 다르지 않은 호응 부족, 홍보 방법의 미흡, 채널 활성화 부족 등의 한계가 나타나고 있다.

또한 정부부처의 스마트 소셜 미디어 서비스들이 유기적으로 연결되어 있긴 하지만 1차 콘텐츠가 생성되는 블로그나 유튜브로 모이는 경향도 나타나 스마트 소셜 미디어 홍보 체계가 있다고 보기는 어려웠다. 전체적으로 페이스북, 트위터를 대화나 공유의 목적으로 사용하는 경우는 거의 없었으며, 주로 정보 전달을 위한 창구로 활용했고, 블로그에 올라간 1차 콘텐츠를 확산시키는 방향으로 페이스북과 트위터를 이용하고 있었다. 다만, 정부부처

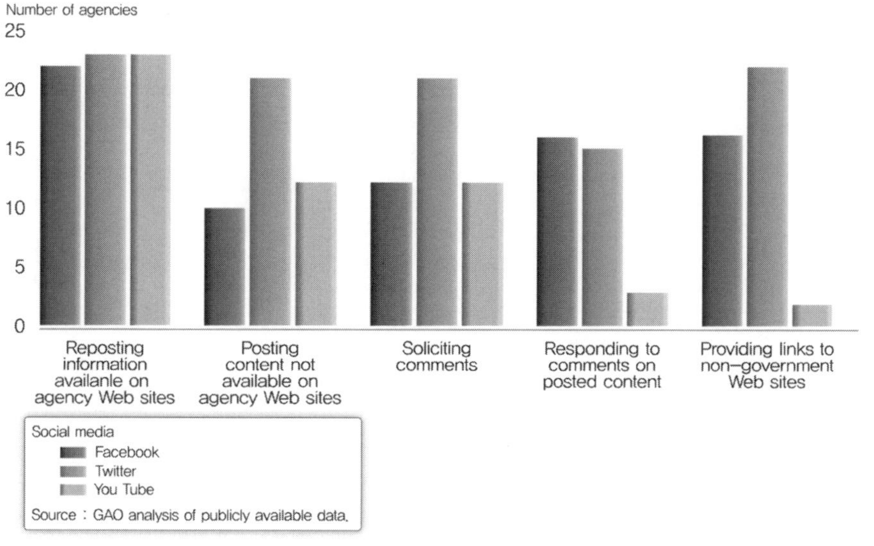

그림 3-1 미국 연방부처들의 스마트 소셜 미디어 활용 형태

자료: GAO(2011.6).

의 소식을 전한다는 점에서 모두 정보전달 성격이 강하지만, 그래도 부처에 맞는 가장 '특색 있는' 콘텐츠를 전달하고 있다는 장점은 국내의 경우보다 두드러지게 나타났다.

채널별로는 트위터의 활용이 매우 낮게 나타났고, 홈페이지, 블로그와 페이스북을 적극적으로 활용하면서도 플리커, 유튜브, 구글 플러스 등도 활발하게 활용하고 있는 것으로 나타났다.

부처별로는 백악관의 스마트 소셜 미디어 활용이 가장 활발하게 나타났으며, 대부분의 부처는 정보 제공 단계에 머물러 있는 것으로 나타났다. 특이하게 교통부의 스마트 소셜 미디어는 모두 '장관 이름'이었는데, 장관을 1인칭으로 서술함으로써 기관과 일반 시민 간의 거리를 좁혀 좀 더 신뢰감 있는 정보를 제공했다. 이는 미국 정부 부처 스마트 소셜 미디어 가운데 유일한 사례라고 할 수 있다. 또한 모든 스마트 소셜 미디어에서 자유로운 의견 개진과 토론을 허용하고 있는 것은 국내 정부부처의 스마트 소셜 미디어보다는 훨씬 개방성이 높다는 것을 나타낸다고 할 수 있다.

우선, 이와 같은 특징을 미국 중앙정부 부처별 스마트 소셜 미디어 활용 현황을 통해 살펴보면 〈표 3-1〉과 같다.

표 3-1 미국 연방부처의 스마트 소셜 미디어 활용 현황(2012.7.22~24)

부처명	영문명 (Dep't of)	홈페이지	블로그	페이스북	좋아요	이야기 하는 사람
백악관	White House Office	www.whitehouse.gov	-	WhiteHouse	1,400,808	72,656
국무부	State	www.state.gov	blogs.state.gov	usdos	146,868	4,978
국방부	Defense	www.defense.gov	tpc.dodlive.mil	DeptofDefense?ref=mf	176,248	11,092
재무부	the Treasury	www.treasury.gov	www.treasury.gov/connect/blog/Pages/default.aspx	ustreasury	6,901	136
법무부	Justice	www.justice.gov	-	DOJ	39,602	331
내무부	Interior	www.doi.gov/index.cfm	-	USInterior	7,274	703
농무부	Agriculture	www.usda.gov/wps/portal/usda/usdahome	blogs.usda.gov	USDA	43,442	1,120
상무부	Commerce	www.commerce.gov	-	Commercegov	-	-

노동부	Labor	www.dol.gov	social.dol.gov/blog	departmentofl abor	15,236	324
보건후생부	Health & Human Services	www.hhs.gov	www.hhs.go v/blogs	–	–	–
주택도시 개발부	Housing & Urban Development	portal.hud.gov/hu dportal/HUD	blog.hud.gov	HUD	27,898	212
교통부	Transportation	www.dot.gov	–	sec.lahood	10,039	366
에너지부	Energy	energy.gov	–	energygov	17,528	676
교육부	Education	www.ed.gov	www.ed.gov	ED.gov	9,203	291
원호부	Veterans Affairs	www.va.gov	www.blogs.va.gov	VeteransAffairs	233,227	15,674
국토안보부	Homeland Security	www.dhs.gov	blog.dhs.gov	homelandsec urity	50,913	593

부처명	트위터	트윗	팔로잉	팔로어	유튜브	구독자	조회 수
백악관	whitehouse	6,728	168	2,983,165	whitehouse	203,518	85,815,110
국무부	StateDept	22,886	322	310,264	statevideo	9,063	3,699,220
국방부	DeptofDefense/ dodleaders	4,766	498	100,274	thepentagonchannel	3,188	444,385
재무부	USTreasury	961	176	44,092	USTreasGov?feature= watch	747	25,442
법무부	TheJusticeDept	709	130	483,712	TheJusticeDepartment	–	100이하
내무부	Interior	1,719	31,492	31,218	–	–	–
농무부	usda	4,836	234	87,330	usda	2,579	535,617
상무부	CommerceGov	8,527	130	22,001	CommerceNews	205	23,182
노동부	usdol	4,386	107	45,241	usdepartmentoflabor	1,138	361,836
보건후생부	HHSGov	1,192	120	196,429	usgovhhs	4,311	2,380,155
주택도시 개발부	HUDnews	3,176	307	30,880	HUDchannel	1,195	242,569
교통부	RayLaHood	3,469	1,016	36,909	usgotgov	604	460,341
에너지부	ENERGY	1,851	126	64,031	USdepartmentofenergy	1,995	1,012,838
교육부	usedgov	3,507	28	133,156	usedgov	1,954	786,677
원호부	DeptVetAffairs	2,902	777	47,537	DeptVetAffairs	1,166	681,209
국토안보부	DHSgov	2,193	10	89,242	ushomelandsecurity	2,966	903,994

부처명	플리커	사진 수	조회 수(평균)
백악관	whitehouse	4,200	10,000
국무부	statephotos	5,485	500
국방부	39955793@N07	6,500	30~100
재무부	ustreasury	639	100~400
내무부	usinterior	188	400~500
농무부	usda	–	–
상무부	commercegov	48	–
노동부	usdol	3,364	–
보건후생부	–	–	–
주택도시개발부	HUDnews	300	–
교통부	raylahood	1,676	–
에너지부	–	–	–
교육부	–	–	–
원호부	VeteransAffairs	13,960	–
국토안보부	–	–	–

이와 같은 한계와 특징을 고려한다면, 결국 미국 정부는 스마트 소셜 미디어 활용에 초점을 맞추기보다는 각 부처의 특색에 맞는 스마트 소셜 미디어 활용 방안을 모색하는 것이 더 중요한 것으로 평가된다. 즉, 국방부나 원호부의 경우 잠재 독자를 '군인'이나 '군인의 가족'으로 명확히 설정하고, 이들이 보고 싶어하는 콘텐츠 위주로 신설하는 방안 등이 가능할 것이다.

2 채널별 활용 현황

1) 홈페이지

(1) 정보 제공

백악관을 포함한 16개의 중앙정부부처는 모두 홈페이지를 가지고 있다. 이 가운데 특히 백악관의 홈페이지는 전 세계적으로 가장 우수한 사례로 평가되는데, 대통령의 사진을 전면으로 배치하고 국민들이 백악관과 대통령에 대한 정보를 더 받고 싶으면 메일 주소를 써 달라는 칸을 메인 화면에 배치하여 소통성을 중요시하고 있다. 백악관의 스마트 소셜 미디어는 매우 다양한 사진과 동영상 등을 통해 오바마와 부인 미셸의 활동을 전하면서 동시에 어떤 활동을 하고 있는지 상세히 전달하고 있다.

또한 대통령이 강조하는 정책에 대한 콘텐츠를 한눈에 알아볼 수 있도록 배치함으로써 주요 정책에 대한 인지도를 높이려고 노력하고 있는 것도 눈에 띄는 점이다. 예를 들어 현재 미국 정부에서 가장 중요한 의제로 제기되고 있는 건강보험정책의 경우는 역사를 타임라인 형태로 한눈에 알아볼 수 있게 디자인하고, 해당 부분을 클릭하면 더욱 상세한 정책의 내용을 알아볼 수 있게끔 게시하고 있다.

사용자의 거주지와 조건을 입력하면 건강보험의 혜택을 한 번에 알 수 있도록 정책을 안내하는 것도 매우 효과적인 방법이라고 할 수 있다. 국내의 경우 임신, 출산, 여성 노동의 사안에 대해 출산휴가는 노동부, 다자녀일 경우는 여성부, 거주지에 따라서는 해당 지방자치단체에 알아보는 등 부처별로 적합한 정책을 찾기 어렵다. 최근 화제가 되고 있는 성범죄자를 찾을 수 있는 e범죄자 사이트의 경우는 피해자가 성인일 경우에는 법무부, 아동이나 청소년이면 여성가족부가 담당하기 때문에 한 번에 검색이 불가능하다는 문제도 나타났다. 이에 비해 주요 정책에 대한 부처간 정보를 통합하여 검색 가능하게 제공하는 것은 정책에 대한 인지도 및 효능감 창출에 매우 효과적인 방법이라고 볼 수 있다.

(2) 연결성

그 밖에 모든 스마트 소셜 미디어가 홈페이지에 링크되어 있으며, 이러한 연결의 중요성을 상위 메뉴에 스마트 소셜 미디어를 배치함으로써 강조하고 있다. 통상적으로 홈페이지의 상위 메뉴에는 공지 사항이나 보도 자료, 기관의 새소식, 자료실 등을 배치하는 것이 관례이지만 스마트 소셜 미디어를 배치함으로써 연결성을 강조하고 있는 것이다.

국방부 홈페이지에서는 메인 화면에서 스마트 소셜 미디어 사이트에 대해 상세히 소개하고, 스마트 소셜 미디어뿐만 아니라 국방부 산하 기관들도 깔끔하게 연결해 놓은 것이 눈에 띈다.

재무부의 경우는 소셜 허브를 홈페이지 우상단에 배치하여 재무부에서 관리하는 스마트 소셜 미디어와 소식을 한꺼번에 알 수 있도록 하고 있다.

그림 3-2 미국 재무부 홈페이지의 소셜 허브 링크

자료: http://goo.gl/d4vGi

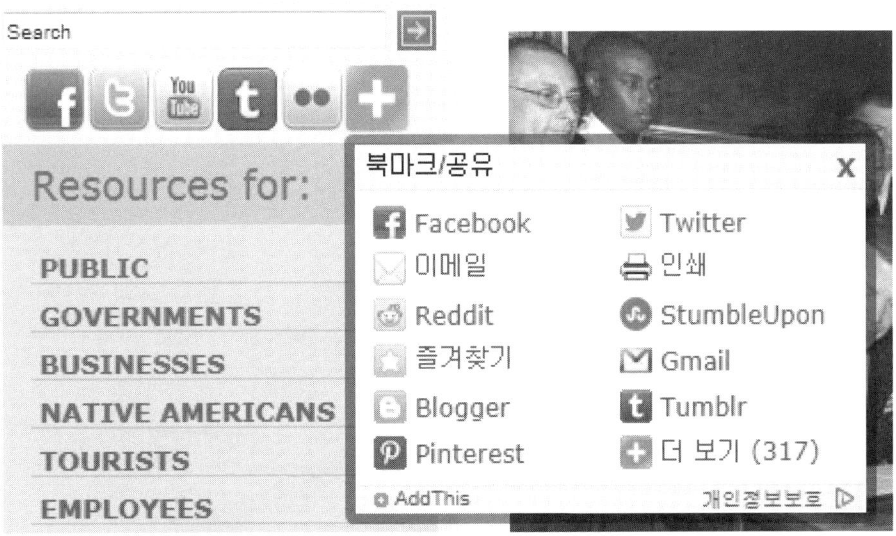

그림 3-3 미국 내무부 홈페이지의 스마트 소셜 미디어 링크

자료: www.doi.gov/index.cfm

(3) 접근성

접근성에서 참고할 만한 사례는 국무부로서 국무부의 홈페이지 이용을 위해서는 개인 정보 없이 기존 유명 사이트의 계정으로 손쉽게 이용 가능하다는 특징이 나타났다.

(4) 융합정보 제공

융합정보 제공은 단순한 텍스트나 동영상 중심의 정보 제공이 아니라 위치 기반 정보(LBS)나 지도정보와 융합하여 시각적으로 더욱 이해하기 쉽게 정보를 전달하는 것을 의미한다. 미국 교통부는 이와 같은 방법을 제공함으로써 부처의 정책을 소개하고 있다.

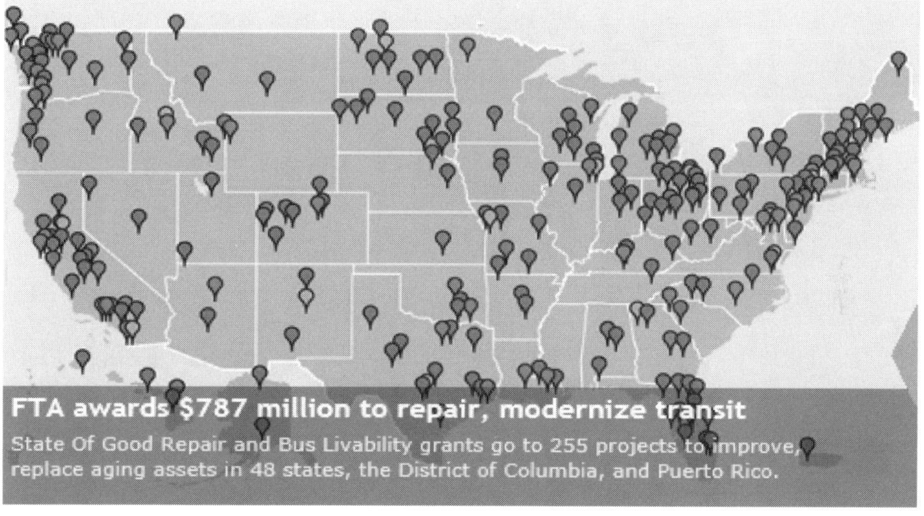

그림 3-4 미국 교통부 홈페이지의 융합정보 제공 서비스

자료: www.dot.gov

2) 블로그

정부부처 블로그에 일반 사람들의 칼럼을 모집하는 사례는 단순히 코멘트나 스마트 소셜 미디어를 통한 공유를 넘어선 수준으로 평가된다.

백악관의 경우는 백악관과 대통령의 소식을 전하고 게시자의 직책을 매우 분명하게 밝히고 있다. 내무부는 미국의 멋진 자연환경 사진을 일반 대중으로부터 받아 제공했다. 또한 블로그를 내무부 소식에 맞추지 않고 미국의 자연환경을 소개하는 쪽으로 꾸밈으로써 기관의 역할을 보여주면서 미국을 홍보하는 장점을 발휘했다.

3) 페이스북

(1) 이용 현황

미국의 정부부처 가운데 가장 많은 '좋아요' 규모를 자랑하고 있는 것은 140만 명 이상의 '좋아요'를 획득한 백악관, 원호부(23만 명), 국방부(17만 명), 국무부(14만 명)순으로 나타났다. 이러한 현황은 이야기하고 있는 사람의 경우도 마찬가지였다. 즉, 전체 16개 부처 가운데 단 4곳만 활성화되어 있고, 그 밖의 부처에시의 호응도는 매우 낮게 나타났다.

백악관의 페이스북에서는 댓글을 통한 토론이나 건의가 매우 활발하게 나타나서 참여율이 높음을 알 수 있다. 특정 사건 외에 복지정책과 관련해서는 댓글이 2,500개나 달릴 정도로 논쟁이 활발하게 전개되고 있었다.

국무부의 페이스북에는 유튜브나 블로그에서 가져온 동영상의 링크가 많고, 대사와의 라이브채팅, 논쟁적인 토론과 댓글이 많이 이루어지고 있다. 그러나 백악관에 비해 댓글 수가 현저히 적기 때문에 정보 제공에 머물러 있다고 볼 수 있다.

국방부의 페이스북은 댓글이 많이 달리는 편은 아니지만 글마다 댓글은 꼭 달리고, 댓글로 동영상을 링크하는 사람들이 많기 때문에 좀 더 능동적으로 페이스북을 이용하고 있다는 느낌이다. 기관 특성상 미국적 정서를 강하게 강조하고 있으며, 국내 국방부가 북한 관련 의견을 일방적으로 비난하는 우파적 정서가 강한 것에 비해 미국 국방부는 미국의 정서를 강조하면서 애국심을 고취하기 위해 노력하는 것으로 보인다.

(2) 정책 홍보

국내 부처 페이스북에서는 참가 이벤트가 자주 있는 편인데, 미국 정부 페이스북에서는 찾기가 어렵다는 특징도 나타났다. 재무부의 경우는 주택, 자본 등에 관한 어려운 정보를 제공하는 데 비중을 두고 있지만 참여자의 호응은 매우 낮게 나타나고 있다.

(3) 소통성

부처 페이스북 계정이 직접 댓글을 다는 경우는 거의 없어서 대화가 이루어지는 경우도 없다는 소통의 한계가 나타나기도 했다.

4) 트위터

16개 부처 모두 트위터를 사용하고 있으며, 가장 많은 트윗을 게시하고 있는 곳은 국무부, 상무부, 백악관 순이며, 가장 많은 팔로잉을 한 기관은 내무부, 교통부, 가장 많은 팔로어가 있는 기관은 백악관, 법무부, 국무부 순으로 나타났다. 대체적으로 팔로어 수는 우수기관 세 곳을 제외하고는 10만 명 아래로 그리 많지 않았으며, 팔로잉 수는 매우 적은 수준이었다. 특히 기관의 활동을 홍보하는 것 외에 일반 사용자와의 대화나 멘션이 없다.

트위터 활용이 돋보이는 곳은 내무부인데, 내무부의 트위터 계정에서는 일반 사용자와의 대화가 꽤 활발하게 이루어지고 있어, 트위터 활성화를 위해서는 반응성이 매우 중요하다는 것을 알 수 있다.

5) 유튜브

국내 정부기관과 달리 미국 정부에서는 거의 모든 정부부처가 유튜브에 채널을 개설하고 있다. 다만 16개 부처 가운데 백악관, 국무부, 보건후생부, 에너지부 등 4곳의 활용도만 두드러지게 높게 나타나고 있다. 에너지부 등 다소 전문적인 지식이 요구되는 부처는 전문가들을 모아 콘퍼런스를 열기도 하는데, 이들의 동영상을 유튜브에 올림으로써 '공유 및 개방' 정신을 보여주고 있으며, 마치 TED 콘퍼런스(TED.com)와 같은 활용을 하고 있다.

상무부의 유튜브에서는 특정 정책에 대해 다양한 전문가들이 자신의 의견을 동영상 등을 통해 밝히고 있는데 호응도는 적지만 이러한 시도는 의미있는 시도라고 평가된다. 노동부의 경우는 실업과 관련하여 취직하는 방법과 구직 추천 등의 동영상을 제공한다. 마치 거대한 취업 컨설팅 업체와 같은 역할을 한다는 점에서 국내 노동부보다 훨씬 적극적인 정책 실천에 앞장서고 있는 것으로 볼 수 있다.

6) 기타

채널별로 보았을 때에는 미국 정부기관의 스마트 소셜 미디어 활용에서 홈페이지, 페이스북, 트위터, 유튜브 등을 제외하면 가장 많이 사용된 서비스는 이미지 공유 소셜 미디어인 플리커(flickr)이다. 홈페이지에 따로 갤러리 등을 마련하기보다는 플리커를 이용해 정부

부처의 소식을 전하는 경우가 많았는데, 게시된 사진 수는 50~15,000개에 이르는 것으로 편차가 크게 나타났다. 조회 수 또한 50~10,000회까지 매우 차이가 크게 나타나고 있다.

플리커 외에 대형 기관인 경우 팟캐스트나 구글플러스, 텀블러, 그리고 유튜브와 같은 종류의 서비스인 비메오(vimeo) 등을 사용하는 경우도 나타났다. 백악관의 경우는 12종류의 팟캐스트도 제공하고 있다.

백악관은 구글 플러스와 비메오를 통해 사진과 동영상을 다양하게 게시하고, 이에 대한 댓글도 20~200여개 정도 달리고 있다.

제 3 절 영국

1 개요

영국 정부는 2010년 1월, 더 스마트하고 저비용이며 친환경적인 공공 부문 ICT 인프라를 위한 '정부 ICT 전략(Government ICT Stragety)'을 발표했는데, 이 전략은 상호운용성 및 데이터 공유자원을 통해 공공 서비스의 선진화는 물론 시민과 기업에 제공하는 공공 부문 전반에서의 ICT 간소화 및 표준화 실시를 목표로 한다. 이에 따라 영국 내각사무처(Cabinet Office)에서는 공공 정보의 생산, 유통, 재활용을 통한 최상 가치를 창출할 수 있는 범정부적인 정보공개정책(Power of Information: POI)을 수립하여 4대 원칙(열린 정부, 열린 피드백, 열린 대화, 열린 혁신)과 6대 추진 부문별(온라인 시민 참여, 온라인 참여 공간 혁신, 온라인 정책토론, 정보 활용 역량 강화)로 25개 권고안을 시행하고 있다. 더 나아가 2012년 5월에는 스마트 소셜 미디어를 통한 정부-국민 간 소통을 활성화하기 위해 범정부 지침(Social Media Guidance for Civil Servants)을 수립 시행하고 있다(UK Cabinet Office).

그러나 영국 정부의 스마트 소셜 미디어 활용은 몇 개의 부처를 제외하고 그 활용 방안이 뚜렷하다고 보기는 어려운 것으로 나타났다. 페이스북이나 트위터의 경우 홈페이지의 콘텐츠 블로그(혹은 홈페이지에서 파생된 블로그)의 글을 단순히 중복적으로 소개하는 경우가 많았다. 이제까지의 미국 정부의 대국민 서비스가 매우 다양한 채널을 통해 적극적으로 추진되어 온 것에 비해 부처 각각의 활동에서는 전체적으로 발전적이라고 보기보다는 현재 국내의 상황과 다르지 않은 호응 부족, 홍보 방법의 미흡, 채널 활성화 부족 등의 한계가 나타나고 있다.

영국 정부의 스마트 소셜 미디어 활용은 블로그에 소식을 올리고, 트위터로 홍보하는 개념은 미국과 비슷하지만 미국과 다른 점이 있다면 페이스북 계정을 가진 부처가 거의 없다는 사실, 즉 홍보는 거의 트위터로 이루어진다는 것이다. 또한 거의 모든 부처가 플리커와 유튜브를 활발히 이용하고 있는데, 댓글은 많이 달리지 않았지만, 홈페이지 메뉴가 없는 관계로 이들을 완벽히 대처할 수 있다는 점이 눈에 띈다.

아울러 인포그래픽스를 활용해 플리커에 게재한 경우도 있는데, 인포그래픽스라는 대세를 따라 통계청 자료집에 한꺼번에 머물 만한 사례를 부처의 플리커로 가져왔다는 점은 눈여겨볼 만하다. 국내의 경우는 특정 정보를 찾기 위해 네이버나 다음, 구글 등을 이용하여 검색부터 해보겠지만 영국은 부처의 유튜브나 플리커를 먼저 찾을 수도 있을 것이다. 그러나 대화나 참여가 미국보다 적은 것으로 나타났는데, 이는 부처 블로그에 댓글을 달 수 있는 공간이 없기 때문이기도 하지만 부처들이 스마트 소셜 미디어를 적절한 용도로 유용하게 이용하지 않기 때문이기도 하다.

영국 특유의 디자인과 아기자기함이 대부분의 홈페이지에서 드러나는데 에너지 기후변화부 등의 색감은 매우 뛰어난 것으로 나타났다. 또한 체계적으로 스마트 소셜 미디어를 정리하여 제공하고 있다. 영국 특유의 색감 + 인포그래픽스 + 우수 사례인 보건부 블로그의 메인 디자인 + 참여 공간 등이 갖춰지면 영국 부처의 스마트 소셜 미디어 활용의 더 큰 효과를 기대할 수 있을 것이다.

2 부처별 활용 현황

1) 정부

정부 홈페이지(www.direct.gov.uk/en/index.htm)는 뉴스룸을 잘 분류하여 관련 정보를 찾기 쉽게 하고, 게시물마다 정보가 유용했는지 평가 가능하며 관련 글에 관한 코멘트를 직접 보낼 수 있게 되어 있다. 'Do it online' 메뉴를 통해 다양한 분류와 링크를 제공하여 이용자가 매우 간편하게 원하는 정보를 얻을 수 있는데, 예를 들어 교통법을 위반해 벌금을 내야 할 때, 맨 위 상단의 'crime and justice online'에 접속하면 여러 가지가 나오는데 그 중 'fine'

항목을 클릭하면 바로 알 수 있게 되어 있다.

정부 페이스북(Directgov)은 '좋아요' 6,157명, 이야기하고 있는 사람 101명의 낮은 호응을 얻고 있고, 각 부처의 재미있는 혹은 사람들의 흥미를 끌 수 있는 정보를 소개하고 있으며, 상대적으로 홈페이지가 더 잘 되어 있는 느낌이다. 트위터(Directgov, 2,643개 트윗, 1,752명 팔로잉, 42,129명 팔로어)는 정보 전달뿐 아니라 개인적 답변도 활발하게 하는 편이지만 대화라고 보기는 어렵다. 문의가 제기되면 답을 하고 있다. 유튜브(directgovuk, 1,176명 구독자, 216,259회 조회 수) 채널도 활용하고 있다.

2) 내각

내각 홈페이지(www.cabinetoffice.gov.uk)는, 정부의 공식 홈페이지가 실생활에서의 정책 등을 소개하는 사이트였다면, 장기적이고 거대한 국가 플랜을 소개하는 데 초점을 맞춰 안보, 정부 연합, 정부 효율성 등의 메뉴로 구성되어 있다. 트위터(cabinetofficeuk, 870개 트윗, 58명 팔로잉, 25,277명 팔로어)에는 홈페이지 글 링크가 대다수를 이루고 있다. 플리커(cabinetoffice)에는 총 671개의 사진이 게시되어 있는데, 주로 캐머런(David Cameron) 총리가 일하기 시작한 2010년부터 지금까지 사진으로서 주로 현장 사진들이며 조회 수는 500회 이하 정도의 호응을 받고 있다. 유튜브(cabinetofficeuk, 27명 구독자, 11,270회 조회 수)는 전문가들이 연설했던 내용을 올려놓았는데 게시된 동영상 수는 21개로 매우 적은 편이다.

3) 법무부

법무부는 홈페이지(www.justice.gov.uk) 메인에 유튜브 영상을 바로 걸어놓아 동영상 중심의 홍보를 강조하고 있다. 트위터(mojgovuk, 373개 트윗, 1,514명 팔로잉, 21,171명 팔로어)에는 법무부 관련 내용을 소개해 주거나 질문에 답해 주는 모습이지만 체계적으로 홍보한다고 보기에는 어려운 측면이 있다. 유튜브(MinistryofJusticeUK, 366명 구독자, 85,529회 조회 수, 121개 동영상)에는 실생활에서의 법무부 생활로서 배심원으로 활동하는 방법, 목격자로 법원에 오는 방법 등 매우 실용적인 정보를 포함하고 있고, 아기자기한 멋을 자랑하는 콘텐츠가 많다. 플리커(ministryofjustice)에는 총 101개의 사진을 게시해 놓았으며 법원 사진이나 영국 여왕이 법무부를 방문한 사진, 커뮤니티 복원 사진 등 종류가 다양하다.

4) 외무부

외부무의 홈페이지(www.fco.gov.uk) 메인에는 스마트 소셜 미디어 서비스들을 링크해 놓았으며, 블로그(blogs.fco.gov.uk)의 장관 메뉴에 가면 위젯으로 바로 장관의 페이스북을 볼 수 있다. 페이스북에는 외무부가 관장하는 곳의 페이스북을 한 페이지에 정리해 두고 있는데, 외무부 관련 페이스북으로는 대표적인 두 곳을 꼽을 수 있다. 외무부 장관 윌리엄 헤이그 장관 계정으로 연결(williamjhague?sk=wall, 좋아요 6,613명, 이야기하고 있는 사람 216명)하는 페이지와 외무부 공식 페이스북(www.fco.gov.uk/en/foreign- secretary, 좋아요 10,305명, 이야기하고 있는 사람 826명)이 그것인데 대부분의 글이 링크로 구성되어 있다.

특히 페이스북 접속 화면에서는 다른 관련 사이트를 소개하며 링크를 유도하고 있고 지원하는 사이트가 미국에 비해 매우 많지만, 실질적으로 찾는 사람은 페이스북, 트위터, 유튜브, 플리커 등에 한정되어 있다는 특징이 나타난다. 예를 들어 외무부 페이스북을 통해 포스퀘어에 접속했을 경우(goo.gl/Gw1Cd), 총 인원 수와 체크인 수가 나오는 식이다.

페이스북처럼 트위터도 여러 계정을 소개하고 있는데, 장관의 트위터와 외무부 트위터가 눈에 띈다. 외무부 공식 트위터(9,641개 트윗, 38,711명 팔로잉, 83,208명 팔로어)뿐 아니라 여행, 취업 관련 트윗도 있다. 유튜브(ukforeignoffice, 2,466명 구독자, 2,304,762회 조회 수, 1,540개 사진)에서는 이집트, 글로벌 이슈 등을 다루고 있으며, 호응도가 매우 높다. 그 밖에 플리커(foreignoffice), 링크드인(663470?trk=tyah), 핀터레스트(foreignoffice, 129명 팔로어, 5명 팔로잉) 등도 활용한다.

5) 보건부

보건부 홈페이지(www.dh.gov.uk) 역시 메인 화면에 스마트 소셜 미디어 서비스를 링크해 놓았으며, 블로그(conversations.dh.gov.uk)에서는 메인이 'Blogs, Columns, and tweets'로서 블로그 성격을 잘 말해 주고 있다. 우리나라 사이트 트윗몹과 유사하게 트윗과 블로그를 같이 메인에서 보여주고 있는 것도 매우 효율적인 방법이라고 평가할 수 있다. 트위터(dhgovuk, 2,316개 트윗, 522명 팔로잉, 40,638명 팔로어), 페이스북(healthconversations, 좋아요 181명, 이야기하고 있는 사람 48명), 유튜브(departmentofhealth, 683명 구독자, 389,451회 조회 수), 플리커(departmentofhealth) 등도 활용하고 있다.

6) 환경식품농촌부

환경식품농촌부 홈페이지(www.defra.gov.uk)에는 메인에 스마트 소셜 미디어를 링크해 놓았지만 눈에 잘 띄지 않으며, 그 외 홈페이지 내에서 스마트 소셜 미디어라고 할 만한 것은 없다. 트위터(defragovuk, 1,146개 트윗, 296명 팔로잉, 24,465명 팔로어)에서는 런던올림픽의 친환경성에 대한 트윗이 많이 올라오고 리트윗과 대화가 있는 편이다. 대화는 사람들의 질문에 답을 해주는 것으로 보이고, 대부분의 글은 링크와 해시태그를 이용하고 있다. 플리커(defragovuk)에는 225장의 사진이 게시되어 있는데, 런던올림픽의 친환경과 맞물려 환경식품노동부에서도 이런 점을 강조하고 있다. 그러나 즐겨찾기가 거의 없고, 조회 수도 100회 이하로 높지 않다. 유튜브(defrauk?gl=GB&hl=en-GB, 구독자 389명, 183,179회 조회 수)에서는 다양한 전문가가 환경과 농촌, 동물에 관한 메시지를 다루고 있다.

7) 교육부

교육부 홈페이지(www.education.gov.uk)에서는 우상단에 스마트 소셜 미디어를 링크해 놓고 홈페이지의 the letters를 이용해 소식을 전하며, 따로 블로그 기능은 사용하지 않고 있다. 트위터(educationgovuk, 3,010개 트윗, 1,413명 팔로잉, 44,014명 팔로어)에서는 리트윗도 많고 링크글도 많이 게시되며, 다른 홈페이지로 연결되는 링크글도 꽤 있지만 대화는 거의 없다.

페이스북(educationgovuk, 좋아요 6,079개, 이야기하고 있는 사람 128명)에는 curriculum and exams이란 코너가 있는데, 영어, 수학, 과학에 관한 draft programs를 만들어 출판한다고 밝히고 있다. 2014년 9월부터 초등학교에 소개될 예정인 이 프로그램이 과연 나오기 전 참여가 이뤄지고 공유가 가능할지 관심(goo.gl/0RZYg)을 받고 있다. 그 밖에 유아 관련 게시물을 공유하거나 글 링크 등을 하고 있다.

유튜브(educationgovuk, 662명 구독자, 460,275회 조회 수, 386개 동영상)에서는 어린 시절을 불우하게 보낸 이들을 가르치기 위한 사람들을 위해 실제로 어린 시절이 불우했던 아이들 혹은 성인들의 이야기를 동영상을 통해 들려주고 있으며, 교육과 관련한 콘텐츠는 매우 많은 편이다. 플리커(educationgovuk, 341개 사진)에서는 대부분이 현장 사진이지만 공무원보다 학생들 사진이 많다는 것이 특징이다.

8) 교통부

홈페이지(www.dft.gov.uk)에서는 news 메뉴를 통해 교통부 소식을 전달하고 있다. 페이스북(dsagovuk, 좋아요 2,125명, 이야기하고 있는 사람 223명)에서는 할인이나 정책 관련 소개글이 많고, 좋아요와 댓글 은 거의 없다. 트위터(transportgovuk, 1,435개 트윗, 371명 팔로잉, 16,256명 팔로어)에서는 리트윗이 많은 편이며 최근 올림픽 기간을 맞이하여 정체구간을 알려주는 리트윗이 많다. 유튜브(transportgovuk, 734명 구독자, 94,781회 조회 수)에서는 올림픽과 패럴림픽 루트 네트워크 동영상이 조회 수 11만 회를 기록하고 있는데 전형적인 영국 스타일의 동영상이라고 할 수 있다. 그 외 런던 2012 코너를 신설하면서 올림픽 때문에 교통에 무리가 안 가도록 노력한 모습이 돋보인다. 플리커(transportgovuk, 78장 사진)에는 자전거, 철도, 일반 자동차 도로 사진 등 사진은 많이 없지만 관련 사진 몇 개가 아이들이 숙제하는 데 도움이 될 듯한 사진도 게시되어 있다.

9) 국방부

홈페이지(www.mod.uk), 블로그(goo.gl/CqnVZ)에는 영국에서 가장 큰 이슈인 올림픽을 맞아 국방부 블로그에서는 올림픽을 더 많이 즐길 수 있는 방법을 소개하고 올림픽 좌석 정보를 안내하고 있으며, 동시에 런던 올림픽 보안을 어떻게 하고 있는지 알려주고 있다. 안전한 올림픽 이미지를 주는 데에 적절해 보이는 콘텐츠이지만 그 외 댓글이나 공유 시스템은 없다. 페이스북(ukarmedforces, 좋아요 518,469명, 이야기하고 있는 사람 33,870명)은 좋아요가 51만 명, 이야기하고 있는 사람이 3만 명으로 좋아요와 이야기하고 있는 사람이 많은 만큼 좋아요, 공유, 댓글이 많은 편이다. 최대 좋아요 인원은 1,500명에 이른다. 사진이 많은 편이고 유해 발굴 사진이나 전통적인 의식 행사 사진 등 매우 다양하다.

트위터(defencehq, 5,467개, 353명 팔로잉, 34,969명 팔로어)에서는 전통적인 것을 강조하고 있으며 대체적으로 뉴스를 전하는 역할에 그치고 있다. 그 밖에 리트윗은 거의 없다. 유튜브(defenceheadquarters, 2,040명 구독자, 2,410,429회 조회 수, 236개 동영상)에서는 리비아, 아프가니스탄 등 영국군이 파견나간 곳에 대한 동영상이 있으며, 특히 해군, 무기나 배 등에 관련된 동영상이 인기가 있다. 국방부가 하는 일이나 관련 있는 일 등을 많은 동영상으로 잘 소개해 주고 있는 듯한 느낌이다.

플리커(defenceimages, 3,135개의 사진)에서는 왕실수비대, 육군, 아프가니스탄 등 국방부가 관여하는 일에 대한 사진이 많다. 대체적으로 플리커에서는 국방부가 하는 큰 그림을 보여주고 있다면, 페이스북 사진첩에서는 현재 하는 일 등 속도감 있는 현장 사진이 올라오는 것이 차이점이다. 플리커 역시 조회 수가 높은 편이다.

10) 기업혁신기술부

홈페이지(www.bis.gov.uk)의 newsroom-multimedia를 보면 플리커와 유튜브에 어떤 동영상이 있는지 썸네일 형식으로 보여주고 있다. 트위터(bisgovuk, 3,101개 트윗, 2,823명 팔로잉, 41,352명 팔로어)에서는 리트윗을 많이 하고 정보 전달 기능도 매우 높게 나타난다. 플리커(bisgovuk, 총 2,170장)에서는 기업혁신기술부가 주최한 쇼케이스에서 나온 기술을 소개하는 사신이 많다. 인포그래픽 자료도 올려놓는데, 이는 블로그나 트위터 등에서도 유용하게 쓰일 수 있다는 점에서 말 그대로 '혁신'적인 느낌을 주고 있다.

유튜브(bisgovuk , 635명 구독자, 178,758회 조회 수, 135개 동영상)에서는 The make it in Great Britain 캠페인을 (플리커에서도 볼 수 있음) 동영상으로 소개하고 있다. 인기 동영상은 주로 학생에 관한 것으로서 학생들 경제 사정이나 대학 학비 등에 관련된 내용 등이다. 사운드클라우드(bisgovuk/tracks)에서는 팟캐스트를 제공하고 11개의 트랙이 있다.

11) 문화매체체육부

홈페이지(www.culture.gov.uk) 메인 전체가 스마트 소셜 미디어를 보여주는 하나의 창구로 기능하고 있다. 트위터, 블로그, 플리커, 유튜브, 페이스북 모두를 한 번에 알 수 있다. 블로그(blogs.culture.gov.uk)에서는 몇 명의 에디터가 돌아가며 블로그에 포스팅하고 문화매체체육부의 최신 소식을 알리고 있다.

페이스북(dcmsgovuk, 좋아요 1,088명, 이야기하고 있는 사람 345명)에는 유튜브 링크가 다수이다. 페이스북에서 포스퀘어를 사용하여 어디에 위치해 있는지 소개하고 있지만 좋아요와 댓글은 거의 없다. 플리커(thedcms, 사진 1,230장)에는 올림픽 사진이 굉장히 많이 있지만 조회 수가 매우 낮은 편이다. 그래도 사진만으로도 올림픽 분위기를 느낄 수 있을 정도로 조형물, 경기 등 다양하게 찍어서 올리고 있다. 유튜브(dcms, 246명 구독자, 61,845회 조회 수)에는 올림픽 경기장 건축을 저속으로(timeleape) 촬영하여 유튜브에 업로드하고 있다. 트위터(dcms, 3,808개 트윗, 260명 팔로잉, 20,427명 팔로어)는 정보 전달 수준에 머물러 있는데, 리트윗하는 편이고 해시태그를 이용해 글을 쓰는 경향이 있다.

12) 노동연금부

홈페이지(www.dwp.gov.uk)에서는 뉴스룸(newsroom)을 운영 중이지만 별다른 특색은 없다. 트위터(dwppressoffice, 728개 트윗, 651명 팔로잉, 4,857명 팔로어)는 새로운 소식을 전하는 창구 역할을 한다. 노동연금부의 글뿐 아니라 영국 정부(directgov)의 링크를 가져오기도 하지만 멘션(mention)을 거의 보내지 않는다.

13) 국제개발부

홈페이지(www.dfid.gov.uk)가 있고, 페이스북(ukdfid, 19,467명 좋아요, 328명 이야기하고 있는 사람)에서는 국제개발부가 어떤 사람들을 도와주고 있고 어떤 일을 하는지 소개하고 있다. 주로 아프리카 지원에 관한 정보가 많은 편이다. 트위터(dfid_uk, 4,577개 트윗, 863명 팔로잉, 51,900명 팔로어)에서는 #globalhunger와 같은 해시태그를 이용해 지속적으로 정보를 전달한다. 이런 식으로 올림픽 해시태그(#London 2012)를 이용하면서 동시에 국제개발부와 관련 있는 기관 등을 소개하고 있다. 유튜브(DFID_UK/with_replies, 703명 구독자, 460,182회 조회 수)는 Leading the UK's fight against world poverty라는 이름을 달고 있다. 영국의 세계 빈곤에 대한 지원이 어떤 식으로 변화를 이끌어냈는지 보여주는 동영상으로서 도움을 받은 인물들의 성장 스토리나 일상 생활 이야기를 보여주고 있다. 플리커(dfid, 1,785장)에는 콘퍼런스 사진이나 데이비드 베컴 같은 유명인이 도와주는 사진, 인포그래픽스 등이 게시되어 있다.

14) 지역사회 · 지방정부부

홈페이지(www.communities.gov.uk)에서는 포럼(haveyoursay.communities. gov.uk/forums)을 제공하며 트위터(CommunitiesUK, 1,744개 트윗, 27,320명 팔로잉, 39,234명 팔로어)에서는 뉴스룸을 연결하는 링크 트윗을 게시하고 있다.

15) 재무부

홈페이지(www.hm-treasury.gov.uk)를 운영하고 트위터(hmtreasury, 1,469개 트윗, 7,562명 팔로잉, 46,146명 팔로어)에서는 재무와 관련된 기사를 링크를 걸지 않고 핵심만 전달한다. 플리커(hmtreasury, 340장)에서는 예산 결정 정책 등 매우 자세한 부분까지 사진으로 소개하고 이는 홈페이지의 경제 데이터(economic data: www.hm-treasury.gov.uk/data_index.htm)와 비슷한 부분도 있다.

16) 내무부

홈페이지(www.homeoffice.gov.uk) 메인에서 SNS을 링크시켜 놓고, 최신 소식을 보여주는 시스템으로 RSS 지원을 하고 트위터(ukhomeoffice, 1,262개 트윗, 27명 팔로잉, 32,298명 팔로어)에서는 여러 해시태그를 이용해 소개하고 있지만 대화는 이루어지지 않고 있다. 유튜브(ukhomeoffice, 1,613명 구독자, 1,266,886회 조회 수, 118개 동영상)에서는 내무부가 다루는 여러 주제 중 범죄, 이민, 폭력, 테러리즘 등에 관련한 동영상이 다수를 이루고 있다. 플리커(49956354@N04, 1,136개 사진)에서는 무기와 마약 등 압수한 물품을 소개하는 사진이 있으며, 마약 입수 경로 사진, 마약 탐지견 등 훈련받은 개를 소개하는 사진, CCTV에 찍힌 범인 사진도 올라와 있다.

17) 에너지기후변화부

홈페이지(www.decc.gov.uk) 메인에 블로그와 스마트 소셜 미디어 링크가 있고, 블로그(blog.decc.gov.uk)는 몇 명의 관리자가 아니라 에너지 기후 변화를 잘 알고 있는 기관장, 교수 모두가 관리하고 블로거로 글을 쓰는 활동을 한다. 에너지·기후 변화, 특히 영국의 에너지 기후 변화를 알고 싶다면 정부부처를 찾는 게 가장 좋은 방법이 된다는 점에서 효율적이다. 이는 페이스북과 트위터로 공유되며, RSS로도 지원된다.

트위터(deccgovuk, 1,883개 트윗, 5,128명 팔로잉, 28,298명 팔로어)에서는 리트윗이 많고 다수가 역시 링크를 포함한 정보글이 있는데 에너지기후변화부의 글뿐 아니라 다른 부처의 글도 링크하거나 리트윗하고 트윗도 자주 하는 편이다. 유튜브(deccgovuk, 326명 구독자, 81,186명 조회 수)에서는 Videos about local communities who are saving energy and reducing emissions와 관련된 커뮤니티 프로젝트(community projects)를 포함한 총 78개의 동영상이 게시되어 있다. 이렇듯 에너지 기후 변화에 관한 충실한 내용의 동영상 업로드하고 있다. 플리커(deccgovuk, 676개 사진)에서는 다수가 현장 사진, 인물 사진 등으로서 간혹 친환경 기계 사진이나 태양열 같은 친환경 에너지를 소개하는 사진이 있다. 조회 수는 편차가 큰 편인데, 30~1,300회 정도이다.

제 4 절 일본

1 중앙정부의 이용 현황

일본 오픈거버먼트(govtter.openlabs.go.jp)의 공식 자료에 따르면, 현재 일본의 공공기관 트위터 계정은 약 611개이고, 이 중 지방자치단체 계정이 532개로 대부분을 차지한다.

내각부를 비롯한 총무성이나 경제산업성, 후생노동성과 같은 정부기관은 38개, 그 외 공공기관이나 기타 독립행정법인은 29개로 나타났다. 정부기관 중 가장 많은 계정을 보유한

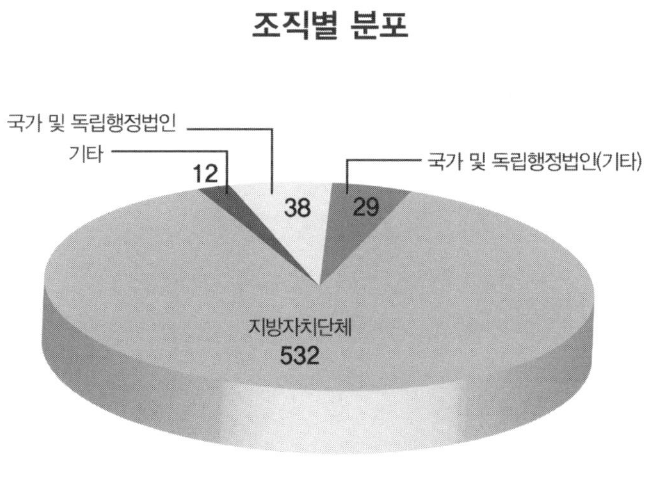

그림 3-5 일본 정부기관별 트위터 분포(2012.7.31.)

자료: govtter.openlabs.go.jp

부처는 총무성(8개)이었고, 농림수산성과 후생노동성이 각각 1개로 가장 적은 계정 수를 가지고 있었다. 기타 공공기관 독립행정법인 중에서는 정부 및 기타 법인이 5개, 기타 독립행정법인이 24개로 독립행정법인이 더 많은 수를 차지했다.

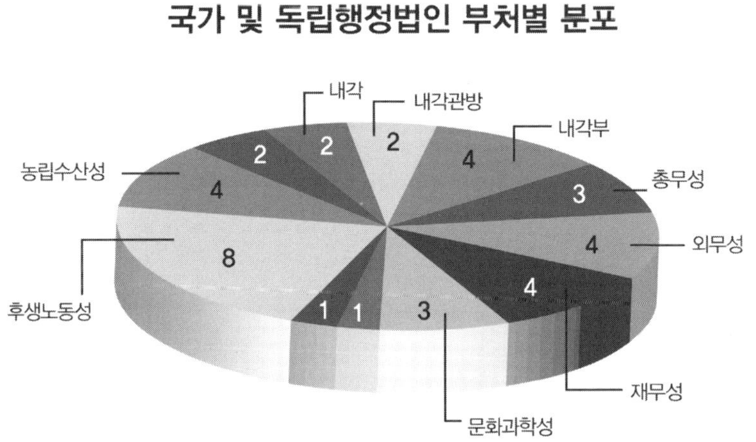

그림 3-6 일본 정부기관 및 독립행정법인의 트위터 분포(2012.7.31)

자료: govtter.openlabs.go.jp

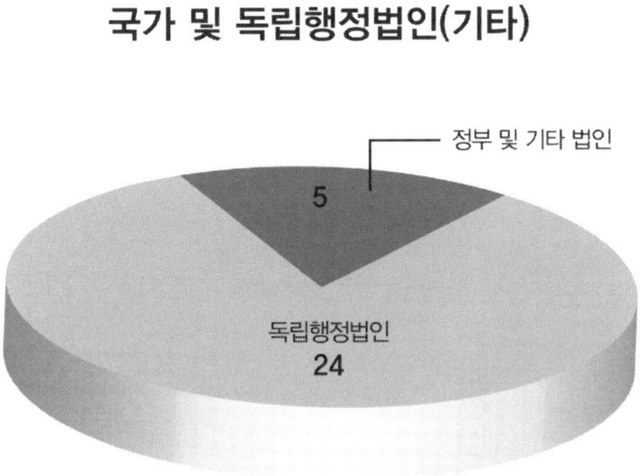

그림 3-7 일본 정부기관 및 독립행정법인의 트위터 분포(2012.7.31)

자료: govtter.openlabs.go.jp

<표 3-2>는 38개 기관의 트위터 계정목록인데 그 중 36개는 활성화되어 있으나, 2개는 전혀 활성화되어 있지 않다.

2009년 4월부터 2012년 7월까지의 공공계정 월별 트윗 평균 등록 수를 살펴보면, 월평균 15개의 게시물을 올린다. 가장 게시물이 많았던 때는 2011년 3월과 2012년 2월(62개)인데, 당시 동일본대지진의 영향과 세제 개혁 등으로 인해 트윗 개수가 폭발적으로 증가한 것으로 보인다.

한편, 최근 약 40일 간 (2012년 6월 21일~2012 7월 31일)의 일별 트윗 수는 하루 평균 0.3개로 저조한 편이었다.

표 3-2 일본 정부 및 독립행정법인의 트위터 계정 목록

계정	소속	활성화여부
JPN_PMO	수상관저(영문)	○
Kantei_Saigai	수상관저(재해정보)	○
cas_nisc	내각관방 정보보안센터	○
FukkoKosoKaigi	동일본대지진 부흥 구상회의	○
cao_deyp	내각부 청소년 환경 정비	○
shienteam	원자력 피해자 생활지원 팀	○
caa_shohishacho	소비자청	○
kokumin_koe	국민의 소리	○
Cbt_News	총무성 중국총합통신국	○
eGovJapan	총무성 행정관리국 전자정부 그룹	○
FDMA_JAPAN	총무성소방청	○
JapanEmb_KoreaK	주대한민국일본국대사관	○
JapanEmb_KoreaJ	재대한민국일본국대사관	○
MofaJapan_en	MOFA of Japan	○
MofaJapan_jp	외무성	○
MOF_Japan	재무성	○
nta_eTax	국세청	○
LFB_JPN	재무국(동일본대지진 관련 정보)	○
Custom_kun	세관	○
NIMS_PR	물질 · 재료연구기구NIMS)	○

miraikan	일본과학미래관	○
mextjapan	문부과학성	○
MHLWitter	후생노동성	○
kokusan8	국산(농림수산성)	○
meti_saiene	재생에너지 정보	○
jpo_NIPPON	특허청	○
METI_JPN	경제산업성(영문)	○
meti_NIPPON	경제산업성	○
openmeti_e	IT 프로젝트	○
chusho_meti	중소기업청 홍보실	○
openmeti	경제산업성정보 프로젝트실	○
geo_fes	국토지리원, 축제 정보	○
nichiiki	국토교통성 지역진흥과	○
mlit_arakou	국토교통성, 새로운 공공(新しい公共)	○
JMSDF_PAO	방위성 해상자위대	○
JGSDF_pr	육상자위대	○
DREAM_MATCH_PJ	중소기업 채용 강화 프로젝트	×
kworkers1	관광청	×

자료: govtter.openlabs.go.jp

표 3-3 기타 정부기관 및 독립행정법인의 트위터 계정 목록

계정	소속	활성화여부
jwa_PR	독립행정법인 수자원기구	○
unicanet	종합 목록 네트워크 (유니카넷) 사업	○
crd_tweet	국립국회도서관 레퍼런스 협동 데이터베이스 사업	○
RIKEN_JP	이화학연구소	○
ICATalerts	정보처리 추진기구 기술본부	○
Bank_of_Japan_j	일본은행	○
Aomori_R4_R7	아오모리(青森)시 하천국도사무소	○
UR_TOSHIKIKOU	UR도시기구	○

IPA_SEC	정보처리 추진기구 소프트웨어공학센터	○
JapanCons_vanc	밴쿠버 일본국 총영사관	○
touki_net	등기, 공탁 온라인 신청 시스템	○
kohkuntweet	공군훈련소	○
Japanfoundation	재팬파운데이션	○
NRCD_	국립장해자재활센터	○
kohkaikunren	항해훈련소	○
johogekkan2011	정보화 월간 2011 사무국	○
U20_procon	U-20 프로그래밍대회 사무국	○
JAEA_japan	일본원자력연구개발기구JAEA)	○
kamakura_redeve	가마쿠라(鎌倉)시 재개발과	○
MyJVN	IPA(최신소프트웨어 버전 검사)	○
JVNiPedia	IPA(취약성 대책정보 데이터베이스)	○
niaes	독립행정법인 농업환경기술연구소	○
NIRS_PR	방사선의학총합연구소	○
Nenkin_Kikou	일본연금기구	○
JAXA_en	JAXA Web	○
fsa_JAPAN	금융청	○
JAXA_jp	JAXA웹	○
jica_direct	JICA보도과	○
j_net21	J-Net21	×

자료: govtter.openlabs.go.jp

2 지방자치단체의 이용 현황

일본의 지방자치단체 47개는 평균 11개의 트위터 계정을 보유하고 있고, 도쿄도(東京都)가 79개로 전체 15%를 차지하여 가장 많은 트위터 계정 수를 운영하고 있었다.

지역별로는 간토(關東)지방이 트위터 계정 수 총 225개로 45%, 주부(中部) 지방이 71개로 13%였으며, 주고쿠(中國)와 시코쿠(西國)가 각각 23개, 20개로 전체 중에서 가장 작은 비중(4%)을 차지했다.

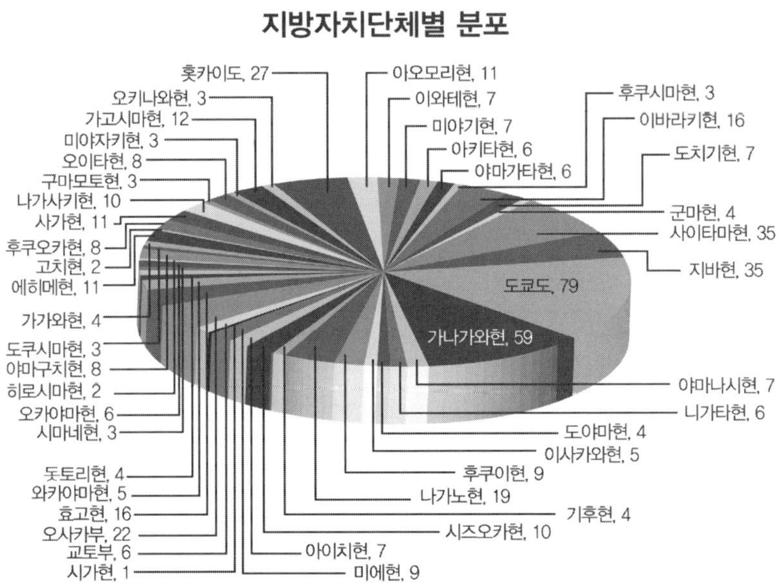

그림 3-8 일본 지방자치단체의 트위터 계정 분포

자료: govtter.openlabs.go.jp

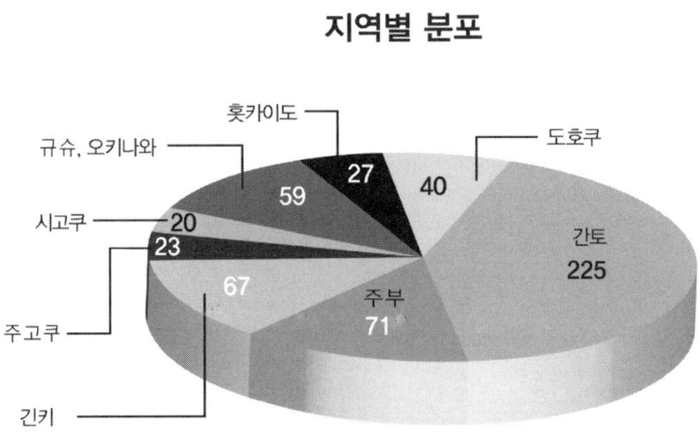

그림 3-9 일본 지방자치단체 트위터 계정의 지역별 분포

자료: govtter.openlabs.go.jp

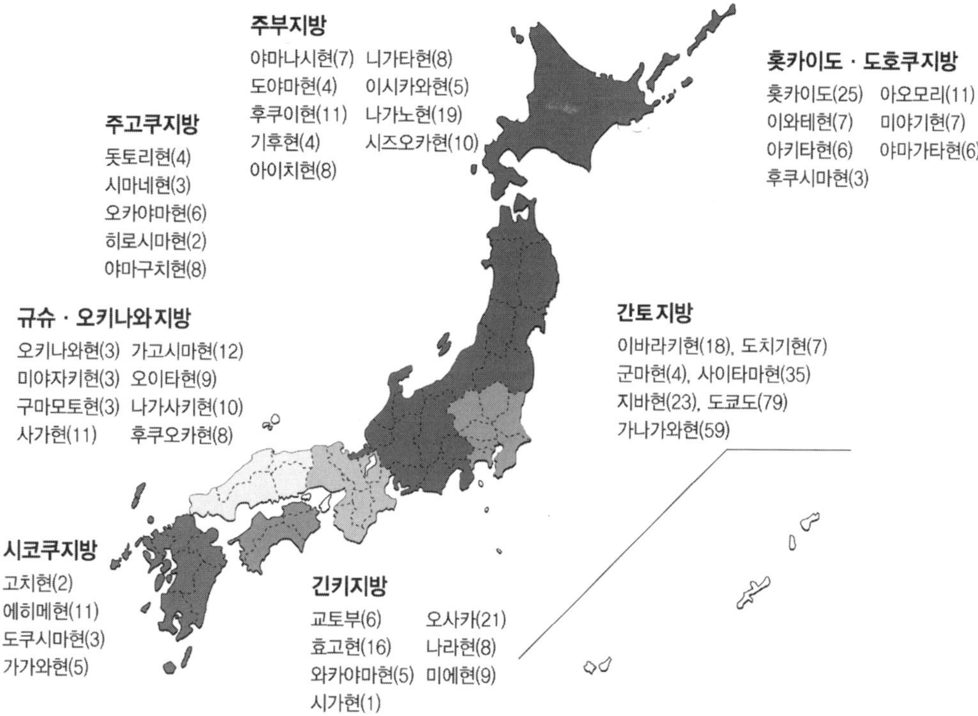

그림 3-10 일본 지방자치단체 트위터 계정의 지역별 분포

자료: govtter.openlabs.go.jp

참고: 오픈 거버먼트(govtter.openlabs.go.jp)와 트위나비 정부 페이지(twinavi.jp/gov)에 등록된 계정 수는 근소한 차이가 있으나 전체적인 현황에서는 비슷한 분포를 보임.

제5절 서울특별시

국내의 중앙행정기관은 아니지만, 스마트 소셜 미디어 활용의 우수 사례로서 서울시의 사례를 정리한다. 서울시는 최근 2년 동안 가장 비약적인 기관 홍보 발전을 진행하고 있는데, 그 상세한 방식을 살펴봄으로써 해외 우수 사례뿐만 아니라 국내에도 참조할 만한 사례가 있음을 알 필요가 있다.

1 채널 활용

서울시에는 현재 시민소통 담당자 45명, 시민소통 담당자 43명에 더해 뉴미디어 담당자 25명이 홍보와 시민 서비스 지원을 담당하고 있다. 이에 따라 현장 대화, 콜센터, 매스미디어 홍보뿐만 아니라 웹사이트, 인터넷 일간 뉴스레터, 동영상, 사진 콘텐츠 생산, 모바일(비즈링, DMB, QR코드, 스마트폰), IPTV, 민간 포털까지 활용하여 시정 정보를 안내하고 참여를 유도하고 있다.

블로그를 통해서는 블로거데이 등 블로거 시정 참여 행사를 추진하고, 메타블로그를 운영하여 시민 블로거 네트워크 확대 및 공동 취재 바이럴을 확산시키고 있다. 그리고 트위터, 미투데이, 페이스북을 통해 실시간 소통을 강화하고 스마트 소셜 미디어 연계 캠페인도 활발하게 전개하고 있다. 특히 모바일이나 동영상, SNS 종합 채널의 서비스 시도는 적극적이며 단연 돋보인다.

대표적인 서울시의 서비스[1])로는 1999년 세계 최초로 운영하기 시작하여 부조리 발생 소지가 있는 민원 업무 처리 과정을 인터넷에 공개하여 정보를 개방하고, 공유함으로써 시민들의 적극적인 참여를 유도하고 있는 오픈 시스템(민원처리 온라인 공개 시스템), 서울시와 자치구의 재정사업에 대한 종합정보를 제공하는 클린재정 시스템, 인터넷 웹사이트를 통한 시민 참여를 유도하여 2012년 1월까지 1만여 건 이상의 시민 아이디어를 접수한 '천만상상 오아시스' 서비스, 다음 포털과 제휴하여 GIS 정보를 매시업한 GIS 정보 공유 서비스, 시민 불편 살피미, 모바일 홈페이지 설문조사 등이 있다.

반면 각 서비스들이 별도 채널로 분리되어 있거나 단순 링크로 연결에 머무는 등 다양한 채널의 체계적이고 유기적인 연계는 다소 미흡하다. 예컨대 '서울마니아', '해치군' 등 불분명한 네이밍 등 도시의 품격, 가치, 시정 원칙, 세계 최고의 도시 등 장점과 이미지가 홍보 콘텐츠 속에 잘 드러나지 못하고 있다.

따라서 시정 원칙이 각 매체 전체에 걸쳐 일관된 기조로 관통하여 효과적으로 홍보될 수 있도록 채널별 특성화가 시급하다. 아울러 시민 참여도 및 참여 효능을 제고하기 위한 UI 개선 방안,* PC와 모바일 기반의 정보접근성을 보장하기 위한 표준 등에서도 특성화 전략이 필요하다. User Interface는 정보 접근과 참여율을 좌우하는 첫 단추로서 일관성과 직관성이 중요하기 때문이다.

---

1) 송정희(2010. 1. 15) 참조.

표 3-4 서울시의 채널별 활용 현황 평가

채널	특징 및 평가
홈페이지	- 2012년 3월, 오픈소스 기반의 워드프레스로 개편·제작함 - 소셜 댓글 제공 - CC를 적용한 콘텐츠 공유 방식 채택 - 사용자 중심의 서비스형을 지향함 - 시민의 라이프스타일에 맞는 순차적이고 간결한 메뉴 제시가 필요함
서울메타 블로그	- 명소 탐구, 시민행복 탐구, 블로거데이, 함께하는 서울로 간편한 메뉴 구성 - 하루 평균 2천 명 내외 방문의 높은 호응
트위터	- 트윗이 너무 길고 대화형이 아니어서 소통성이 떨어짐 - 서울 교통을 통한 교통 의견, 제설 아이디어 수렴은 효과적 - 3만 명 내외의 팔로어와 팔로잉을 유지함. 급격하게 팔로어를 늘릴 수 있는 전략 모색 필요
미투데이	- 14,000명 정도의 친구, 댓글 평균 1일 20명 - 젊은 층을 대상으로 했다고는 하나 서울마니아가 아니라 해치군을 사용함으로써 정체성이 헷갈림
페이스북	- 30명 정도의 댓글 - 좋아요 5,357명, 이야기하고 있는 사람 2,329명, 18~34세에게 인기 - 최근 상승형
인터넷 TV	- 소셜 방송 라이브 서울을 서비스 - '원순씨의 서울e야기' 방송은 효과적임 - 5개의 외부 동영상 서비스에서도 홍보
모바일웹	- 선택과 집중 원칙을 잘 구현함 - 단, 시정소식 외에 뉴스속보는 다른 미디어 채널과 차별화하기 힘들기 때문에 서비스할 필요 없음
SNS 오픈 채널	- 공급자 중심의 게시글 - 참여도 저조 - 같은 글이 스팸처럼 몇 페이지에 걸쳐 중복 게재되어 있기 때문에 관리가 소홀한 것처럼 보임
기타	- QR 코드를 부분적으로 사용 - 증강 현실 서비스, 구글맵 서비스와의 연동, 모바일 메신저 활성화 부족

2 민간과의 협업

2012년 6월 15일 서울시 도시교통본부는 NHN, 다음, KT, 한국스마트카드, SK 등 5개 업체와 대중교통 위치정보 공유를 위한 업무 협약을 체결했다.[2] NHN은 포털 내 별도의 공간에서, 다음은 시내 지하철 역사에 설치된 912개 디지털 뷰를 통해, KT는 강남대로에 설치되

그림 3-11 서울시 · 다음의 '수해 커뮤니티 맵' 서비스

자료: bit.ly/LGgy9H

어 있는 미디어폴을 통해 정보를 제공하고, 한국스마트카드는 시내 택시 2만 대를 이용하여 수집한 도로 소통 정보를 시와 공유하기로 했다. 또한 NHN은 네이버에서 버스 운행 정보에 접속하여 한 번 클릭할 때마다 50원을 적립하는 형태로 총 1억 원을 모금하여 교통복지 분야에 기부하기로 했으며, SK는 티맵(Tmap) 페이스북, 트위터, C로그에 접속하여 기부 캠페인 페이지를 공유한다. 스마트폰 티맵을 이용하여 대중 교통을 이용할 경우 이동 거리 1m당 100원씩 적립되면 총 3천만 원을 모금하여 저소득 가정 청소년의 교통비로 기부할 방

2) "서울시, NHN, 다음, SK 등과 대중교통 활성화 협약 체결." 『뉴시스』. 2012년 6월 15일자.

침이다.

또한 2012년 2월에는 지금까지 축적된 다산콜센터의 상담DB 2만 6천여 건을 포털 사이트에 공개하고 상담 채널을 온라인으로 확장하기로 했다. 이를 위해 서울시는 NHN 네이버와 지식 파트너 제휴를 맺고 1년 동안 네이버 '지식인' 서비스에 서울시와 관련된 상담 자료를 공개하기로 했다. 시가 제공할 수 있는 답변은 월 100건이며 공신력을 높이고자 답변에는 다산콜센터의 기업 이미지를 사용한다.

서울시는 다음과 함께 위치기반 시민 참여형 서비스인 '커뮤니티 맵'을 공동 구축하기 위한 MOU를 체결했다.[3] 이에 따라 서울 생활정보 및 재난·재해 '커뮤니티 맵'을 공동 구축 및 운영하는데 다음은 서비스 구축 및 운영을 담당하고, 서울시는 '커뮤니티 맵'상에 올라온 시민 의견을 수렴하는 방식이다. 다음은 현재 '커뮤니티 협약'의 일환으로 아고라에서 시민이 직접 수해 현장을 위치정보와 함께 제보하는 '수해 커뮤니티 맵(bit.ly/LGgy9H)' 서비스를 제공 중이다. 이 서비스는 PC와 모바일을 통해 참여할 수 있으며, 다음 지도와 연동하여 정확한 위치 파악도 가능하다. 또한 다음 '아고라', 'tv 팟' 등을 활용하여 서울 시정에 대한 시민의 의견 수렴을 진행하며, 이와 같은 협력은 모바일로도 확대될 예정이다.

제 6 절 주요 사례 요약 및 정리

미국, 영국, 일본 이외에도 호주 등 많은 국가에서 정부 2.0 가치를 구현하기 위한 다양한 서비스를 개발하고 있다. 이들 중에서 개방, 참여, 공유 관점에서 참고할 만한 서비스를 소개하면 <표 3-5>와 같다.

우선 개방 관점에서는 앞에서 소개한 바와 같이 미국과 영국의 Data.gov와 일본의 공공정보 개방 포털(openlabs.go.jp)이 있다. 다음으로 참여 관점에서는 미국의 e-타운홀 미팅과 We the people, 영국의 온라인 청원 서비스(e-Petitions)가 있다. 세 번째 협업 관점에서는 미국의 국방전략을 위한 전문가 네트워크(Aristotle)와 CIA의 협업 커뮤니티(intellipedia)와 영국의 시민 아이디어 수렴 및 활성화를 위한 기금 조성 서비스(Show Us a Better Way)가 있다.

3) "다음, 서울시, 시민참여형 '커뮤니티 맵' 공동 구축." 『이코노믹리뷰』. 2012년 6월 14일자.

이 장에서는 미국, 영국, 일본과 서울특별시의 PR 2.0 사례를 소개했다. 먼저, 서울시의 경우는 집약적이고 다양한 채널을 활용하면서도 연결성이 강화된 양질의 정부PR를 하고

표 3-5 주요 국가의 정부 2.0 서비스 사례

<table>
<tr><th>가치</th><th>국가</th><th>사례</th></tr>
<tr><td rowspan="3">개방</td><td>미국</td><td>Data.gov: 연방정부 정보 제공 웹사이트
- 연방기관이 생성 보유하고 있는 모든 데이터를 시민이 자유롭게 검색, 저장, 재구성하도록 허용
- 다양한 형식으로 컴퓨터가 인식하는 원천 데이터, 농업, 환경, 교육 등 주요 부문별 데이터 셋과 링크, 지리정보 등 세 가지 범주로 구분</td></tr>
<tr><td>영국</td><td>Data.gov.uk: 공공정보 개방과 공유 포털
- 2010년 1월, WWW 창시자인 팀 버너스 리 주도로 개설
- 총 21개 기관의 3,241개 데이터셋 공개(2010.4)
- 집단지성 이용한 데이터셋 구성과 추가 공개 위한 SNS 활용 등 다양한 참여 방안 개발</td></tr>
<tr><td>일본</td><td>openlabs.go.jp: 각 부처나 지자체, 기관 지원으로 구축된 공공정보 개방 포털
- 인터넷 활용한 열린 정부 실현 위한 다양한 정보 실증과 관련 정보의 소집 및 제공
- 국민의 소리 수렴('ideabox'), 국내외 열린 정부 정보의 집대성('오픈 거번먼트 Wiki'), 트위터 이용한 정부/지자체 대응('govtter'), 통계 활용 사이트('databox') 등 운영
- 공공정보 2차 활용을 촉진하는 정보공개 추진
- 2차 재활용이 가능한 국립정보학연구소의 학술 논문 검색 DV(CiNii), 과학연구비 보조금 DB(KAKEN 서비스, Open Search에 따른 검색이나 RDF(Resource Description Framework) 출력 가능</td></tr>
<tr><td rowspan="3">참여</td><td rowspan="2">미국</td><td>e-town hall meeting
- 오바마 대통령은 플로리다 포터 마이어스 주민 100명을 대상으로 순회 미팅(2009..2.10) 시작
- 백악관 홈페이지로 생중계
- 시민은 현장 토론과 Q&A를 인터넷으로 실시간 질문하는 직접 소통</td></tr>
<tr><td>We the people(www.whitehouse.gov/petitions)
- 2011년 9월부터 백악관에서 운영하는 온라인 청원 서비스
- 13세 이상 미국인은 간단한 이메일 등록으로 청원 제기
- 첫 번째 처리 방침으로 경기부양 위해 모든 학생의 융자 부채 탕감 청원에 백악관은 소득 기준으로 분리 상황 방식 적용 발표(2011.10.26.)</td></tr>
<tr><td>영국</td><td>e-Petitions: 온라인 청원 서비스
- 2011년 8월 정부디지털서비스팀(GDS)과 하원 원내총무실에서 개설
- 1분에 평균 18명 가입, 시민이 청원하고 청원 내용에 대해 1년 동안 온라인 서명받음
- 서명 건수가 10만 건 이상인 이슈는 하원에서 논의
- 처리 내용: 런던폭동사건 유죄 판결, 1989년 힐스버러 참사 관련 정부문서 공개 논의, 높은 유류세 등</td></tr>
</table>

협업	미국	SF 311: 샌프란시스코 시의 콜센터(311)에서 여러 가지의 스마트 소셜 미디어를 연계하여 주민과 공동 솔루션 해결망 구축 – 도로 청소와 보수, 쓰레기 수거, 담벼락 낙서 제거, 누수 수도관 신고 등을 스마트 소셜 미디어, 스마트폰, 전화 등 채널을 통해 알리고, 시정부는 신속한 원스톱 처리로 피드백
		Aristotle: 국방전략을 위한 전문가 네트워킹 – 국방부 공무원과 관련 분야 전문가가 실시간으로 지식과 정보를 공유하여 안전하고 효과적인 국방정책 형성 – 비상사태 대비한 실시간 연락 체계 구축 – 소셜 네트워킹 서비스, 가상세계 구현, 지식 DB 구축 등을 통한 버전 업그레이드
	영국	Show Us a Better Way: 시민의 아이디어 수렴 및 활성화를 위한 기금 조성 및 포상 서비스

출처: 한국정보화진흥원, Beyond IT 시대의 정보화 전략 방향 III을 발췌.

있다는 것이 가장 큰 특징으로 나타났다. 스마트 소셜 미디어와 모바일 PR뿐만 아니라 현장 대화나 콜센터, 매스미디어, IPTV 홍보까지 결합된 전방위적인 채널 활용을 통해 정부 활동과 서비스에 대한 시민의 인지도를 높일 뿐만 아니라 그 모든 홍보에서 대화를 유도함으로써 참여도까지 향상되고 있다. 또한 적극적인 원자료(raw data) 개방을 통해 이제는 누구나 활용할 수 있는 공공 데이터의 민간 영역으로의 확장을 도모하는 등 정부PR에 시사하는 바가 크다고 할 수 있다. 나아가 민간과의 협업을 통해 거대 단위에서 실현되기 어려운 거버넌스를 실천하고 있다는 것은 추상적인 의미에만 머물러 있던 거버넌스를 홍보 영역에서부터 시작했다는 점에서 의미가 있다.

외국 정부의 PR는 더욱 시사하는 바가 큰 사례라고 할 수 있다. 국내 정부도 이미 2011년 말부터 스마트 소셜 미디어 PR를 활성화하고 있지만 문제는 PR의 활성화에 그치는 것이 아니라 그것이 커다란 전략적 고려 속에서 진행되어야 한다는 것이다. 미국 연방정부, 영국 총리실, 일본의 지방자치단체 사례는 그러한 전략과 스마트 소셜 미디어 PR의 결합이 매우 중요한 선제 조건이라는 것을 보여준다. 미국 중앙정부는 언뜻 보기에는 국내 정부보다 낙후된 PR을 진행하고 있는 것으로 보이지만 이의 표준이 되는 연방정부에서는 지속적으로 각 주 정부나 중앙정부가 지침으로 할 수 있는 정부PR의 가치와 전략을 제시하고 있다. 즉, 무조건 서비스를 다양화시키는 것이 아니라 훼손될 수 없는 원칙과 준수해야 할 가이드라인에 대한 지속적인 고민을 하고 있다는 것이다. 그렇기 때문에 부분적인 우수한 사례들을 안정적으로 다른 부처나 주에서 벤치마킹할 수 있으며, 총괄적인 의미에서의 PR 컨트롤 타워 역할의 중요성이 드러날 수 있는 측면이 있다.

제 4 장 정부PR 2.0 현황 분석

제 4 장 정부PR 2.0 현황 분석

제 1 절 추진 현황

1 SNS를 통한 홍보정책

정부는 2011년 4월부터 7월까지 SNS 활용 및 홍보에 대해 본격적으로 고려하기 시작했다. 2011년 7월 12일 국무회의에서 정부는 SNS를 대(對)국민 소통 창구로 적극 활용하는 한편, 이를 위한 공직자 가이드라인을 정하기로 했다. 문화체육관광부와 행정안전부는 '공직자 SNS 사용 원칙과 요령 방안'을 모든 부처로 확대하겠다고 발표했다. 이 방안[1]은 국민의 소리를 듣고 정확한 정보를 전달하는 '대국민 직접 소통 창구' 활용, SNS 활용을 위한 공직자 노하우 개발, 공직자로서 국가 기밀 및 개인정보 누설 방지 등을 주요 내용으로 하고 있다.

문화체육관광부는 2011년 7월 1일 현재 정부부처 장차관급 65명 가운데 66.2%인 43명이 SNS를 사용하고 있으며, 모든 정부부처가 트위터, 페이스북 등 1개 이상의 SNS를 통해 국민과 소통하고 있다고 소개했다. 이후 정부의 SNS 홍보는 본격적으로 활성화되고 있으며, 2012년에 들어서는 부처별 SNS의 본격적인 활용이 증대했다. 그러나 부처별로 활용전략이 매우 상이하기 때문에 편차가 크게 나타나고 있으며, 이를 위해 공공 영역에서 SNS 활용에

1) 문화체육관광부(2011. 6. 28) 참조.

대한 전략과 원칙의 수립이 더욱 필요하게 되었다.

2 모바일 홍보 추진정책

스마트폰 확산과 더불어 정부기관 중에서도 공공앱을 서비스하는 곳이 늘어나면서 행정안전부는 공공앱 관련 지침 마련을 위해 공청회 등을 개최하여 공공앱에 대한 기반을 마련하고자 노력했다. 2010년 3월부터 '스마트폰을 통한 모바일 행정 서비스 시범사업'을 실시했으며, '공공정보 제공 및 모바일 전자정부 서비스 개발 지침 마련을 위한 공청회' 등을 개최했다. 이어 행정 및 공공기관의 의견 수렴을 거쳐, 2010년 6월에는 '공공정보 활용 지원센터' 개소 및 '공공정보 목록 서비스'를 오픈했고, 전자정부 서비스 호환성 준수 지침을 고시했다.

2011년 9월, 행정안전부는 '모바일 앱 접근성 지침'[2])을 발표했으며, 그 주요 내용은 1) 모바일 전자정부 지원센터를 통해 행정 업무 모바일 서비스를 등록하고 검증함, 2) 앱 개발 시 반드시 지켜야 하는 준수 사항으로서 장애인, 고령자 등 정보 소외계층의 모바일 격차를 줄임, 그리고 3) 권고 사항으로서 일관성 있는 사용자 인터페이스, 충분한 콘트롤(동작) 간격, 다양한 방법으로 알림 제공, 범용 폰트 사용, 깜박거림 사용 제한, 배경음 사용 금지, 장애인 사용자 평가 등을 제시했다. 행정안전부의 앱 관련 지침은 보편적인 공공앱 제작 및 운영에 대한 것이 아니라 정보 소외계층을 위한 접근성 향상을 위해 제정된 것인데, 이것보다 더 나은 정부의 공공앱 서비스를 위한 지침이 제시될 필요가 있다.

이러한 정책을 배경으로 주요 기관은 2010년 하반기부터 현재까지 다양한 앱 공모전을 통해 다양한 아이디어 수렴과 함께 민간이 제작한 앱을 채택하고 있다. 현재 대부분의 정부 부처나 지방자치기관은 자체적으로 공공앱을 제작하여 배포하고 있다. 그러나 대부분이 여행이나 관광 분야 공공앱으로, 유사한 종류나 내용의 공공앱이 개발되어 서비스되고 있으며, 사용자가 편리성이나 유용성을 체감할 수 있는 차별화된 다양한 공공앱은 부족한 것으로 나타났다.

---

2) 행정안전부고시 제2011-38호.

제 2 절 스마트 소셜 미디어의 개방 · 참여 · 공유 현황 분석

1 개방 · 참여 · 공유의 측정 방법

여기서는 현재 정부기관의 스마트 소셜 미디어 홍보의 정도를 평가하기 위해 각 서비스별 개설 여부(개방성 평가), 참여도(참여의 정도 평가), 연결도(공유의 정도 평가)를 분석한다. 웹 2.0에 기반한 Gov 2.0의 가치를 개방, 참여, 공유로 본다면, 이 세 가지 가치의 구현 정도에 대한 평가는 결국 국내 정부PR의 수준을 평가하는 셈이다.

첫째, 개방성은 국민과 만날 수 있는 얼마나 많은 채널은 가지고 있는가이다. 과거에는 미디어 채널이 다양하게 존재하지 않았기 때문에 홈페이지 유무만이 개방성 평가의 기준이 되었지만, 채널이 스마트 소셜 미디어와 모바일로 확대된 현재에는 국민의 사용도가 높은 채널에 정부도 홍보공간을 가지고 있는가가 중요한 판단 기준이 된다. 또한 단지 채널의 개설뿐만 아니라, 이용할 수 있는 형태로 정보를 제공하고 있는가도 중요한 판단 기준이 된다. 그리고 이러한 이용 가능한 정보의 형태는 참여도에도 영향을 미칠 수 있다.

이에 따라 개설도에서 알아본 주요 채널은 블로그, 페이스북, 트위터, 유튜브 그리고 모바일 앱이다. 페이스북은 2012년 8월 말 현재 전 세계 10억 명이 사용하고 있는 메가(mega) SNS이다. 그리고 트위터 또한 페이스북보다 앞서 국내 온라인 이용자들이 적극적으로 활용하면서 2010년 지방선거에서는 선거 과정에 큰 영향을 미치기도 한 중요 SNS라고 볼 수 있다. 블로그는 홈페이지에 이어 웹 2.0시대를 이끈 중요 서비스로서, 정부기관이 홈페이지를 통해 제공하기 어려운 일상적인 정보를 알기 쉽고 편하게 제공할 수 있는 서비스라고 할 수 있다. 또한 유튜브는 온라인 공간이 SNS뿐만 아니라 멀티미디어와의 융합 콘텐츠화 경향이 나타나면서 중요하게 주목받고 있는 서비스이다. 더불어 모바일 앱은 스마트폰을 통한 인터넷 사용량이 유선 PC를 통한 인터넷 사용량을 능가하는 과정에서 이동 시에 효율적으로 정부PR를 할 수 있는 채널로 평가되고 있다.

이와 같은 5개 중요 채널에 대한 평가는 정부가 국민들이 자주 사용하는 공간에 진출하여 정부의 정책 설명이나 국민의 의견을 들을 수 있는 창구로 이용하고 있는가 하는 반응성을 평가할 수 있는 가장 기본적인 척도로 제시될 수 있는 것이다. 가장 많이 쓰는 채널에만 주력한 홍보를 더욱 효과적인 전략으로 보면 곤란하다. 모든 채널은 연결되어 있고, 또한 채널마다 제공되는 콘텐츠의 특성이 매우 상이하기 때문이다. 따라서 더욱 효과적인 정부PR를 위해서는 이와 같은 새로운 채널에 정부가 적극적으로 반응해야 한다는 것이 더욱 중요한 부분이 될 것이다.

둘째, 참여도는 정부의 채널 개설이 일방적인 정보 제공에 머무르지 않고, 국민들의 관심을 얼마나 획득하고 있는가를 평가한 것이다. 전자정부의 최초 설립 목적으로 돌아가서 본다면, 전자정부는 일차적으로 국민이 좀 더 쉽게 정부의 서비스를 만나고, 이를 통해 정부의 업무혁신을 이루는 것이 중요한 목적이다. 그러기 위해서는 단지 정부가 일방향적이거나 수직적 혹은 관료제적인 모습에서 머무르지 않고, 국민과 소통할 수 있는 수평적이고 소통적인 모습을 보여주는 데에 의미가 있다.

따라서 국민의 참여를 촉진하는 것은 좀 더 효율적인 정부 서비스로의 진화를 의미할 뿐만 아니라 그 과정을 통해 정부의 정당성과 정부에 대한 평가를 긍정적으로 유도할 수 있는 민주적 측면 또한 담보할 수 있다는 효과가 있다. 한편, 정부PR의 참여도는 정부PR가 의무적인 홍보에 머무는 것이 아니라 고객으로서의 국민의 평가를 얼마나 잘 받고 있는가를 의미하기도 한다. 국민의 참여도가 높다는 것은 정부가 그만큼 홍보에 성공하고 있다는 반증일 수도 있는 것이다.

셋째, 연결도는 온라인의 최신 환경이 가져온 가장 혁신적인 변화를 얼마나 반영하고 있는가를 측정하는 것이다. 서비스의 멈춤 없는 제공은 각 채널 간 콘텐츠의 표준, 정보의 개방성을 통해 연결로 완성될 수 있는 것이다. 온라인 환경에 수많은 채널이 등장하면서 각각 정보가 단절되어 있거나 여러 서비스를 국민들이 일일이 찾아 방문해야 한다는 것은 효율적이지 못한 홍보 방법일 뿐만 아니라 정부에 대한 피로감을 높일 수 있는 원인이 된다. 따라서 단절적인 서비스가 아니라 연결된 정보를 제공함으로써 언제 어디서나 손쉽게 서비스를 연결할 수 있는 연결성에 주력할 필요가 있다.

이러한 원칙에 입각하여 세 가지 가치에 대한 정량평가를 한 후, 이어서 제3절에서는 정부의 스마트 소셜 미디어 홍보를 유형화하여 그 가운데 대표적인 기관의 사례에 대한 정성평가를 수행했다. 현재 청와대의 정부조직도에 준한 47개 정부부처의 스마트 소셜 미디어 개설, 참여, 공유 현황을 항목별로 평가하면 다음과 같다(2012년 6월 15일~7월 3일까지 미디어별로 전수조사).

2 개설도(개방)

1) 개요

기관별 스마트 소셜 미디어 개설도에서는 기관별 블로그, 트위터, 페이스북, 유튜브, 모바일 서비스 여부와 개설 시기를 알아보았다. 이는 기존의 홈페이지와 블로그 개설에 이어 2010년부터 활성화된 스마트 소셜 미디어에 대한 기관별 참여가 높게 나타났는가, 국민들의 접근성에 대해 개방적인가를 평가하는 것이 주요 내용이다.

전체적으로 보았을 때, 모바일을 포함한 스마트 소셜 미디어 서비스 가운데 가장 많이 개설한 순으로는 페이스북(95%) 〉 블로그(93%) = 트위터(93%) 〉 모바일 앱(79%) 〉 유튜브(34%) 순으로 나타나 동영상 서비스나 모바일에 비해 페이스북, 블로그, 트위터의 개설률이 더 높은 것으로 나타났다. 대부분의 스마트 소셜 미디어 서비스를 페이스북, 블로그, 트위터로 평가하기 때문에, 이와 같은 현상은 매우 자연스러운 결과이다. 아울러 최근 들어 동영상 서비스인 유튜브에 채널을 개설하는 정부기관이 늘고 있으며, 모바일 앱 서비스를 매우 적극적으로 제공하고 있는 점도 특징이다.

2) 홈페이지, 블로그, 트위터

조사 결과 2012년 6월 현재, 47개 부처 거의 모두 홈페이지, 블로그, 트위터를 개설하고 있는 것으로 나타났다. 그 밖에 채널을 개설하지 않은 곳은 블로그는 감사원, 국정원, 특임장관실, 트위터는 감사원, 국정원, 특임장관실, 페이스북은 국정원, 행정중심복합도시건설청에서 개설하지 않고, 국정원은 스마트 소셜 미디어 서비스를 전혀 하지 않고 있다.

표 4-1 정부기관의 스마트 소셜 미디어 개설 현황(2012년 6월 말)

채널	개설	미개설	개설도	특징
페이스북	45	2	95%	미개설 기관: 국정원, 행정중심복합도시건설청
블로그	44	3	93%	미개설 기관: 감사원, 국정원, 특임장관실
트위터	44	3	93%	미개설 기관: 감사원, 국정원, 특임장관실
유튜브	16	31	34%	–
모바일 앱	37	10	79%	미개설 기관: 감사원, 관세청, 국가인권위원회, 국무총리실, 국방부, 대검찰청, 방위사업청, 원자력안전위원회, 특임장관실, 행정중심복합도시건설청

표 4-2 정부기관의 블로그, 트위터 개설도와 활용 유형(2012.6.10)

기관명	블로그명	블로그 주소	트위터 계정	팔로어(명)	팔로잉(명)	트윗 수(개)	클라우트 지수	클라우트 유형
고용노동부	무대리의 내일을 위한 수다	molab_suda	molab_suda	20,188	22,156	2,147	48	4
교육과학기술부	아이디어 팩토리	if-blog.tistory.com	mest4u	20,367	20,565	5,647	55	4
국방부	동고동락	mnd9090.tistory.com	ROK_MND	19,024	18,637	4,249	52	4
국토해양부	국토지킴이	korealand.tistory.com	Korea_Land	31,805	27,636	5,361	65	14
기획재정부	몬이의 블루마블	bluemarbles.tistory.com	mosfkorea	12,326	12,745	3,431	48	4
농림수산식품부	새농이의 농수산식품이야기	blog.daum.net/mifaff	mifaff	58,216	58,185	5,308	53	4
문화체육관광부	정부대표 블로그 정책공감	culturenori.tistory.com	mcstkorea	14,093	10,798	3,793	49	4
법무부	행복해지는 법	blog.naver.com/mojjustice	happymoj	14,855	14,374	4,113	47	4
보건복지부	따스아리	blog.daum.net/mohwpr	mohwpr	36,201	39,203	6,247	57	4
여성가족부	여행상자	blog.daum.net/moge-family	mogef	9,516	5,647	1,551	45	8
외교통상부	외교나래	blog.naver.com/ilovemofat	mofatkr	15,221	14,784	6,379	53	4
지식경제부	경제다반사	blog.naver.com/mocienews	mke_news	8,506	2,929	1,954	49	4
통일부	통일미래의 꿈	blog.daum.net/mounification	uni_kr	12,868	10,652	4,280	44	8
행정안전부	꿀맛 같은 이야기	mopasblog.net	happymopas	14,274	15,518	7,604	56	4
환경부	자연스러움	mevpr.tistory.com	mevpr	8,839	4,761	3,926	65	14
국가보훈처	훈훈한 터	mpva.tistory.com	hun2day	11,724	12,038	3,252	55	4
법제처	새령이와 함께하는 법제처 이야기	blog.daum.net/molegglaw	Molegtwit	2,783	2,531	1,181	40	8
대검찰청	검토리가 본 검찰 이야기	blog.naver.com/spogood	spo_kr	1,927	1,655	1,132	0	0
경찰청	폴인러브	polinlove.tistory.com	polinlove	23,622	22,275	7,322	57	4
관세청	행복한 관문	ecustoms.tistory.com	koreacustoms	8,333	5,840	2,423	47	4
국세청	아름다운 세상	blog.naver.com/ntscafe	ntskorea	13,709	13,447	4,067	47	4
기상청	생기발랄	blog.kma.go.kr	kma_skylove	18,424	19,994	4,173	46	8
농촌진흥청	농촌진흥청	blog.daum.net/rda2448	love_rda	3,946	3,782	2,020	44	8
문화재청	대한민국의 힘	blog.daum.net/munhwajaecheong	chlove_u	5,835	6,029	987	46	8

방위사업청	팔방미인	blog.naver.com/dapapr	dapapr	4,903	5,341	1,147	40	8
병무청	청춘예찬	blog.daum.net/mma9090	mma9090	13,882	12,353	3,557	54	4
산림청	푸르미의 산림 이야기	blog.daum.net/kfs4079	forest_news	14,629	15,996	1,132	46	8
소방방재청	안전한 삶으로의 초대	blog.naver.com/nemablog	Nema_SafeKorea	24,769	25,534	7,157	50	4
식품의약안전청	식약지킴이	blog.daum.net/kfdazang	TheKFDA	4,011	118	2,993	46	8
조달청	희망샘터	blog.naver.com/ppspr	ppspr	2,211	1,918	747	19	5
중소기업청	희망징검다리	blog.naver.com/bizinfo1357	bizinfo1357	14,125	6,402	6,585	40	8
통계청	통하는 세상	blog.naver.com/hi_nso	KOSTATIN	9,713	10,070	1,874	39	8
특허청	아이디어로 여는 세상	blog.daum.net/kipoworld	kipoworld	8,280	8,587	2,904	49	4
해양경찰청	해양경찰의 바다 이야기	blog.daum.net/kcgpr	kcgpr122	4,887	2,307	1,823	43	8
행정중심복합도시건설청	세종시대	blog.daum.net/happycity2030	HappycitySejong	4,649	3,211	929	39	8
감사원	0	0	0	0	0	0	0	0
국가정보원	0	0	0	0	0	0	0	0
국무총리실	희망Feel하모닉	blog.naver.com/pmo_1	PrimeMinisterKR	20,640	20,606	2,139	38	7
대통령실(청와대)	푸른팔작지붕아래	blog.daum.net/mbnomics	bluehousekorea	87,883	87,801	2,223	55	4
특임장관실	0	0	together_OMSA	4,120	4,177	2,717	39	8
공정거래위원회	시장경제지킴이	kftc.tistory.com	kftcnews	7,662	8,347	2,290	47	4
국가과학기술위원회	good Guy	nstckorea.tistory.com	NSTCkorea	3,113	2,202	644	38	7
국가인권위원회	별별이야기	blog.naver.com/nhrck	0	0	0	0	0	0
국민권익위원회	청렴한 세상	blog.daum.net/loveacrc	loveacrc	13,667	13,038	3,715	42	8
금융위원회	금상첨화	blog.daum.net/blogfsc	fsckorea	5,360	3,759	1,916	40	8
방송통신위원회	두루누리의 행복한 상상	blog.daum.net/kcc1335	withkcc	14,069	8,958	2,269	48	4
원자력안전위원회	원자력안전지킴이	prnssc.tistory.com	0	0	0	0	0	0

* 클라우트 유형: 1=관찰자(observer), 2=탐험가(explorer), 3=활동가(activist), 4=전문가(specialist), 5=애호가(dabbler), 6=대화자(conversationalist), 7=사교자(socializer), 8=확산자(networker), 9=배포자(syndicator), 10=공급자(feeder), 11=생각의 리더(thought leader), 12=권위자(pundit), 13=전시가(curator), 14=방송인(broadcaster), 15=취향 창작자(taste maker), 16=최고 유명인(celebrity).

한편, 전체 공공기관의 트위터를 조사한 이스토리랩의 2010년 3월 조사에 의하면, 시도 블로그보다 정부부처의 블로그가 더 활발히 운영되고 콘텐츠도 풍부한 것으로 나타났다(estorylab.com/48). 그러나 소통보다는 일방적인 정보 제공에 머물고 있다는 한계가 나타났다. 자체 행사나 이벤트 등에 관한 이야기나 보도 자료성 포스팅이 주를 이루고 있었지만 블로그 자체가 주는 부드러운 느낌과 친근감 때문에 기존 홈페이지와는 큰 차별화를 보이는게 사실이라는 것이 조사의 결론이었다.

표 4-3 정부기관 블로그 운영 현황

번호	기관명	블로그명	생성일	방문자 수	포스팅 수	제공 회사	url
1	청와대	푸른팔작지붕아래	2008-04-25	912,346	375	다음	blog.daum.net/mbnomics
2	기획재정부	팀블로그_몬이의 블루마블	2005-11-07	514,916	710	네이버	blog.naver.com/mofesponsor
3	노동부	무대리의 내일을 위한 수다	2009-05-21	746,271	829	네이버	blog.naver.com/molab_suda
4	행정안전부	행복이네집에 놀러오세요	2007-02-08	1,123,973	2,405	다음	blog.daum.net/happymogaha
5	국방부	동고동락	2008-08-27	4,609,959	666	티스토리	mnd9090.tistory.com
6	보건복지부	따스아리	2007-01-17	7,696,910	2,150	다음	blog.daum.net/mohwpr
7	교육과학기술부	아이디어팩토리	2008-09-17	245,320	536	티스토리	if-blog.tistory.com
8	농림수산식품부	새농이의 농수산 식품 이야기	2006-01-16	4,595,176	1,671	다음	blog.daum.net/maf2006
9	지식경제부	경제다반사	2006-01-03	1,008,729	883	다음	blog.daum.net/mocie
10	여성부	여행상자	2008-11-24	1,741,209	1,627	다음	blog.daum.net/moge-family
11	문화체육관광부	정책공감	2008-08-25	4,097,247	1,221	다음	blog.daum.net/hellopolicy
12	환경부	초록나래	2008-10-20	648,684	780	다음	blog.daum.net/mepr_greenwing
13	통일부	통일미래의 꿈	2008-09-01	714,536	506	다음	blog.daum.net/mounification
14	국토해양부	행복누리	2008-01-14	681,036	868	다음	blog.daum.net/mltm2008

15	법무부	행복해지는 법	2008-09-10	679,284	410	다음	blog.daum.net/mojjustice
16	외교부	외교나래	2008-11-05	315,667	779	다음	blog.daum.net/ilovemofat
17	국세청	아름다운 세상	2008-04-25	2,569,854	1,410	네이버	blog.naver.com/ntscafe
18	관세청	선진 무역강국을 실현하는 월드베스트 관세청	2008-09-30	115,009	363	네이버	blog.naver.com/orangett111
19	조달청	희망샘터, 나라살림 꾸리미	2008-10-15	278,823	536	네이버	blog.naver.com/ppspr
20	통계청	통하는 세상	2008-10-14	319,504	742	네이버	blog.naver.com/hi_nso
21	검찰청	검토리가 본 검찰 이야기	2006-05-28	1,044,290	1,922	네이버	blog.naver.com/spogood
22	병무청	청춘예찬	2006-04-01	192,419	1,137	네이버	blog.naver.com/mma9090
23	경찰청	폴인러브	2009-05-03	1,500,059	957	네이버	blog.naver.com/e_podori
24	방위사업청	밀리터리 마트	2008-05-28	430,808	662	네이버	blog.naver.com/dapapr
25	소방방재청	네마의 안전생활 블로그	2009-03-06	767,223	657	자체 블로그	blog.nema.go.kr
26	문화재청	문화재사랑 블로그	2006-06-28	174,970	1,036	네이버	blog.naver.com/culturalh

모범적인 블로그는 국방부 블로그인 '동고동락', 보건복지부 '따스아리', 경기도의 '달콤한 나의 도시' 등이 선정되었으며, 대부분의 기관이 다른 기관이나 부처가 블로그를 개설하고 운영하고 있으니 따라할 수밖에 없다는 수동적인 태도를 보이는 것으로 평가되었다.

3) 페이스북

개설하지 않은 2곳을 제외한 45곳이 개설한 페이스북은 2010년에 14곳, 2011년에 28곳, 2012년에 3곳이 개설하여 2010년부터 서비스가 진행되었고, 2011년에는 더욱 활성화되고 있으며, 거의 모든 정부기관이 적극적으로 활용하고 있는 채널로 나타났다.

표 4-4 정부기관의 페이스북과 유튜브 개설도와 활용 유형(2012.6.17)

기관명	페북 계정	페북 개설일	페북 '좋아요' 수(명)	이야기하는 사람 (명)	유튜브 채널 계정	유튜브 가입일	유튜브 동영상 수(개)
고용노동부	moel.tomorrow	20110208	18,987	596	0	0	0
교육과학기술부	mest4u	20110214	11,041	622	positivetv(v)	0	52
국방부	MNDKOR	20110516	5,385	4,903	rokmnd2020	20100415	134
국토해양부	landkorea	20110315	6,681	310	korealand	20110308	599
기획재정부	mosfkorea	20110320	6,768	205	mosfkorea	20100610	34
농림수산식품부	mifaff	20101020	6,336	911	mifafftv	20110704	56
문화체육관광부	mcstkorea	20100919	9,439	604	mcstkorea	20100708	239
법무부	mojkorea	20101110	4,927	649	0	0	0
보건복지부	mohwpr	20110309	17,535	1,988	0	0	0
여성가족부	mogef	20110206	6,017	1,903	mogefamily	20110429	29
외교통상부	mofatkr	20101007	14,617	2,384	mofatkr	20101207	438
지식경제부	dabansa	20110401	3,674	448	0	0	0
통일부	unikorea	20110101	67,543	409	mounikorea	20100724	79
행정안전부	HappyMopas	20100809	13,013	4,228	0	0	0
환경부	mevpr	20110331	8,697	309	mevpr	20101104	118
국가보훈처	mpvakorea	20101121	8,207	840	0	0	0
법제처	Moleg.Korea	20110308	744	55	0	0	0
대검찰청	ProsecutionService	20120214	569	114	0	0	0
경찰청	polinlove1	20110207	5,244	183	0	0	0
관세청	ftacustoms	20110101	4,383	342	0	0	0
국세청	ntsKorea	20110629	3,069	137	ntskorea	20100517	389
기상청	kmaskylove	20110310	9,157	644	0	0	0
농촌진흥청	rdakorea	20110111	3,787	446	0	0	0
문화재청	chloveu	20110316	5,441	1,370	0	0	0
방위사업청	dapa.Korea	20100916	3,145	279	dapapr	20101124	57
병무청	mma9090	20120101	4,280	439	0	0	0
산림청	forestkorea	20101202	6,673	501	0	0	0
소방방재청	NemaSafeKorea	20101121	2,698	182	nemakorea	20110112	127
식품의약안전청	thekfda	20110608	433	37	0	0	0

조달청	ppspr	20110321	1,970	81	ppsno1	20110613	23
중소기업청	bizinfo1357	20110131	6,083	554	0	0	0
통계청	StatisticsKorea	20110101	2,477	97	0	0	0
특허청	kipoworld	20110303	3,730	198	kipoworld	20110310	21
해양경찰청	kcgpr	20110425	1,446	142	0	0	0
행정중심복합 도시건설청	happycitysejong	20120115	631	686	0	0	0
감사원	on.fb.me/N8fA6s	20110212	132	8	0	0	0
국가정보원	0	0	0	0	0	0	0
국무총리실	PrimeMinisterKR	20101228	227,379	1,487	Primeministe rKR	20110222	27
대통령실(청와대)	CheongWaDae	20100929	386,317	3,481	0	0	0
특임장관실	TogetherOMSA	20110926	19	12	0	0	0
공정거래위원회	kftcnews	20110210	1,220	123	0	0	0
국가과학기술 위원회	nstckorea	20110915	2,670	137	0	0	0
국가인권위원회	nhrckr	20111222	99	23	0	0	0
국민권익위원회	loveacrc	20100811	57,546	278	0	0	0
금융위원회	fsckorea	20101224	2,089	241	0	0	0
방송통신위원회	withkcc	20101102	3,320	169	0	0	0
원자력안전위원회	prnssc	20120606	49	10	0	0	0

4) 유튜브

홈페이지, 블로그, 트위터, 페이스북 혹은 국내의 마이크로블로그 서비스와 달리 유튜브 채널은 그동안 정부기관에서 관심을 가지지 않던 외국의 동영상 중심 소셜 미디어 서비스이다. 그런데 이번 조사 결과, 유튜브에 기관의 채널을 개설한 곳은 16곳으로 전체 기관의 34%에 이르는 것으로 나타났다.

개설 시기는 2011년이 7곳, 2012년이 8곳으로 나타나 트위터나 페이스북과 같은 소셜 미디어 채널보다 1년 늦게인 2011년부터 사용이 본격화되었음을 알 수 있다. 그럼에도 불구하고, 47개 기관의 30%에 해당하는 16곳밖에 개설하지 않았기 때문에 참여도는 아직 부진한 편이며, 업로드된 동영상의 규모도 평균 151개 정도로, 30개월 기준으로 월 평균 5개 정도로 나타나, 1년 이상 운영된 기간에 비해 그다지 많지 않은 것으로 나타나고 있다.

향후 스마트 소셜 미디어의 진전은 텍스트보다는 동영상 중심, 혹은 텍스트와 동영상이 결합된 서비스로 확대될 것을 감안한다면 유튜브에서의 채널 확대도 효과적인 정부PR를 위해 신경써야 할 서비스라고 할 수 있다. 이미 세계 주요 국가들은 유튜브에 독자적인 채널을 개설하여 전 세계적인 정부PR를 위해 노력하고 있으며, 공공 분야뿐만 아니라 유튜브에서의 출마 선언 등 정치인이나 선거 영역에서의 활용도도 매우 높은 편이다. 따라서 흥미를 끌기 어려운 뉴스 보도류의 형식적이고 딱딱한 느낌의 동영상보다는 동영상이라는 매체의 강점을 이용하여 긴 텍스트를 활용할 시간이 없거나 활용할 수 없는 이들에게 효율적으로 전달할 수 있는 효과적인 메시지 전달 방안에 대한 고민이 필요하다.

5) 모바일 서비스

모바일은 초기 형태 혹은 보편적인 형태로서 어떤 모바일 기기에서도 볼 수 있도록 콘텐츠를 간편하게 제공하는 모바일 웹(web) 서비스와 스마트 기기에서만 볼 수 있는 모바일 앱(application) 서비스로 구분할 수 있다. 이번 조사에서는 정부기관의 모바일 앱 개설도만을 조사했는데, 조사 결과 37개 기관에서 총 119개의 앱을 제공하고 있는 것으로 나타났다.

표 4-5 정부기관의 앱 서비스 현황(2012.7.10)

번호	기관명	앱이름	종류
1	고용노동부	워크넷(WorkNet)- 대한민국 대표 취업 사이트	안
2		워크넷(기업용)-대한민국 대표 취업 사이트	안
3		잡영(JobYoung)	안
4		워크넷 알바(고용노동부)	안
5	교육과학기술부	굿바이 학교폭력	안
6		굿바이 학교폭력(갤럭시S2 LTE HD)	안
7		굿바이 학교폭력(옵티머스 LTE HD)	안
8	국토해양부	아파트 실거래가	안
9		스마트 국토정보	안
10		스마트 국토정보(갤럭시텝10.1)	안
11		스마트항공 스케쥴(2011년 9월 8일~2012년 5월까지 46,539건 다운로드)	아/안
12		토지이용규제 네비게이터	안
13		국토해양 재난 알리미	아

14	기획재정부	시사경제용어사전	아
15	농림수산식품부	안심장보기(쇠고기이력)	안
16		안심장보기	아/안
17		농어촌여행	아
18	문화체육관광부	공감카툰	안
19		공감카툰1.0.1	안
20	법무부	법아! 알려줘	아/안
21		법아! 놀자	아/안
22	보건복지부	응급의료(1339) 정보 제공	안
23		의학용어사전	아/안
24		아이사랑보육 포털	아/안
25		우리 동네 좋은 어린이집 찾기	아/안
26		복지시설	안
27		사회복지시설 후원 나눔상자	안
28		보건복지부	아
29	여성가족부	우리 아이 지킴이	아/안
30		가족놀이터	아
31	외교통상부	해외안전여행	아/안
32		독도(외교통상부)	아/안
33	지식경제부	지식경제용어사전	아/안
34		지식경제부 에너지 다이어트	아
35	통일부	인터넷 통일방송	안
36		통일부	아
37		통일 골든벨	아
38	행정안전부	생활불편스마트폰 신고	아/안
39		길따라 떠나는 여행[생활공감지도]	아/안
40		신장개업 알리미[생활공감지도]	아/안
41		생활공감지도 통합앱	안
42		인허가 자가진단[생활공감지도]	아/안
43		제주 올레길[생활공감지도]	아/안
44		대전 호반길[생활공감지도]	아/안
45		부천 둘레길[생활공감지도]	안
46		부산 갈맷길[생활공감지도]	안
47		뚜벅이 안전길 안내[생활공감지도]	아/안
48		인천 둘레길[생활공감지도]	안

49		천안 등산코스[생활공감지도]	아/안
50		거제 명품길[생활공감지도]	아/안
51		주민안전 도우미[생활공감지도]	아/안
52		안성 숲길[생활공감지도]	안
53		광양 백운산 테마로드[생활공감지도]	안
54		영천 테마로드[생활공감지도]	아/안
55		양산 등산로투어[생활공감지도]	아/안
56		광주 너른고을길[생활공감지도]	안
57		거창 등산길투어[생활공감지도]	아/안
58		김해 해반천과 가야의 거리[생활공감지도]	안
59	환경부	우리 동네 대기정보	안
60		에코바이크 투어 맵	안
61		에코드라이브	안
62		어린이와 함께하는 생태친구 이야기	안
63	국가보훈처	제대군인 희망 스타트	안
64	법제처	생활법률	아/안
65		국가법령정보(Korea Laws)	아/안
66		입법 추진 포털	아
67	경찰청	경찰 모바일포털	안
68		흔들면 범죄예방	안
69	국세청	국세청 M현금영수증카드(소비자용)	아/안
70		국세청 M현금영수증카드(사업자용)	아/안
71		국세청 모바일 통합 앱	아/안
72		국세청 연말정산 2011	아/안
73	기상청	기상청 날씨	아/안
74	농촌진흥청	고농서 사례집	아/안
75		농서남북	아/안
76		알테크 – 스마트한 "귀농귀촌"의 시작	아/안
77	문화재청	한국의 문화유산	안
78		한국의 유네스코 세계유산	안
79		왕릉 이야기	안
80		스마트 문화유산	안
81	병무청	병역 안내	아/안
82	산림청	자연휴양림 · 수목원	안
83		숲에on 등산로 안내	안
84		산림청	아/안
85		숲에 on 숲길 안내	안

86		산불신고	아/안
87		100대 명산	아
88	소방방재청	국가재난안전센터	아/안
89		상황전파시스템	안
90	식품의약안전청	식품의약품안전청	안
91		칼로리 코디	안
92		KFDA 식품공전	안
93		온라인의약도서관	안
94		고열량 저영양알림-e	아/안
95		식품의약품안전청 모바일웹	안
96		의약품 속보	안
97		잔류농약 완전정복	안
98	조달청	조달청 나라장터	아
99	중소기업청	기업마을	아/안
100		우수 중소기업 취업도우미	아/안
101		숫자로 보는 중소기업 동향	아
102	통계청	S-통계내비게이터	안
103		세계랭킹여행	안
104		조사도우미	아
105	특허청	특허 검색	아/안
106		발명카페	아/안
107	해양경찰청	해양경찰청 모바일	아/안
108	국가정보원	국가정보원	안
109	대통령실(청와대)	청와대	아/안
110	공정거래위원회	공정거래위원회 공정마을	아/안
111		공정거래위원회 블로그	안
112		신고포상	안
113	국가과학기술위원회	국가과학기술지식정보서비스 - NTIS	아/안
114	국민권익위원회	국민신문고	아/안
115		청렴한 세상	아/안
116	금융위원회	금융 동향	아/안
117	방송통신위원회	방송통신위원회	아/안
118		정보보호앱	아/안
119		정보통신용어사전	안

* 아: 아이폰용 앱 / 안: 안드로이드용 앱.
자료: www.smartrank.co.kr

현재 정부기관의 앱은 단순 홍보성 공공앱인 정책안내는 30%에 이르는 반면, 민원・고용・치안 등 사용자 체감형 생활 서비스는 매우 낮게 나타났다. 사용자와 쌍방향적 소통을 할 수 있기보다는 일방적인 정보 제공에 머물러 있는 것이다.[3] 모바일이라는 이동성의 특징을 반영하여 사용자에게 유용한 정보를 제공한다는 점에서는 의미가 있지만, 유선 웹과 같은 홈페이지에서 이미 제공되고 있는 정보를 모바일에서 단순하게 축약하여 제공하는 수준에 머물러 있기 때문에 콘텐츠 및 콘텐츠 제공 방식의 다양화라는 과제가 여전히 세기될 수 있다.

또한 단순 정보 전달이 아닌 공공성을 기준으로 볼 때, 공공앱이 여행, 교통, 생활 분야에만 치중하는 것이 의미있는 것인가에 대한 고민이 필요하다. 특히 정책 안내, 민원 해결, 정책 의견 수렴 등 시민 참여를 유도하면서도 공공성을 확보하여, 제도적으로 정책에 대한 이해와 참여를 촉진시킬 수 있는 공공앱의 개발이 요구된다고 할 수 있다.

3 참여도(참여)

정부기관의 스마트 소셜 미디어 참여도는 정부기관 스마트 소셜 미디어에 대한 이용 규모로 측정할 수 있다. 예를 들어 트위터에서의 멘션(mention)이나 RT, 페이스북에서의 '좋아요'나 '이야기하는 사람'과 같은 호응도에 대한 계량적 척도를 의미하는 것이다. 이 같은 기관의 스마트 소셜 미디어 참여도는 국민 참여와 관련된 중요한 측정 지표라고 할 수 있다.

(1) 트위터: 활동지수

우선, 트위터의 활동지수는 트위터의 활동을 가장 과학적으로 측정하는 서비스인 클라우트(www.klout.com) 지수[4]와 코리안 트위터(www.koreantweeters.com)의 계정 평가를 참조했다. 두 평가 모두에서 상위에 위치한 기관으로는 보건복지부, 청와대, 농림수산식품부, 특허청, 방송통신위원회, 기획재정부 등 6곳으로 나타나고 있다. 청와대나 3개 중앙부처 외에 방송통신위원회와 특허청이 포함되어 있는 것이 특징이다.

---

3) 2011년 3월 조사에서도 유사한 결과가 나타남(조희정, 2011 참조).

4) 전 세계 트위터 사용자의 클라우트 지수는 평균 20이다. 따라서 국내 정부기관의 상위 10개 기관이 점수가 48~65점 사이라는 것은 상당히 적극적으로 활용하는 수준이라는 것을 알 수 있다. 참고로 클라우트 지수 100은 전 세계에 저스틴 비버(Justin Bieber) 단 1명뿐이다.

표 4-6 트위터 참여도(2012.6.10)

순위	클라우트 지수		코리안트위터 순위		팔로어		팔로잉		트윗 수	
	기관명	지수	기관명	순위	기관명	인원(명)	기관명	인원(명)	기관명	트윗 수(개)
1	국토부 환경부	65	복지부	2	청와대	87,883	청와대	87,801	행안부	7,604
2	복지부 경찰청	57	청와대	4	농림부	58,216	농림부	58,185	경찰청	7,322
3	행안부	56	농림부	6	복지부	36,201	복지부	39,203	소방청	7,157
4	교과부 보훈처 청와대	55	국방부	7	국토부	31,805	국토부	27,636	중기청	6,585
5	병무청	54	기상청	8	소방청	24,769	소방청	25,534	외교부	6,379
6	농림부 외교부	53	특허청	9	경찰청	23,622	경찰청	22,275	복지부	6,247
7	국방부	52	방통위	10	총리실	20,640	고용부	22,156	교과부	5,647
8	소방청	50	기재부	11	교과부	20,367	총리실	20,606	국토부	5,361
9	문화부 지경부 특허청	49	공정위	12	고용부	20,188	교과부	20,565	농림부	5,308
10	방통위 고용부 기재부	48	관세청	13	국방부	19,024	기상청	19,994	통일부	4,280

(2) 트위터: 활용 유형

조사 결과 클라우트 지수가 없거나 계정이 없는 5곳을 제외한 42개 부처 가운데 전문가(specialist) 유형이 21곳(50%), 확산자(networker) 유형이 16곳(38%)으로, 거의 모든 부처의 90%가 이 두 가지 유형으로만 나타났다.

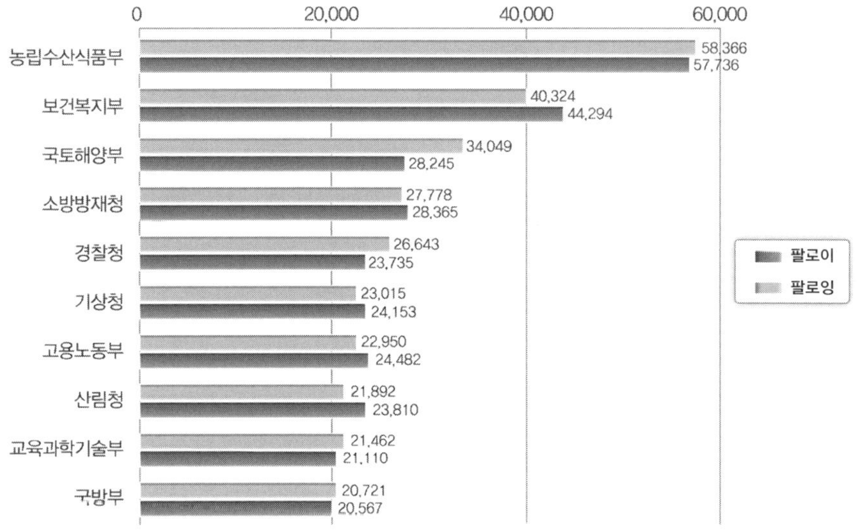

그림 4-1 중앙부처의 트위터 팔로어/팔로잉 상위 10개 기관(2012.9.12)

자료: 소셜비즈니스 인사이트(2012).

클라우트의 트위터 사용 유형 분류에 의하면 일관성, 참여도, 창조성, 보편성이 나타날수록 우수한 유형으로 분류되는데, 국내 정부기관의 사용법은 참여나 광범위함보다는 지속적으로 생산만 하는 전문가형이거나, 그보다는 약간 광범위함이나 참여도가 상대적으로 높은 확산자 유형이 대부분인 것으로 나타난 것이다. 따라서 현재 수준의 기관별 트위터 활용에서는 트위터의 참여도를 높일 수 있는 가치인 참여도와 콘텐츠의 광범위한 확산을 도모할 수 있도록 '참여 유인형 네트워크 홍보 전략'이 절대적으로 요구된다.

표 4-7 트위터 사용 유형(2012.6.10)

유형	기관 수(곳)	비중(%)
전문가(specialist)형	21	50
확산자(network)형	16	38
방송인(broadcaster)형	2	4
사교자(socializer)형	2	4
애호가(dabbler)형	1	4
합계	42	100

자료: 클라우트 닷컴(www.klout.com)

3) 페이스북

계량적인 의미에서 페이스북의 참여도는 '좋아요(like)' 수로 측정할 수 있다.[5] 그 밖에 정부기관의 각 페이스북 주소 뒤에 /likes를 입력할 경우, '좋아요'와 '이야기하는 사람'의 수 외에도 가장 인기 있던 한 주, 가장 인기 있는 도시, 가장 인기 있는 연령대 데이터를 확인할 수 있다. 이와 같은 데이터를 통해 정부기관의 페이스북에 대한 사용자들의 호응도를 평가할 수 있다.

2012년 6월 말 현재, 페이스북에 페이지든 일반 계정으로든 개설되어 있는 정부기관은 총 45개이며, 이 가운데 국가정보원과 행정중심복합도시건설청만 개설하지 않고 있다. 그러나 거의 활동하지 않는 감사원과 특임장관실까지 고려한다면 실제로 페이스북에 있는 정부기관 계정은 43개로 평가하는 것이 적절할 것이다.

표 4-8 페이스북의 기관별 참여도(2012.6.17)

순위	기관명	'좋아요' 수(명)	이야기하는 사람	가장 인기 있던 한 주	가장 인기있는 도시	가장 인기 있는 연령대
1	대통령실(청와대)	387,854	13,813	20120318	서울	18~34
2	국무총리실	228,070	2,400	20120318	서울	18~34
3	통일부	68,471	853	20111113	서울	25~34
4	국민권익위원회	57,586	414	20111113	서울	25~34
5	고용노동부	19,042	563	20111225	서울	25~34
6	보건복지부	17,960	1,476	20111211	서울	25~34
7	행정안전부	15,672	4,096	20120520	서울	25~34
8	외교통상부	15,010	2,015	20120603	서울	18~24
9	교육과학기술부	11,158	393	20111113	서울	25~34
10	문화체육관광부	9,891	5,028	20120624	서울	25~34
11	기상청	9,340	1,242	20120624	서울	25~34
12	환경부	8,845	181	20120422	서울	25~34
13	국가보훈처	8,327	657	20120603	서울	25~34

5) 또 다른 지표인 '이야기하는 사람들의 수'는 시기별로 매우 기복이 심하기 때문에 공정한 평가 지표라고 보기 어렵다는 것을 고려할 필요가 있다.

14	기획재정부	7,934	1,064	20120624	서울	25~34
15	산림청	7,102	1,445	20120617	서울	25~34
16	국토해양부	6,733	378	20120108	서울	25~34
17	중소기업청	6,473	637	20120617	서울	25~34
18	농림수산식품부	6,393	790	20111225	서울	25~34
19	국방부	6,141	31,827	20120603	서울	18~24
20	여성가족부	6,030	256	20111106	서울	25~34
21	문화재청	5,625	970	20120603	서울	18~34
22	경찰청	5,321	431	20111016	서울	25~34
23	법무부	5,027	546	20111009	서울	18~34
24	관세청	4,565	168	20120304	서울	25~34
25	병무청	4,373	771	20120205	서울	25~34
26	지식경제부	3,935	508	20120617	서울	25~34
27	농촌진흥청	3,843	305	20120610	서울	25~34
28	특허청	3,796	167	20120520	서울	25~34
29	방송통신위원회	3,480	298	20120422	서울	25~34
30	방위사업청	3,445	285	20120415	서울	25~34
31	국세청	3,113	142	20120520	서울	25~34
32	소방방재청	2,867	567	20120624	서울	25~34
33	국가과학기술위원회	2,710	117	20120101	서울	25~34
34	통계청	2,555	247	20120415	서울	25~34
35	금융위원회	2,165	175	20120603	서울	25~34
36	조달청	2,004	79	20120408	서울	25~34
37	해양경찰청	1,492	57	20111211	서울	25~34
38	공정거래위원회	1,306	115	20120527	서울	25~34
39	법제처	787	41	20120610	서울	25~34
40	대검찰청	567	114	20120610	서울	25~34
41	식품의약안전청	458	90	20120624	서울	25~34
42	국가인권위원회	101	25	20120429	서울	25~34
43	원자력안전위원회	49	10	20120610	서울	25~34
44	감사원	–	–	–	–	–
45	특임장관실	19	–	–	–	–
계정 없음	행정중심복합도시건설청, 국가정보원(2개 기관)					

첫째, 정부기관별 '좋아요' 순위를 정리한 결과, '좋아요'의 10위 내 상위 그룹에는 중앙부처와 대통령실(청와대), 국무총리실이 랭크되어 있으며, 국민권익위원회 등이 포함되어 있다. 반면 38위 이하의 '좋아요' 하위권에 있는 중앙부처는 계정 개설이 얼마되지 않은 특임장관실이 포함되어 있는 정도이다. 이와 같은 결과는 2012년 8월의 정부부처 페이스북 활용도를 연구한 소셜 비즈니스 인사이트의 분석 결과와도 유사하게 나타났다(소셜 비즈니스 인사이트, 2012). 결론적으로는 상대적으로 작은 규모의 기관보다 중앙부처의 페이스북 참여도가 높다는 것을 알 수 있다.

둘째, '좋아요' 순위와 '이야기하고 있는 사람 수' 순위가 공통되게 나타나는, 즉 활용도가 같게 나타나는 기관의 상위 그룹에는 대통령실(청와대), 국무총리실, 보건복지부, 행정안전부, 외교통상부, 문화체육관광부가 있으며, 하위 그룹에는 해양경찰청, 공정거래위원회, 법

표 4-9 페이스북의 기관별 참여도 수준(2012.6.17)

구분	'좋아요'	'이야기하고 있는 사람'
상위 그룹	대통령실(청와대) 국무총리실 보건복지부 행정안전부 외교통상부 문화체육관광부 통일부 국민권익위원회 고용노동부 교육과학기술부	대통령실 국무총리실 보건복지부 행정안전부 외교통상부 문화체육관광부 기상청 기획재정부 산림청 국방부
	'좋아요'	**'이야기하고 있는 사람'**
하위 그룹	공정거래위원회 국가과학기술위원회 국가인권위원회 원자력안전위원회 금융위원회 법제처 대검찰청 식품의약안전청 감사원 특임장관실	조달청 국가과학기술위원회 국가인권위원회 원자력안전위원회 금융위원회 법제처 대검찰청 식품의약안전청 감사원 특임장관실

* 표기: 이탤릭체 : '좋아요'와 '이야기하고 있는 사람' 순위에 모두 포함되어 있는 기관

제처, 대검찰청, 식품의약안전청, 국가인권위원회, 원자력안전위원회, 감사원, 특임장관실이 포함되어 있다. 비교적 상위 그룹에는 중앙 부처가 많이 포함되어 있으며, 하위 그룹에는 위원회, 처, 청 단위가 많이 포함되어 있어 이 역시 규모가 클수록 페이스북 활용이 상위에 있음을 알 수 있다. 또한 트위터 참여도가 높은 청와대와 보건복지부는 페이스북의 참여도도 높다.

셋째, 기관들이 페이스북에서 가장 인기 있던 한 주는 (페이스북 계정이 활성화된 43개 기관 가운데) 2011년이 10곳, 2012년 상반기(3월까지)가 6곳, 2012년 중반기(6월까지)가 27곳으로 나타나고 있다. 즉, 대부분 페이스북에 대한 반응이 강하게 나타나고 있는 현상은 2012년 4~6월 사이인 최근의 현상인 것이다.

넷째, 정부기관에 가장 많이 호응하는 도시가 모두 서울로 나타나고 있다는 점도 특징적이다. 이는 페이스북 사용자가 대부분 서울이라는 가설로 해석할 수 있기도 하고, 서울 지역에서 공적인 관심도가 높다고 해석될 수도 있는 현상이다.

다섯째, 정부기관을 가장 많이 방문하는 연령층은 18~24세가 2곳(외교통상부, 국방부), 18~34세가 4곳(대통령실, 국무총리실, 문화재청, 법무부), 25~34세가 37곳으로 나타나 주요 연령층이 25~34세의 매우 젊은 층으로 나타났다. 이 역시 페이스북 사용자가 상대적으로 젊기 때문에 나타나는 현상이라고 해석할 수도 있고, 젊은 층의 정부기관에 대한 호응도가 높기 때문이라고 해석할 수도 있다.

4 연결도(공유)

채널 간 연결도는 정보 흐름의 연결성이나 서비스 방식의 공유를 의미한다. 정부기관이 채널을 각기 따로 제공하고 있어서 사용자로 하여금 해당 채널에서 검색을 해야만 방문할 수 있는 단절적인 현상은 스마트 소셜 미디어 환경에서는 적절하지 않다. 어떤 서비스를 방문하더라도 다른 서비스로의 흐름이 멈춤 없이(non-stop) 제공되어야 한다는 것은 전자정부 서비스의 오래된 원칙이기도 하기 때문이다.

따라서 스마트 소셜 미디어를 통해 정부기관의 효율적인 홍보가 이루어지기 위해 개설→개방→참여→생산→연결→공유→참여→더 쉬운 생산 등의 홍보의 선순환 구조를 지향해야 한다. 앞서 개설도에서 살펴본 바처럼 개설→개방 단계에서는 해당 채널에 계정을 개설하여 참여 공간을 제공한다. 국민과 소통을 통해 국민의 참여 유인 요소를 자극하여 궁극적으로 국민이 더 많이 참여할 수 있게 할 수 있다. 이어서 연결→공유 단계에서는 채널 간 연결을 통해 콘텐츠의 개방적인 공유를 제공해야 한다.

표 4-10 기관 홈페이지와 블로그의 스마트 소셜 미디어의 링크(2012.6.10)

기관명	홈페이지							블로그				
	블로그	트위터	페이스북	미투데이	요즘	유튜브	모바일앱	트위터	페이스북	유튜브	미투데이	요즘
고용노동부	0	1	1	1	0	0	0	1	1	0	0	0
교육과학기술부	0	1	1	1	0	0	1	0	1	0	0	0
국방부	0	1	1	1	0	1	1	1	1	1	1	0
국토해양부	1	1	1	1	0	1	1	1	1	0	0	0
기획재정부	0	1	1	1	1	0	0	1	1	0	1	1
농림수산식품부	1	1	1	0	0	0	1	1	0	0	0	0
문화체육관광부	1	1	1	1	0	0	1	1	1	0	1	0
법무부	1	1	1	1	1	0	1	0	0	0	0	0
보건복지부	1	1	1	0	0	0	1	1	0	0	0	0
여성가족부	1	0	1	0	0	0	1	1	0	0	0	0
외교통상부	1	1	1	1	0	1	0	1	0	0	0	0
지식경제부	1	1	1	0	0	0	1	0	0	0	0	0
통일부	1	1	1	1	0	0	1	1	1	0	1	0
행정안전부	1	1	1	0	0	0	0	1	1	0	0	1
환경부	0	1	0	1	0	0	1	1	1	0	1	0
국가보훈처	0	0	0	0	0	0	0	1	1	0	1	0
법제처	1	1	1	0	0	0	0	0	0	0	0	0
대검찰청	1	0	0	0	0	0	0	1	0	0	0	0
경찰청	1	1	1	1	0	0	1	1	1	0	1	0
관세청	1	0	1	0	0	0	0	1	1	0	0	0
국세청	1	1	1	0	0	1	1	0	0	0	0	0
기상청	0	1	1	1	0	0	1	1	1	0	1	0
농촌진흥청	0	0	0	0	0	0	0	0	0	0	0	0
문화재청	1	1	1	0	0	0	1	1	1	0	0	1
방위사업청	1	1	1	1	0	1	0	1	1	1	0	0
병무청	1	1	1	1	0	0	1	1	1	0	1	0
산림청	1	1	1	1	0	0	0	1	0	0	0	0

소방방재청	1	1	1	1	0	0	1	1	1	0	1	0
식품의약안전청	1	1	0	1	0	0	1	1	0	0	1	1
조달청	1	1	1	0	0	1	0	1	1	0	0	0
중소기업청	1	0	1	0	0	0	1	1	1	0	1	0
통계청	1	1	1	0	0	0	1	1	1	0	0	0
특허청	1	1	1	0	0	0	0	1	1	1	1	0
해양경찰청	0	1	1	1	0	0	1	0	1	0	0	0
행정도시건설청	1	1	0	0	0	0	0	1	0	0	0	0
감사원	0	0	0	0	0	0	0	0	0	0	0	0
국가정보원	0	0	0	0	0	0	0	0	0	0	0	0
국무총리실	1	1	1	0	0	0	1	1	0	0	0	0
청와대	0	0	0	0	0	0	1	1	0	0	0	0
특임장관실	0	1	1	0	0	0	0	0	0	0	0	0
공정거래위원회	1	1	1	1	0	0	1	0	0	0	0	0
국가과학기술위	1	1	1	0	0	0	0	1	1	0	0	0
국가인권위원회	1	0	1	0	0	0	0	0	1	0	0	0
국민권익위원회	1	1	1	1	1	0	0	0	0	0	0	0
금융위원회	1	1	1	1	0	0	0	1	0	0	1	1
방송통신위원회	1	1	1	1	0	0	1	0	0	0	0	0
원자력안전위	0	0	0	0	0	0	0	0	0	0	0	0

<표 4-10>은 모든 정부기관 서비스의 시작점이라 할 수 있는 홈페이지와 블로그를 중심으로 다른 채널에 대한 연결성을 분석한 것이다. 분석 결과 홈페이지에서 블로그, 트위터, 페이스북, 미투데이, 요즘, 유튜브, 모바일 서비스 등 7개 채널을 모두 연결하고 있는 기관은 단 한 곳도 없는 것으로 나타났다. 좀 더 자세히 정부기관의 서비스별 연결 수를 정리하면 <표 4-11>과 같다.

그래도 국토해양부와 법무부의 경우는 홈페이지 방문자를 위해 거의 전체 서비스라고 할 수 있는 6곳의 서비스를 소개하고 연결해 놓았다는 점에서 홈페이지의 연결성이 매우 높은 수준으로 볼 수 있다. 반면 국가보훈처, 농촌진흥청, 감사원, 국가정보원, 원자력안전위원회는 연결한 서비스가 하나도 없으며, 대검찰청과 대통령실은 단 한 개의 서비스만 연결해 놓았다는 점에서 연결성이 매우 낮은 수준이다.

또한 정부기관의 평균 스마트 소셜 미디어 링크 수는 4~5개 수준으로 나타나, 전체 대비

표 4-11 홈페이지의 기관별 서비스 연결 수(2012.6.10)

서비스 연결 수(곳)	기관명	기관 수 (곳)	비중 (%)
7	–	0	0
6	국토해양부, 법무부	2	4.5
5	국방부, 문화체육관광부, 외교통상부, 통일부, 경찰청, 국세청, 방위사업청, 병무청, 소방방재청, 국민권익위원회, 방송통신위원회	11	23
4	교육과학기술부, 기획재정부, 농림수산식품부, 보건복지부, 지식경제부, 기상청, 문화재청, 산림청, 식품의약안전청, 조달청, 통계청, 해양경찰청, 국무총리실, 공정거래위원회, 금융위원회	15	31
3	고용노동부, 여성가족부, 행정안전부, 환경부, 법제처, 중소기업청, 특허청, 국가과학기술위원회	8	17
2	관세청, 행정중심도시복합건설청, 국가인권위원회, 특임장관실	4	10
1	대검찰청, 대통령실(청와대)	2	4.5
0	국가보훈처, 농촌진흥청, 감사원, 국가정보원, 원자력안전위원회	5	10
합계		47	100

표 4-12 블로그의 기관별 서비스 연결 수(2012.6.10)

서비스 연결 수(곳)	기관명(수)	기관 수 (곳)	비중 (%)
5	–	0	0
4	국방부, 기획재정부, 특허청	3	6
3	통일부, 행정안전부, 환경부, 국가보훈처, 경찰청, 기상청, 문화재청, 방위사업청, 병무청, 소방방재청, 식품의약안전청, 중소기업청, 금융위원회	13	28
2	고용노동부, 국토해양부, 문화체육관광부, 관세청, 조달청, 통계청, 국가과학기술위원회	7	15
1	교육과학기술부, 농림수산식품부, 보건복지부, 여성가족부, 외교통상부, 대검찰청, 산림청, 해양경찰청, 행정중심복합도시건설청, 국무총리실, 대통령실(청와대), 공정거래위원회, 국가인권위원회	13	28
0	법무부, 지식경제부, 법제처, 국세청, 농촌진흥청, 감사원, 국가정보원, 특임장관실, 국민권익위원회, 방송통신위원회, 원자력안전위원회	11	23
합계		47	100

60%는 외부 링크가 4개 이상이고, 나머지 40%는 3개 이하 정도만 연결하거나 링크가 없다. 즉, 채널 간 연결도가 높을 경우 끊김 없는 논스톱 채널 이용이 가능하지만 현재 국내 정부 기관 서비스에서는 그러한 연결성은 그다지 높지 않게 나타나고 있다.

전체적으로 이와 같은 낮은 연결성 수준은 블로그에서도 마찬가지로 나타나고 있다. 현재 블로그에서 링크할 수 있는 모든 서비스는 5개인데, 5곳 모두를 연결하고 있는 기관은 없다. 그래도 국방부, 기획재정부, 특허청은 4곳이나 연결하고 있는 것으로 나타나 연결성이 매우 높은 수준이고, 이에 비해 법무부, 지식경제부, 법제처, 국세청, 농촌진흥청, 감사원, 국가정보원, 특임장관실, 국민권익위원회, 방송통신위원회, 원자력안전위원회 등은 오로지 블로그 서비스만 제공하고 있다.

제 3 절 스마트 소셜 미디어의 홍보 유형

1 정부기관의 페이스북 홍보

1) 추이 개요

제3절에서는 정부기관이 거의 모두 참여하고 있는 페이스북을 중심으로 정부기관의 스마트 소셜 미디어 홍보의 유형을 분석했다. <표 4-13>은 페이스북의 '계정/likes' 서비스를 통해 조사 시점을 기준으로 최근 1개월 동안의 페이스북의 '좋아요'와 '이야기하는 사람'의 추이를 그래프로 제시한 것이다. 비록 1개월뿐이지만 정부기관의 페이스북 활성화가 채 1년이 안 되었다는 점을 감안한다면 이와 같은 1개월분의 정부기관의 페이스북 활동 평가는 매우 중요한 활동의 특징을 보여준다고 할 수 있다.

페이스북 서비스 가운데 앞의 표에 나타난 '좋아요'와 '이야기하는 사람' 모두 사용자의 반응이라고 보았을 때 이 두 가지 지표의 성격은 전혀 다르다. 대체로 '좋아요'의 경우, 게시된 콘텐츠에 대한 동의 정도의 소극적인 공감인 반면, '이야기하는 사람'의 경우는 콘텐츠에 대한 '좋아요'를 누름과 동시에 계정에 들어와 의견을 개진하거나 반대를 표시하는 등 어쨌든 '좋아요'보다는 관여도가 높다는 것을 의미한다.

따라서 사용자 반응에서 '좋아요'와 '이야기하는 사람'이 동반 상승하는 경향을 보일 경우 해당 기관에 대한 사용자의 참여가 높다는 것을 의미하며, '좋아요'만 상승세이고 '이야기하는 사람'은 이렇다 할 반응이 없는 경우에는 그저 동의만 하는 정도의 호응을 하는 것으로 평가할 수 있다. 조사 결과, 동반 상승세까지는 아니더라도 '좋아요'와 '이야기하는 사람'의 호응이 정확히 같은 정도로 반응하는 기관으로는 통일부, 보건복지부, 행정안전부, 기획재정부, 여성가족부, 특허청, 대검찰청 등 7개 기관으로 나타났다. 이 밖에 38개 기관에서는 각각 '좋아요'의 반응과 '이야기하는 사람'의 반응이 다르게 나타나고 있는데, 이와 같은 반응 간의 불균형은 꾸준한 홍보의 호응도를 이끌어내는 것이 중요하다는 점에서 매우 유념해야 할 중요한 체크 포인트라고 할 수 있다.

표 4-13 페이스북의 기관별 '좋아요'와 '이야기하는 사람' 추이(2012.7.2)

순위	기관명	페북 '좋아요' 수(명)
1	대통령실(청와대)	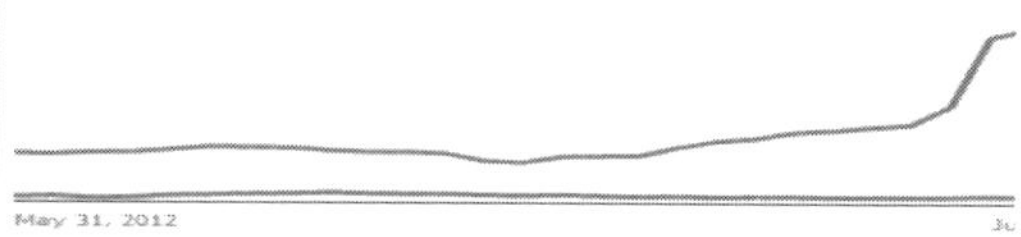
2	국무총리실	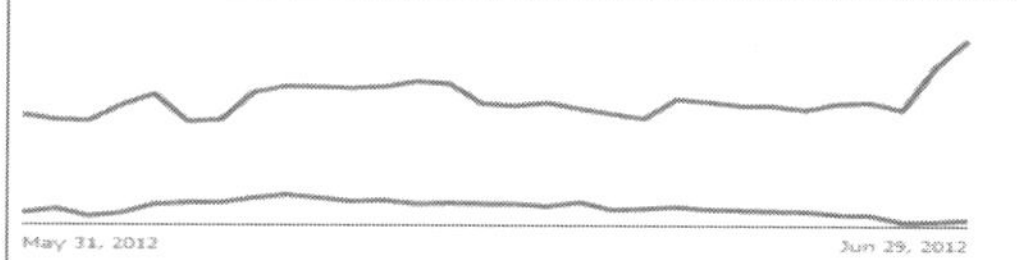
3	통일부	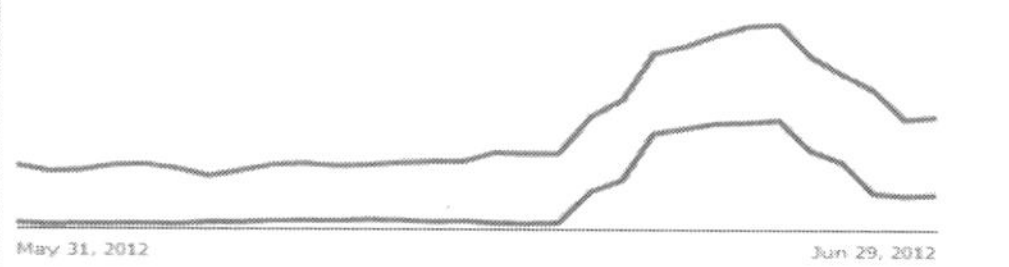
4	국민권익위원회	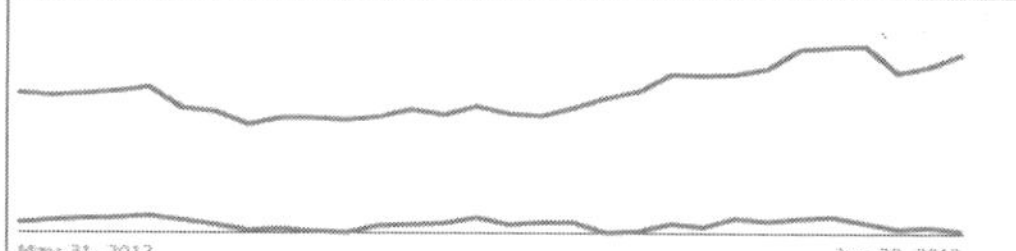
5	고용노동부	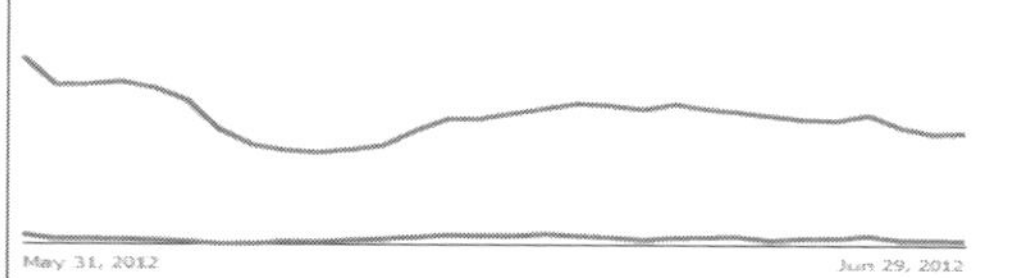

6	보건복지부	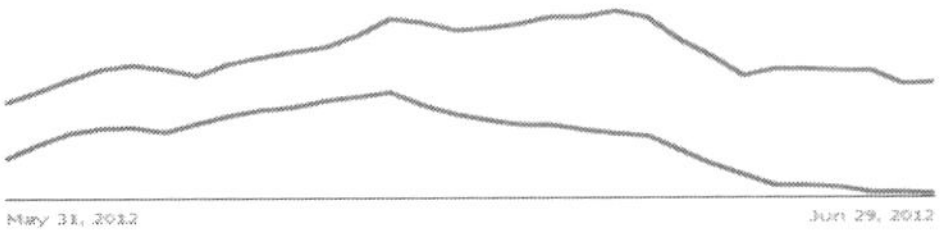
7	행정안전부	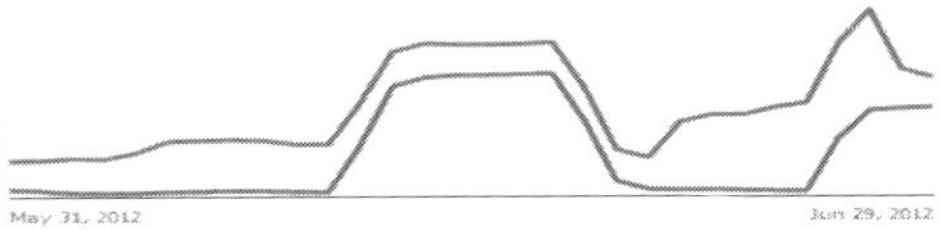
8	외교통상부	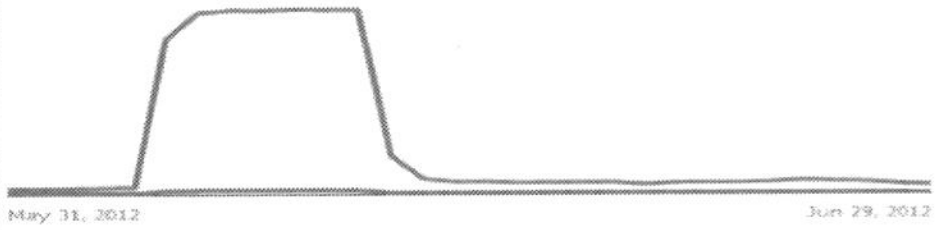
9	교육과학기술부	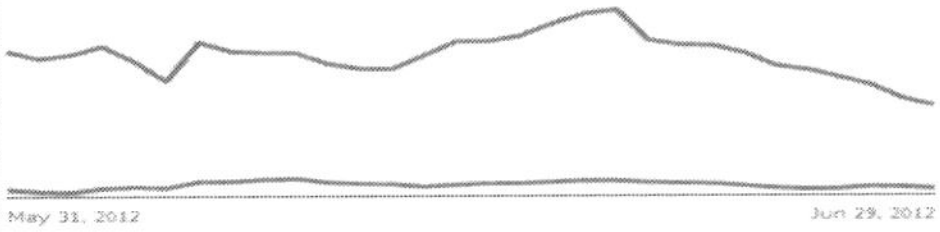
10	문화체육관광부	
11	기상청	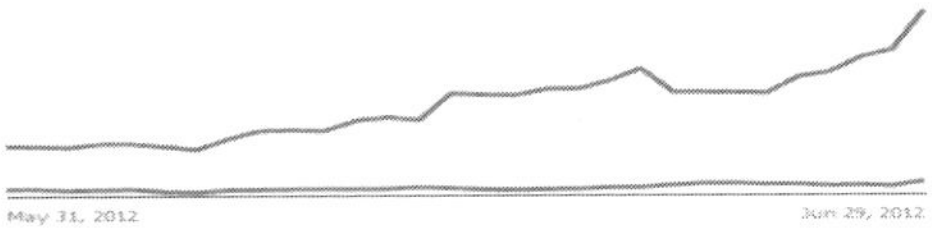
12	환경부	
13	국가보훈처	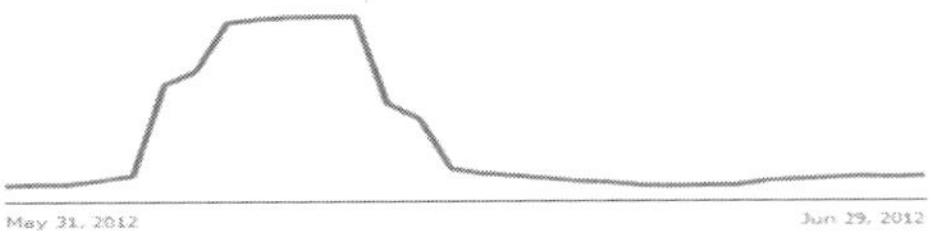
14	기획재정부	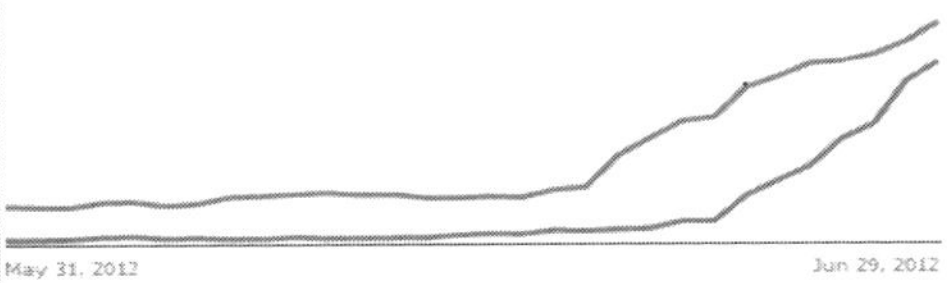

15	산림청	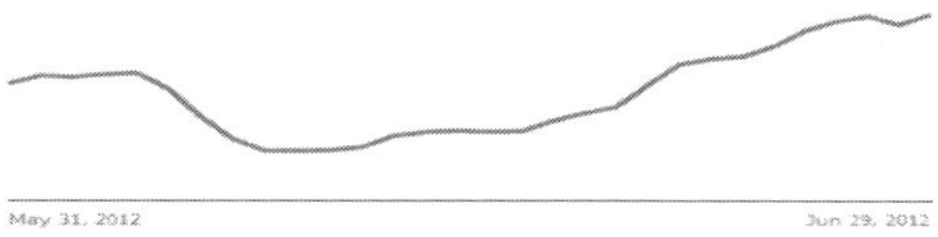
16	국토해양부	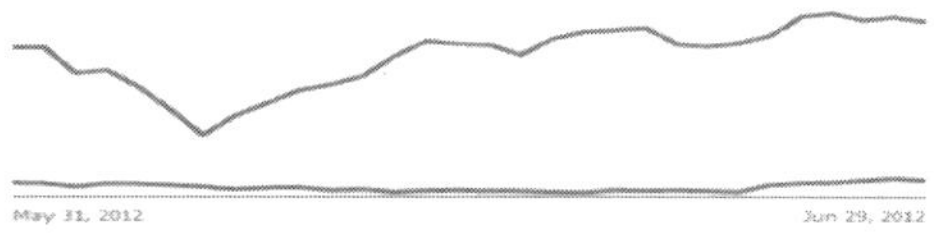
17	중소기업청	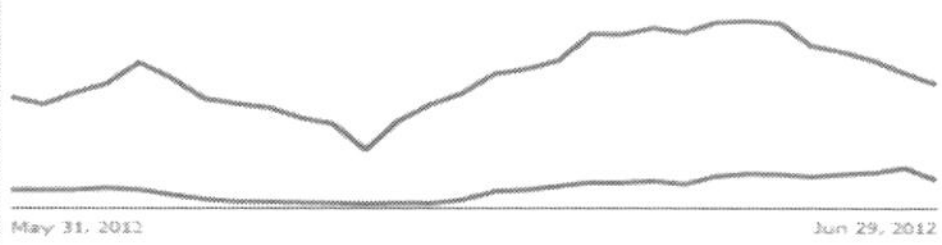
18	농림수산식품부	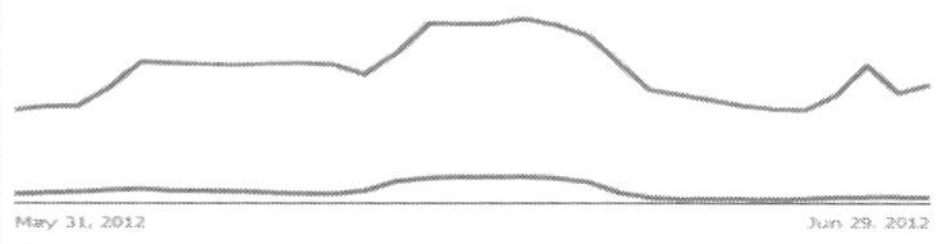
19	국방부	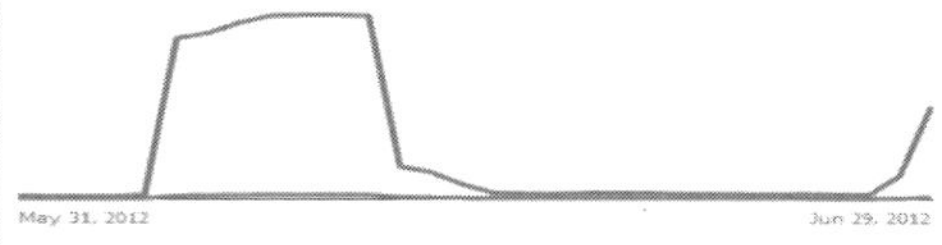
20	여성가족부	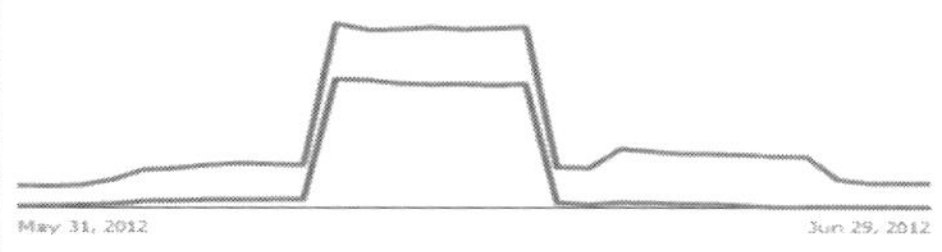
21	문화재청	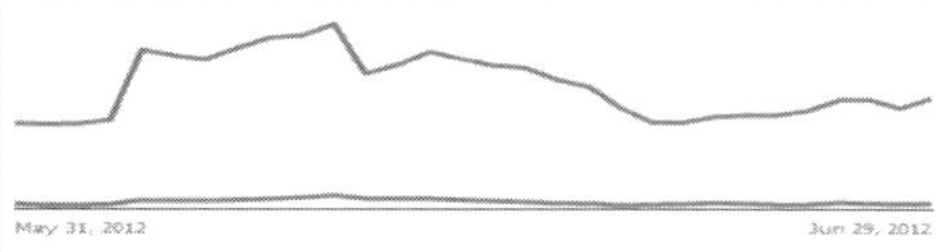
22	경찰청	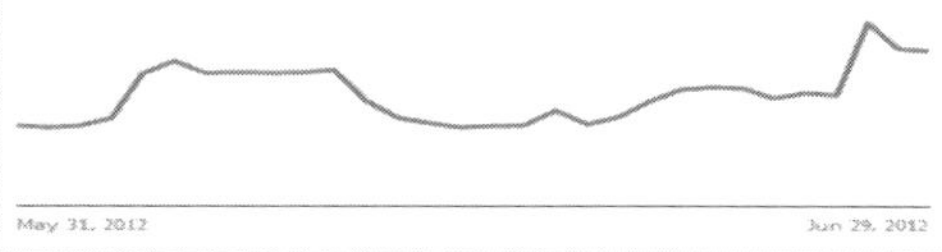
23	법무부	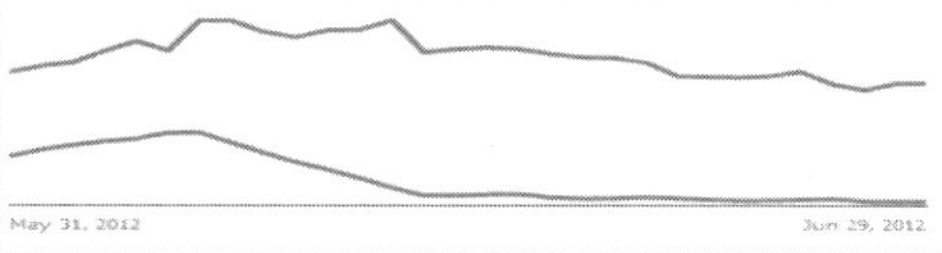
24	관세청	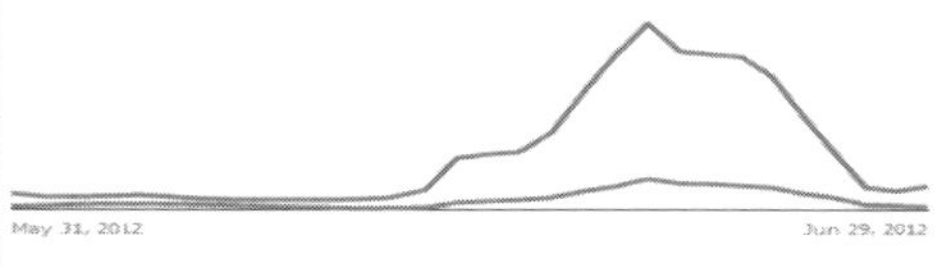

25	병무청	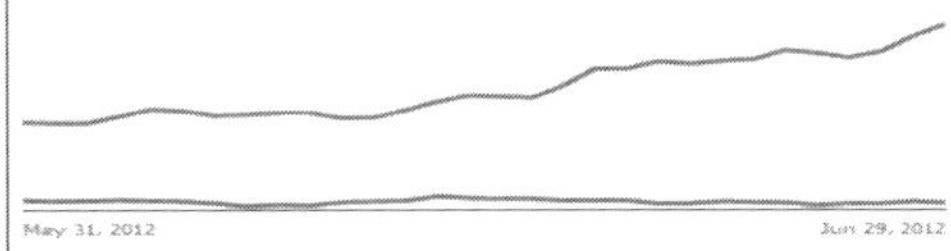
26	지식경제부	
27	농촌진흥청	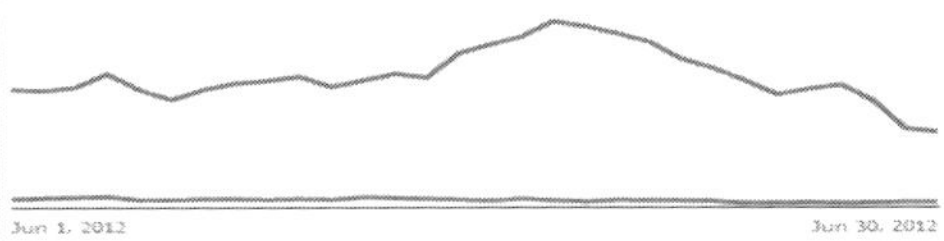
28	특허청	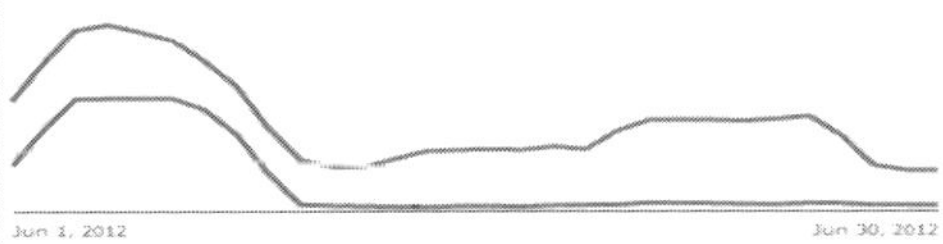
29	방송통신위원회	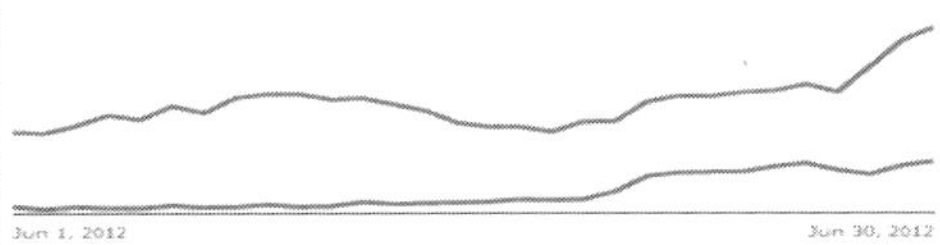
30	방위사업청	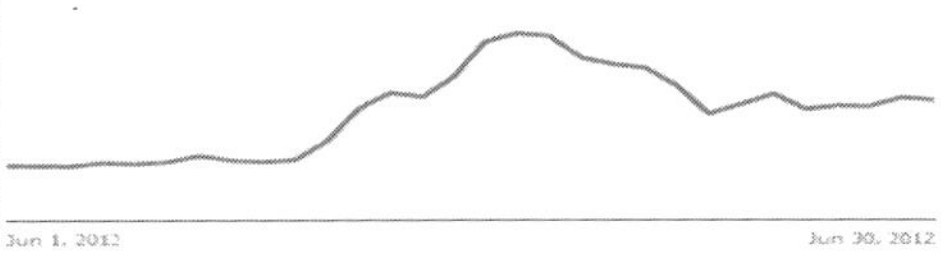
31	국세청	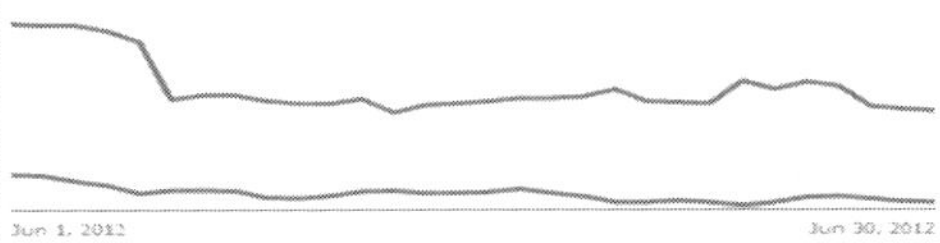
32	소방방재청	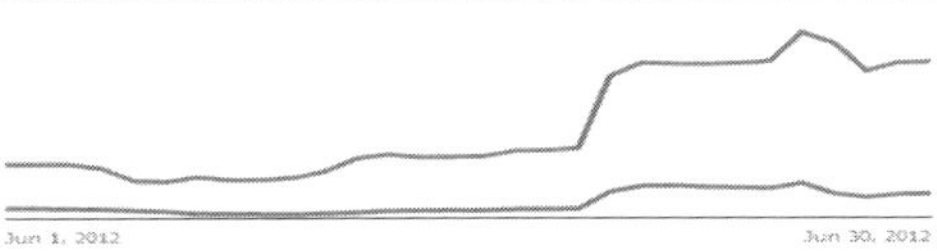
33	국가과학기술위원회	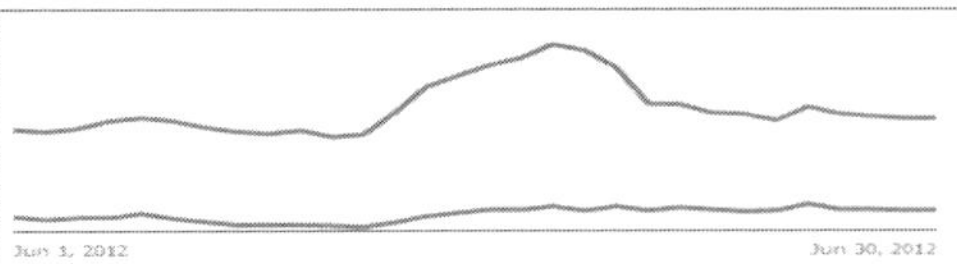
34	통계청	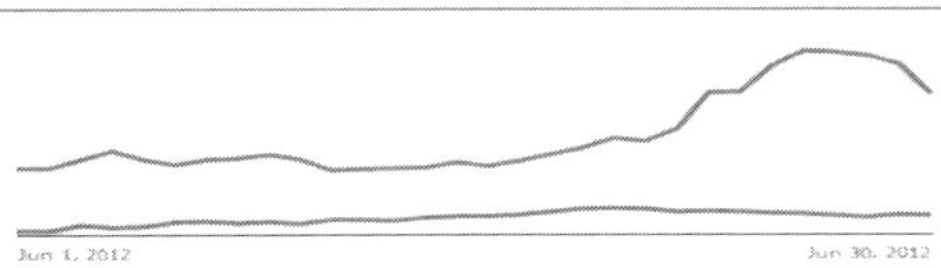

35	금융위원회	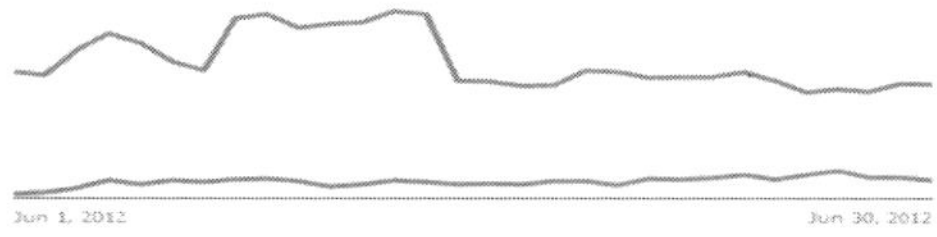
36	조달청	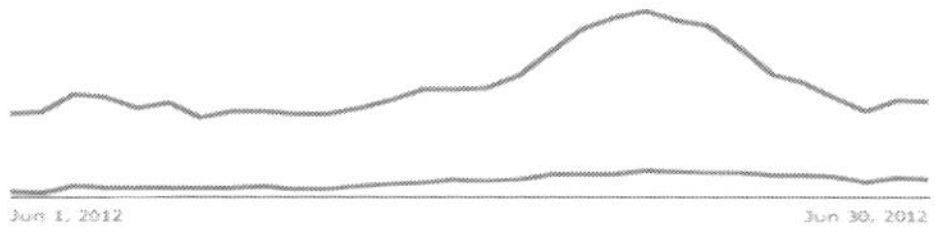
37	해양경찰청	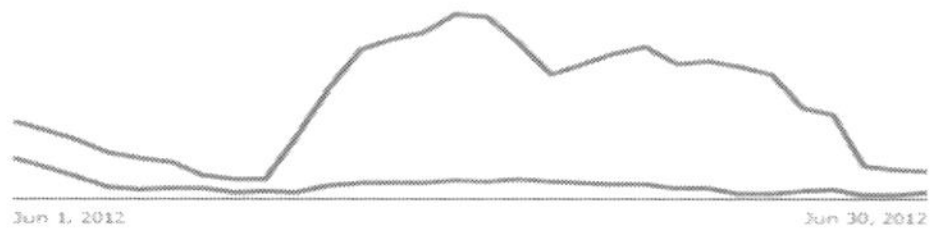
38	공정거래위원회	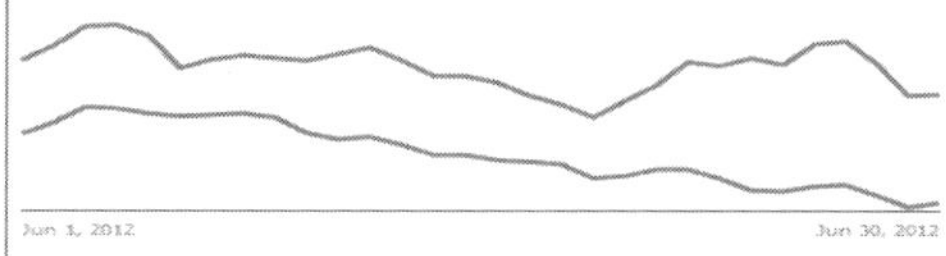
39	법제처	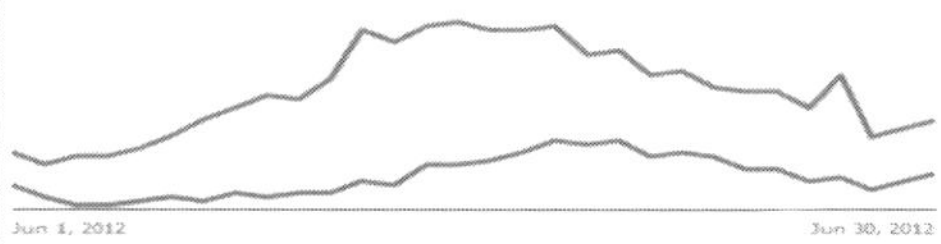
40	대검찰청	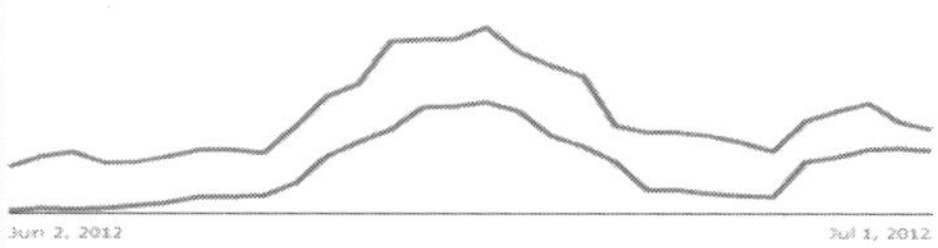
41	식품의약안전청	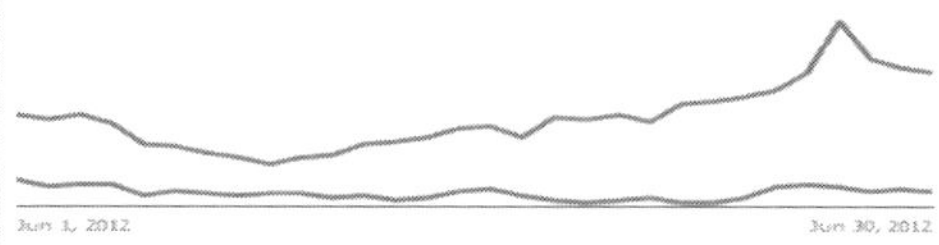
42	국가인권위원회	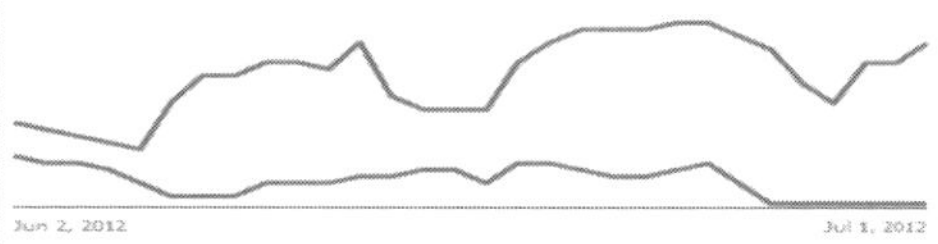

43	원자력안전위원회	
44	감사원	-
45	특임장관실	-
계정없음	행정중심복합도시건설청, 국가정보원(2곳)	

* 자료: 페이스북의 '각 기관 계정/likes'를 통해 추출
** 기간: 5월 31일~6월 29일(30일 동안의 추이)
*** 표기: 위의 선: 이야기하고 있는 사람, 밑의 선 : 주당 새로 생긴 '좋아요'

2) 홍보 유형화

1개월 동안 정부기관의 페이스북 활동에 대한 반응은 다섯 가지 유형으로·구분할 수 있다.

첫째, 스마트 소셜 미디어에 대한 반응이 증가하는 상승형(upward rise type)이 있다. 그러나 이들 그룹은 다시 반응의 시기와 유형을 중심으로 꾸준히 지속적으로 상승하는 점증적 상승형, 최근에서야 반응이 급격하게 나타나는 최근 상승형, 그리고 이벤트 중심으로 특정 시기에만 반응이 반짝 상승하는 돌발 상승형의 세 유형으로 구분할 수 있다.

가장 의미가 있는 것은 꾸준한 사용자 반응의 상승이라고 할 수 있지만, 다른 상승 유형의 경우에는 왜 그러한 반응이 나타나는가에 대한 좀 더 면밀한 분석이 필요하다(기관별 내용분석은 다음 부분 참조).

둘째, 또 다른 하나의 유형은 정체형(stagnation type)이 있다. 이것은 정체 또한 언제 끝날지 모르는 소극적 반응이고, 현재의 문제를 돌파하지 못한다는 한계가 있다.

셋째, 과거보다 최근에 반응이 감소하는 하향형(downward decline type)이 있다. 둘째 정체형과 셋째 하향형은 정체 또는 하향이 언제 반전할지 모르는 소통의 감소를 의미한다는 점에서 바람직한 것으로 보기는 어렵다.

표 4-14 정부기관의 페이스북 반응 유형

유형	그래프	해당 정부기관(수)	특징
꾸준한 상승형	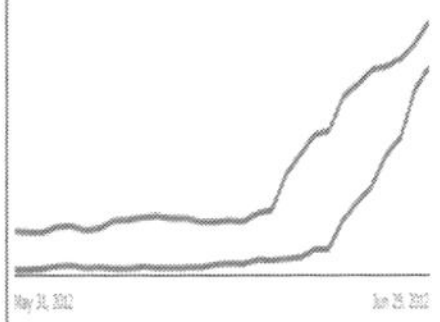	대통령실, 기획재정부, 방송통신위원회(3)	지속적인 관리
최근 상승형	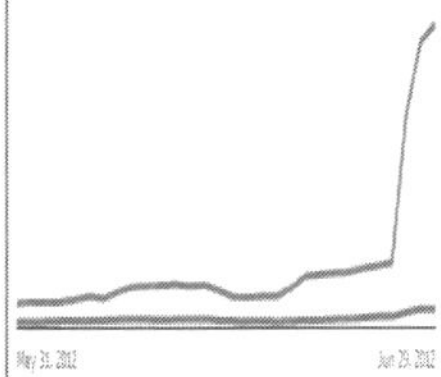	국무총리실, 국토해양부, 문화체육관광부, 국민권익위원회, 기상청, 산림청, 경찰청, 병무청, 소방방재청(9)	최근에서야 관리 시작
돌발 상승형	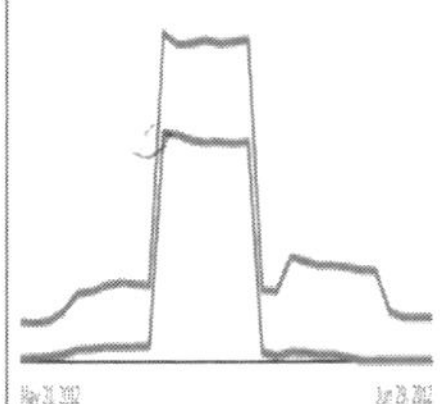	국방부, 여성가족부, 외교통상부, 지식경제부, 통일부, 행정안전부, 대검찰청, 관세청, 방위사업청, 조달청, 통계청, 특허청, 해양경찰청, 국가보훈처, 국가과학기술위원회, 원자력안전위원회(16)	특정 시기 이벤트 중심
정체형	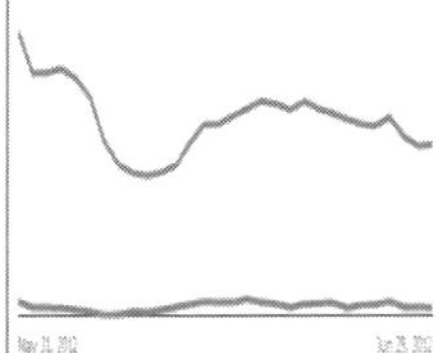	고용노동부, 국토해양부, 농림수산식품부, 법무부, 국세청, 금융위원회, 공정거래위원회, 문화재청, 법제처, 식품의약안전청(10)	서비스 지체
하향세형	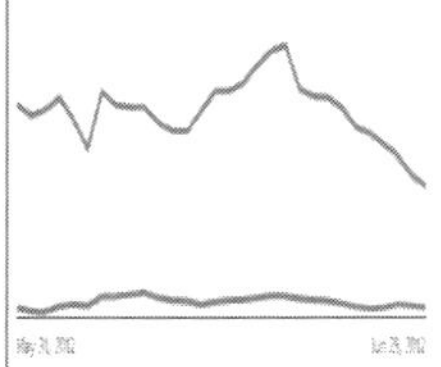	보건복지부, 교육과학기술부, 환경부, 중소기업청, 농촌진흥청(5)	관리 소홀

2 홍보 우수 사례와 유형별 사례

이제까지의 계량적 평가를 총괄하면 <표 4-15>와 같다. 47개 정부기관에 대한 다섯

표 4-15 정부기관의 스마트 소셜 미디어 홍보에 대한 종합 평가

채널	트위터	페이스북			
기준	클라우트 지수>50	'좋아요' > 1만 명	'이야기하는 사람' > 1천 명	'좋아요'와 '이야기하는 사람' 추세 유사	운영 상승세 그룹
우수	보건복지부, 행정안전부, 교육과학기술부, 외교통상부, 국토해양부, 환경부, 대통령실, 농림수산식품부, 국가보훈처, 병무청, 국방부, 소방방재청, 경찰청	보건복지부, 행정안전부, 교육과학기술부, 외교통상부, 대통령실, 국무총리실, 통일부, 국민권익위원회, 고용노동부	행정안전부, 외교통상부, 국방부, 대통령실, 국무총리실, 기획재정부, 산림청, 문화체육관광부, 기상청	통일부, 보건복지부, 행정안전부, 기획재정부, 여성가족부, 특허청, 대검찰청	대통령실, 기획재정부, 방송통신위원회
미흡		'좋아요' < 100명, '이야기하는 사람' < 50명		운영 정체 그룹	운영 하락세 그룹
		원자력안전위원회, 국가인권위원회, 법제처, 국정원, 감사원, 특임장관실, 행정중심복합도시건설청		고용노동부, 국토해양부, 농림수산식품부, 법무부, 국세청, 금융위원회, 공정거래위원회, 문화재청, 법제처, 식품의약안전청	보건복지부, 교육과학기술부, 환경부, 중소기업청, 농촌진흥청

가지 평가 지표(트위터 활용지수, 페이스북의 '좋아요' 수, 페이스북 '이야기하는 사람'의 수, 페이스북의 '좋아요'와 '이야기하는 사람' 간의 추이 관계, 페이스북의 운영 유형) 가운데 3개 지표 이상에서 높게 평가된 사례로 뽑힌 기관은 대통령실(청와대, 4개 지표), 행정안전부(4개 지표), 보건복지부(3개 지표), 기획재정부(3개 지표), 외교통상부(3개 지표) 등 5개 기관이다.

상대적으로 큰 규모인 중앙부처기관 외에 위원회 단위나 청 단위의 정부기관은 운영이 원활하지 않은 사례로 많이 선택되었다. 한편, 국가정보원이나 감사원과 같은 기밀정보 유지라는 업무상의 특수성이 있는 기관의 경우, 스마트 소셜 미디어 홍보에는 주력하지 않는 경향이 나타나고 있다.

우선, 정량 측면에서 우수 사례로 선정된 앞의 5개 기관을 참고하여 47개 정부기관 전체의 홍보의 특징을 페이스북의 내용 분석(contents analysis)을 통해 알아보고 이와 같은 정량평가와 정성평가를 종합하여 우수 사례, 보통 사례, 미흡한 사례의 세 그룹으로 분류했다.

이러한 분류 과정에서 정부부처가 거의 모두 활동하고 있는 페이스북 서비스를 통해 정부부처의 스마트 소셜 미디어의 홍보의 문제점을 정리할 수 있었다.

정량평가와 정성평가에서 모두 우수 사례로 뽑힌 기관의 경우, 기관의 적극적인 운영과 시민의 적극적인 참여가 이루어지고 있으며, 앞으로의 발전 가능성도 예측할 수 있는 것으로 나타났다. 그러나 이런 기관은 전체 47개 부처 가운데 10개, 약 20% 정도로 나타나 대부분의 정부부처가 좀 더 스마트 소셜 미디어의 홍보에 대해 고민이 필요함을 알 수 있었다.

우수 사례에는 정량평가에서 우수 사례로 뽑힌 5개 기관 외에 국가보훈처, 국무총리실, 국방부, 병무청, 산림청 등이 추가되었는데, 이들 5개 기관은 정량평가에서 최고 평가를 받지는 못했지만 그에 준하는 정도의 우수한 평가를 받았고, 다른 채널의 정량평가에서도 두드러지게 나쁜 평가를 받지 않았다. 특히 페이스북 사용에서 소통성이 다른 기관에 비해 상대적으로 높거나 독특한 시사점을 제공한 사례가 있기 때문에 우수 사례로 포함했다.

두 번째 사례인 보통 사례의 경우 거의 모든 기관이 '좋아요'는 10~30명 내외, 댓글은 10개 이하, 공유는 10명 이하라는 비슷비슷한 참여도가 나타나고 대부분 비슷한 기프티콘 지급 중심의 사행적인 이벤트 운영을 하고 있으며, 기관의 업무를 소개하는 정도에 그치는 것으로 나타났다. 즉, 거의 대부분의 기관이 적당한 정보 제공과 이벤트를 통한 적당한 참여 유도라는 소극적 운영에 머물러 있는 것이다. 정부기관의 홍보란 일반적인 기업이나 상품 홍보와 달리 공공성의 확보와 정부 서비스에 대한 적극적인 참여 유도가 필수적이라는 차별성이 있음에도 불구하고, 민간 영역의 홍보와 대동소이한 모습을 보이거나 공공성을 확보하는 데는 실패하고 있다는 것이다. 이와 같은 과제는 향후 정부기관의 스마트 소셜 미디어 홍보에서 가장 주력해야 할 과제라고 할 수 있다.

마지막 사례로서 미흡한 사례의 경우 겨우 계정만 개설해 놓고 아무런 적극성을 보이지 않으며, 그에 따라 참여도 매우 미진한 사례라고 볼 수 있다.

1) 우수 사례(10개 기관)

(1) 국가보훈처

국가보훈처의 페이스북은 글이 거의 매일 올라오고 글 수도 많은 편으로서 한 달에 거의 40개의 글이 게시된다. 평균 '좋아요'는 200명 이하이고, 평균 댓글은 15개 이하, 공유는 20명 정도이고 경품 이벤트에는 참여가 높다. 댓글에 대한 답변이 매우 빈번하게 잘 이루어지며, 국민과 상호 소통을 시도하고 있다는 것이 잘 드러나고 있다. 귀엽게 보이려는 말투로 이모티콘(imoticon)까지 사용하고 있다.

보훈문예물 공모전, 매월 독립운동가 선정, 연평해전 전사 장정 추모, 모범 국가보훈 대상자 선정, 온라인 기자단 모집, 백범 김구 선생 추모, 6·25 참전 용사 추모, 6·25의 역사적 사실에 대한 청소년들의 지식 함양 촉구, 호국보훈의 달 포스터 만들기, 효자효부상 시상식, 2012 보훈 문예물 페스티벌 등의 정보를 제공하고 있다.

(2) 국무총리실

평균 '좋아요'는 10~50명, 댓글 20개 이하, 공유 30명 이하이고, 규모가 큰 만큼 정보 전달과 의견 및 대화가 적절히 있다. 질문에도 성실히 답변하며 게시물 관리 원칙을 게시하는 등 페이스북 관리정책이 철저한 편이다.

단순히 총리의 일정을 소개하는 페이지가 아니라 총리가 직접 참여한다는 느낌을 줌으로써 호응도가 높게 나타나고 있다. 국무총리와 총리실의 따뜻하고 인간적인 이미지를 높이는 데 주력하고 있다. 유튜브의 채널을 이용한 총리실의 '총총뉴스'(1회 조회 수는 900회, 그 외 회는 300~500회 정도), 사회 현안, 20만 번째 회원에 대한 기념품 증정, 총리와 페친과의 만남, 멀티방 출입 금지에 대한 댓글을 통한 찬반 토론, 총리의 연필 페이스북 등이 눈에 띄는 콘텐츠이다.

(3) 국방부

고용노동부나 교육과학부보다 조금 앞선 운영을 하고 있는 것으로 평가되는 국방부이지만 '좋아요'나 '이야기하는 사람'의 수는 상대적으로 낮게 나타나고 있다. '좋아요'의 편차가 큰 편이며 평균 40~50명 수준이고, 많은 경우엔 300명에 이른다. 평균 댓글은 10~20개 수준이다.

2012년 6월 29일 서해교전 10주년 행사를 계기로 '이야기하는 사람'의 수가 급증했으며('좋아요' 3,725명, 댓글 92개, 공유 126명), 전쟁, 군대 생활, 무기, 부처 하위 조직, 육군 유해발굴사업, 다른 부처에 대한 글 등 관리자가 글 게시에 상당히 신경을 쓰고 있다. 가족 같은 화기애애한 분위기가 특징이며, '좋아요'와 댓글이 100개를 기록하기도 하고 참여가 증가하고 있는 추세이다. 페이스북 관리자가 병가를 내면 미투데이의 관리자가 대신 관리해주는 등의 특징도 나타나고 있다.

(4) 기획재정부

기획재정부의 페이스북 페이지에는 거의 매일 1~3개의 글이 게시되며 평균 10~40명이 '좋아요'를 누르고 평균 댓글은 5개 미만이며, 공유는 5~20명이 하고 있다. 페이스북 담당자가 국민들의 의견 수렴을 시도하고, 질문을 하며 참여를 권장한다. 댓글로 질문이 올라오면 부서 자체에서 답변을 활발히 하는 측면이 나타나기도 한다.

주로 게시되는 글의 내용은 사회적 이슈인 인천공항 매각, FTA, 물가, 유가 등에 대한 정보와 설명이 주를 이루고 있다. 꾸준히 글을 게시하면서 기관의 이벤트나 장관의 일정을 소개한다. 간단한 만화를 통해 어려운 시사경제 용어를 설명하기도 한다. 날씨 등을 소재로 하면서 사용자들의 댓글을 유도하기도 한다.

재정 콘서트, 아이디어 공모전, 경제 용어에 대한 퀴즈 등 다양한 이벤트를 통해 국민들의 적극적인 참여를 유도한다. 기프티콘을 경품으로 한 퀴즈 등에는 많은 참여가 이루어지지만 대체적으로 많은 콘텐츠를 제공하는 것에 비해 적극적인 참여가 이루어지지는 않고 있다.

(5) 대통령실(청와대)

대통령실의 경우 게시글 평균 '좋아요' 인원은 200~250명 내외이며 댓글은 50개 이하 정도이다. 국무총리실과 달리 대통령이 직접 등장하는 글은 없으며, 상당히 자주 글이 게시되는 편이다. 몇몇 댓글 논쟁을 제외하면 분위기는 화기애애한 편인데, 청와대에서는 페이스북을 '온라인 채널 허브(hub)'로 활용할 것이라고 밝히고 있다.

또한 개인 및 단체의 민원에 대해서는 국민신문고(www.epeople.go.kr)를 통해 처리한다는 원칙을 밝히고 있다. 이벤트는 자주하는 편이 아니며 한 차례 '보이싱피싱'의 순화어를 묻는 퀴즈 이벤트에 '좋아요' 283명, 댓글 411개, 공유 34명 정도의 호응이 나타났다.

대통령의 방문 활동, 발언, 라디오 연설 등의 콘텐츠를 보면 청와대의 미디어 플랫폼으로 페이스북이 활용되고 있음을 알 수 있다. 이 밖에 큰 규모의 국가 정책에 대한 안내와 좋은 품질의 사진을 제공하고 있는 점이 눈에 띈다. 국가적인 이벤트, 국민 추천 포상, 국가장학금에 대한 안내글도 게시되고 있다. 간간히 북한에 대한 글에 대해서는 정치적 논쟁이 이루어지기도 하는데, 과거에는 정부에 대한 비판이나 반대글을 철저히 삭제했던 것에 비해 현재는 그 정도의 관여는 하지 않는 것으로 나타나고 있다.

(6) 병무청

기관의 캐릭터인 '굳건이'를 중심으로 활동하며, 국방부와 달리 상대적으로 좀 더 부드러운 페이지 운영을 하고 있다. 실제로 군대에 아들이나 연인을 보낸 사람들의 댓글이 더 많은 편이고 그 때문에 고정적으로 댓글을 게시하는 사람들이 있다. 평균 '좋아요'는 30~50명 이하, 댓글 10~30개 정도의 참여가 이루어지고 있다. 이 밖에 병무청 사회복무국, 병무청 병역자원국, 병무청 입영동원국 등이 따로 있다.

블로그 링크 글이 많고, 블로그 웹툰을 소개한다거나 실제 군화와 곰신 사진 소개 등을 한다. 굳저버(굳건이+observer)와 댓글 게시자 간의 끈끈한 유대감이 돋보이는데, 댓글을 단 사람들은 한 달 동안 자신이 무엇을 지킬 것인지를 쓰고 한 단 위에 이를 보고하는 형식으로 진행된다. 다이어트, 아들 면회, 입대, 안보 공부 등 주제가 매우 다양하다. 한편, 정기적으로 '통통한 날'을 만들어 병무청장이 직접 질문에 대답하는 시간을 갖기도 한다. 다른 부처들이 온라인에서 질문을 받아서 오프라인에서 장관과 간담회를 진행했다면 병무청의 경우는 직접 페이스북으로 답변까지 게시하는 점이 눈에 띈다. 비와 함께 하는 대한건아 병역 페어플레이 인증샷 이벤트를 2012년 11월 30일까지 진행하고 있다.

(7) 보건복지부

평균 2일에 1개 정도의 글이 게시되며 하루에 3, 4개가 게시되는 경우도 있다. 특이할 만한 점은 '좋아요'가 30 내지 수백 명에 이르러 다른 정부기관에 비해 상당히 많다는 점이다. 평균 댓글 수도 10개 이상인 경우가 많으며, 공유는 대부분 20명 이하도 나타나고 있다. 특정 이벤트나 일부 글에 대해서는 '좋아요', '댓글', '공유' 수가 수백 개가 달리기도 해서 다른 정부기관에 비해 많은 사용자의 참여가 나타남을 알 수 있다.

보건복지부의 주요 정보는 질병, 건강 상식에 대한 소개 글과 국민들의 의견을 물어보는 글들로 구성되어 있다. 실종된 지적 장애인을 찾는 글을 올리거나 비상시의 대처 요령, 사회 문제에 대한 이슈를 적극적으로 게시하기도 한다. 최근에는 채식 및 청소년 음주에 대한 정보 제공을 통해 높은 호응을 받고 있다.

보건복지부 사례는 체감형 정보 제공과 적절한 이벤트, 순발력 있는 대화가 참여를 높이는 데 얼마나 중요한 부분인가를 보여주는 좋은 사례라고 할 수 있다.

(8) 산림청

평균 '좋아요'는 50~100명, 댓글 10~30개 이하이며, 대체적으로 말투가 상냥하고 친절하다. 끝말잇기를 통해 5명을 추첨하여 상품을 주는 이벤트를 정기적으로 실시한다. 이 이벤트는 '좋아요' 185명, 댓글 221개, 공유 63명으로 최다 참여가 이루어지고 있다. 특히 댓글 200개 이상은 다른 부처의 이벤트에서 찾아보기 힘든 높은 기록이기도 하다. 둘레길, 휴양림, 임산물, 산불조심, 생활정보 등의 정보를 제공하고 있고, 청장과 소통하는 시간으로서 SNS 라이브를 개최하기도 한다.

페이스북 투표를 통해 블로그에 올릴 정보의 기반을 마련하고 있는데 이렇듯 특정 부처를 좋아하거나 관심 있는 사람들이 '좋아요'를 누른다고 가정한다면 이들을 대상으로 의견을 모아서 정책 방향이나 부처의 업무 목표 설정에 활용할 수 있다는 시사점이 있다.

(9) 외교통상부

외교통상부는 하루에 3~4개의 글을 게시하기도 하는데, 한 달 평균 20여개의 글을 올리고 있다. 이에 대한 '좋아요' 반응은 일반적으로 50명 이하이지만, 수백 개에 달하는 경우도 있다. 글에 대한 댓글은 평균 20개 이하이며, 다른 부처처럼 기프티콘이 경품일 경우, 그리고 사회적 이슈글에 대한 호응이 꽤 높은 편이다.

주로 기관의 활동에 대한 보도 기사 링크, 해외주재공관의 행사 소개, 탐방 테마, 해외에서의 한국어 교육, 장관의 활동, 해외에서의 새로운 소식 등을 올리며, 아울러 홈페이지의 사이버토론방 소개를 통해 참여도를 높이고 있고, 채용 등에 대한 적극적인 홍보도 눈여겨볼 만한 시도라고 할 수 있다.

또한 2012년 6월부터 민간협업 사례로서 네이버에서 부서 업무를 소개하는 웹툰 '봉수의 다이어리'를 연재하여 공공외교, 재외국민 보호, 외교관 선발제도, 험악 지역 공관 근무 등 외교부 업무를 알리고 있다.

(10) 행정안전부

거의 매일 글이 게시되는 행정안전부의 경우 '좋아요'는 일반적으로 50명 이하이며 평균 댓글은 10개 이하, 공유 건수는 대부분 30명 이하로 나타나고 있다. 기프티콘이 경품인 이벤트에 대해서는 상대적으로 '좋아요', 댓글, 공유 수가 높게 나타난다는 점이 특징적이다.

표 4-16 정부기관의 스마트 소셜 미디어 홍보 우수 사례

부처명	월평균 게시글	평균 좋아요 (명)	평균 댓글 (개)	평균 공유 (명)	이벤트	특징
국가보훈처	40개	200 이하	15 이하	20 이하	○	- 적극적인 글 게시 - 댓글에 대한 신속한 답변 - 소통을 적극적으로 시도
국무총리실	-	100	10 -50	20 -30	○	- 유튜브 채널을 활용한 정기적인 총총 뉴스 - 성실한 답변 - 댓글을 통한 토론 - 게시물 관리 원칙 제시
국방부	-	40 -50	10 -20	-	○	- 가족같은 화기애애한 분위기 운영 - 참여 증가 추세 - 관리자가 글 게시에 신경을 많이 씀
기획재정부	30 -90	10 -40	5 미만	5-20	○	- 적극적인 글 게시 - 적극적인 답변 - 참여 유도를 위해 노력
대통령실 (청와대)	자주	200 -250	50 이하	-	○	- 적극적인 글 게시 - 국가정책 안내 - 좋은 품질의 사진 게시 - 페이스북을 온라인 채널의 허브로 활용 - 게시물 관리 원칙 제시
병무청	-	30 -50	10 -30	-	○	- 고유의 캐릭터를 설정하여 사용자와의 대화를 시도 - 고유 업무에 대한 다차원 안내 - 미션 제시를 통한 이벤트로 참여 유도
보건복지부	15	30 -수백	10 이상	20 이하	○	- 적극적인 글 게시 - 사회이슈를 적극적으로 안내 - 체감형 정보 제공 - 적절한 이벤트 시행 - 순발력 있는 대화
산림청	-	50 -100	10 -30	-	○	- 페이스북 투표를 통한 의견 수렴 - 정기적인 이벤트 실시 - 대화형 친근감 있는 문체 - SNS 라이브 방송
외교통상부	20	50 이하	20 이하	-	○	- 사회 이슈에 대한 호응 높음 - 경품 이벤트 - 기관 홍보에 주력
행정안전부	25 -30	50 이하	10 이하	30 이하	○	- 체감형 정보 제공에 주력 - 호응도가 아주 높지는 않음

장관의 일정과 방문 기록, 주민센터 이용정보, 국민생활 안전고사 선착순 이벤트, 공직박람회 개최, 개정 개인정보보호법 홍보, 자전거 대축전 홍보, 사이버 서포터즈 운영 등 국민들이 생활에서 체감할 수 있는 유용한 정책정보나 생활정보가 많음에도 불구하고 호응이 높게 나타나지 않기 때문에 이에 대한 효과적인 홍보 방안을 모색할 필요가 있을 것으로 보인다.

2) 보통 사례(8개 기관)

(1) 고용노동부

고용노동부 페이스북 페이지에는 격일로 1~2개의 글이 게시되며, 게시판에 대한 평균 '좋아요'는 20~40명, 평균 댓글은 0~1개(5개 미만), 공유는 5~10명 정도로 낮은 수준의 참여가 이루어지고 있다. 언뜻 보기에도 기관이 운영하는 곳이라는 특징이 두드러지게 나타나며, 담당자가 분명한 운영을 하고 있다는 것을 알 수 있다. 댓글로 질문이 올라오면 답변을 적극적으로 하지만 '좋아요', 공유, 댓글 등의 참여가 매우 낮게 나타나기 때문에 소통성이 높다고 보기는 어렵다.

게시글의 소재는 대학생 불법 다단계, 지역 중소기업, 취업박람회, 2030 직장인의 노후준비, 한국 잡월드, 청년 YES 프로젝트 등 사회 이슈 및 기관의 주요 업무 중심으로 게시되며 꾸준히 올라오는 글들은 구직, 아르바이트, 취업, 부처 및 장관의 일정에 대한 것들이다.

고용노동부의 글은 기관 운영의 색채가 강함에도 불구하고 감성적인 사진과 글을 인용하는 것이 특징이다. 즉, 추억, 만화 등의 일상적인 소재를 통원하여 게시글을 구성하는 유연한 콘텐츠 구성전략을 채택하고 있다. 노동자보다는 고용주에 대한 언급이 너무 많기 때문에 노동보다는 고용에 치중하고 있다는 것 또한 독특한 특징이다. 노동과 관련된 글은 취업, 아르바이트에 대한 글이 다수이며, 알려지지 않은 직업에 대한 안내 등을 통해 대학생이나 구직층 등 젊은 층을 대상으로 글을 올리고, 주로 정보 제공에 주력하고 있다.

또한 장관과 페친(페이스북 친구)과의 '오프라인 SNS 토론회', 매주 수요일에 진행되는 '월급쟁이들의 수다', '일터 사진 공모전'(527명 응모) 등의 이벤트는 사용자와의 소통을 통해 향후 점점 더 많은 참여를 기대할 수 있는 참신한 시도라고 평가할 수 있다.

(2) 교육과학기술부

교육과학기술부의 페이스북 게시글에는 평균 '좋아요'가 10~30명이며, 댓글과 공유가 거의 없다. 게시글의 문체는 일상적인 대화체와 이모티콘을 활용하여 친근감 있게 구성되며, 알쏭달쏭 퀴즈와 같은 이벤트에는 호응도가 매우 높다. 아울러 '신애라의 필통 스쿨'('좋아요' 157명, 댓글 117개, 공유 139명), '스승의 날 사진 공모'('좋아요' 40명, 댓글 10개, 공유 10명 내외), '출석 체크'('좋아요' 70~120여 명, 댓글 약 60~120여 개, 공유 약 30~50명) 등의 이벤트에는 '좋아요'와 댓글이 100개가 넘는 참여가 이루어지고 있다. 그러나 한편으로는 대부분의 부처가 진행하는 기프티콘으로 보상하는 사행성 이벤트의 실효성에 대해 좀 더 고려해 볼 필요가 있다는 평가를 할 수 있기도 하다.

교육, 과학, 좋은 학교 박람회, 미래 교육 공동체 포럼, 부처 관련 뉴스 링크, 모의고사, 학교폭력 등 사회 이슈에 관한 글이 주로 제시되며, 장관에 관련된 글은 그다지 많지 않다. 2012년 상반기의 주요 주제로는 '학교폭력 근절'에 대한 글이 많이 게시되고 있다.

(3) 국토해양부

국토해양부 페이스북은 평균 '좋아요' 30명, 댓글 10개 이하 공유 5~10건의 참여도가 나타나고 있으며, 여성적이고 기사와 같은 문체로 글을 작성하고 부처 블로그를 링크하고 있다. 교통안전, 피서, 생태계 체험관, 보금자리법 시행령 개정판, 멀티홈, 제주 화보, 해운대 이안류 문제, 환경 문제, 녹색도시 공모전, 간담회 등의 활동이 활발하다. 정책퀴즈, SNS를 통한 장관과의 대화, '좋아요'를 누른 사람을 가족이나 친구 등 대인적인 관계가 아니라 팬으로 보는 점도 특징적이다. 이 밖에 국토해양부는 2011년 5월부터 공간정보 오픈 플랫폼인 '브이월드(map.vworld.kr)'를 서비스하고 있다.

한국형 공간정보 오픈 플랫폼으로서 브이월드는 단순 지도정보를 넘어 전국 단위의 공간정보를 제공하여 부동산 매매 중개업, 방재, 관광, 게임 등 다양한 산업에서 활용될 수 있을 것으로 예견되고 있다. 이 서비스는 초기에는 서울 강남구와 서초구 등 일부 지역을 대상으로 3D 기반 영상지도 서비스부터 시작했으며, 2012년 7월 20일부터, 전국적으로 토지정보인 연속지적도와 용도지역지구도를 제공하고 있는데,[6] 이용자는 누구나 자신의 정보를 연속지적도, 용도지역지구도 등과 융합하여 상권분석, 도시계획, 건축설계, 연구 등에 활용할 수 있다. 한편, 이 서비스에 대해서는 정확한 현황에 기반한 정합성 있는 데이터가 필요하고, 데이터 제공 방식 또한 간결하게 제공해야 하며, 스마트폰이나 스마트패드 등 다양한 기기에서도 이용 가능해야 한다는 문제 제기가 제시되었다.[7]

---

6) 오픈 API 서비스는 2012년 9월부터 이용 가능하다.
7) "국가 공간정보 오픈 플랫폼, 해결 과제 많아." 『전자신문』. 2012년 7월 23일자.

그림 4-2 국토해양부의 브이월드 서비스

자료: map.vworld.kr

(4) 문화체육관광부

문화체육관광부의 페이스북은 1주에 글을 많이 올리는 경우도 있지만 안 올리는 경우도 많다. 평균 '좋아요'는 10~30명(일부 이벤트나 소개글에는 수백 명이 '좋아요'를 누르기도 한다), 평균 댓글은 5개 미만(일부 글을 제외하고는 거의 없다), 공유는 5~15명 정도이다. 담당자가 국민 의견의 수렴을 시도하고, 질문과 참여를 권장하며, 댓글로 질문이 올라오면 부처 자체에서 답변이 활발하게 이루어진다.

런던올림픽 응원 이벤트('좋아요' 285명, 댓글 149개, 공유 259명), 독서의 해 홍보, 대한민국 역사박물관, 2012 뉴욕 한지 문화제, 부산국제영화제, 멕시코 한인문화원 개원, 2012 한국 국제관광전, 스포츠 불법 도박 예방 방법 공모, 재외 한인문화원 파견 문화 PD 인턴 모집, 창의인재 동반사업, 독서의 해 영상 감상 경품 이벤트('좋아요' 107명, 댓글 3개, 공유 14명) 등에 대한 정보를 제공하고 있다.

한편, 서비스 간의 연결에 의한 콘텐츠 공유 외에 정부기관의 공유 서비스로 대표적인

그림 4-3 공유저작물 서비스 '퍼브'

자료: publicdomain.copyright.or.kr

것인 '퍼브(publicdomain.copyright.or.kr)' 사례를 들 수 있다. 문화체육관광부와 한국저작권위원회가 기존의 자유 이용 사이트(freeuse.copyright. or.kr)를 개편하여 2012년 7월 31일부터 서비스하기 시작한 퍼브는 글이나 사진, 음악 등을 시민들이 가져다 쓸 때 저작권자를 찾거나 이용 가능한 범위를 확인하기 위한 좋은 서비스이다. 이 서비스에서는 저작권 보호 기간이 지난 글, 자유 이용 라이선스(CCL)나 공공저작물 자유 이용 허락 표시(KOGL) 등을 적용한 저작물, 음악, 미술 저작물에 대한 정보와 해당 파일, 관련 웹사이트의 링크를 제공한다.

(5) 중소기업청

평균 '좋아요'는 10~30명, 댓글 10개 이하, 공유 1~5명 이하이고, 이모티콘을 배제한 깔끔한 이미지가 눈에 띈다. 정보 전달의 측면이 높으며, '좋아요' 등에 비해 댓글은 적은 편이다. 대형 마트의 일요 휴무제, 재래시장, 소형 마트 소개, 주간 뉴스 다드림 정보, 대학생 창업 문제, 재능 기부 콘서트, 팟캐스트 방송 등에 대한 정보를 제공하고 있다.

(6) 통일부

통일부는 하루 1개 글을 게시하며 평균 '좋아요'는 10~50명, 댓글 20개 이하, 공유 30명 이하이고, 경품 이벤트에는 참여가 활발하다. 해외 상생 기자단 발대식, 인터넷 통일 방송 유니 라디오, 6·25전쟁 62주년 통일 지지 서명 운동, 장관 행사 일정, 연설 내용, 통일음악회, 통일 논문 현상 공모, 통일을 기원하는 통일 항아리 제조, 통일기금 모금 대회, 통일부와 Talk Talk('좋아요' 118명, 댓글 136개, 공유 63명) 등의 정보를 제공하고 있다.

한편 민간과의 협업으로서 네이버 지식인을 통해 통일·남북 문제에 대한 지식 서비스를 제공하기로 하고, 이를 위해 통일정책, 인도적 지원, 남북교류 협력, 남북회담, 통일교육, 북한 동향 등 업무 분야별 담변 담당자를 지정했다.8)

(7) 해양경찰청

평균 '좋아요'는 20~30명(최대 50명), 댓글 2~10개 이하이고 글은 자주 올라오는 편이 아니어서 주 1회 정도 글이 게시된다. 정보 전달의 성격이 강하고, 기관의 홈페이지를 그대로 옮겨놓은 듯한 느낌이다. 특색 있는 콘텐츠가 없으며, 뉴스를 전달하는 또 다른 플랫폼의 느낌이 강하다. 대부분의 글이 해양경찰 관련 새로운 소식이다. 해양경찰청의 갈매기 유치원 UCC는 안전한 물놀이를 위해 제작한 애니메이션으로 교육용에 적합해 보인다.

(8) 환경부

환경부는 매일 글을 게시하며 글 수도 많은 편이다. 한 달에 거의 15개의 글을 게시하며, '좋아요'는 60 이하, 평균 댓글은 15개 이하, 공유는 20명 이하이고 기프티콘 경품 이벤트에 대한 참여가 높다. 장관 일정, 하이브리드 차량 홍보 대사, 환경 보호를 위한 생활의 지혜, 환경 보호 사례, 시민기자단 활동이 활발하고, 우리나라 환경 성과 지수 상승, 친환경 운전을 위한 스마트폰 앱, 겨울철 환경을 지키면서 보온할 수 있는 생활 지혜, 야생화 이벤트,

---

8) "통일부, 네이버서 통일 남북 지식 서비스 제공." 『파이낸셜뉴스』. 2011년 12월 2일자.

기후 변화에 대한 차관과의 대화 등에 대한 정보를 제공한다.

3) 미흡 사례(28개 기관)

(1) 감사원

글이 거의 올라오지 않으며 '좋아요'와 댓글도 거의 없다. 프로필 사진도 게시되어 있지 않으며, 마치 담당자가 없는 것 같은 느낌까지 든다. 기관 소개 정도의 글만 게시되어 있다.

(2) 경찰청

한 달에 거의 15개의 글이 게시되며, 평균 '좋아요'는 40명 이하이고, 평균 댓글은 10개 이하, 공유 건수는 10명 이하이다. 운전 중 담배꽁초 투기행위에 대한 집중 단속, 경찰에 허위 신고 지양 촉구, 사이버경찰청 홍보, 운전면허 간소화 효과, 보이스피싱 대응 방법, 운전면허증 분실 시 대처 방법, 자녀가 폭력을 당했을 경우의 대처 방법, 전자발찌의 실용성, 자살 시도한 여학생 구조 뉴스, 층간소음 안내, 홍보대사에 대한 정보를 제공하고 있다.

(3) 관세청

한 달에 거의 15개의 글이 게시되며, 평균 '좋아요'는 20명 이하이고, 평균 댓글은 5개 이하, 공유 건수는 5명 이하이다. 효율적인 수입제도인 전자제출제도, 관세 용어, 업그레이드된 통관 서비스, 수입물품의 관세율과 원산지를 결정하는 가장 기본 요소인 품목 분류, FTA 성공 사례 아이디어 경진대회, FTA 원산지 사전 진단 서비스, FTA 무관세 효과, 관세청 직원들의 봉사활동에 대한 정보를 제공하고 있다.

(4) 국세청

한 달에 거의 15개의 글이 게시되며, 평균 '좋아요'는 20명 이하이고, 평균 댓글은 5개 이하, 공유 건수는 5명 이하이다. 고소득 전문직 임대사업자에 대한 집중세무조사, 의료비와 교육비 공제제도, 다단계 피해 예방, 부가가치세 신고 납부, 해외금융계좌 신고, 블로그와 페이스북 홍보, 종합소득세 신고 기간, 연말정산 소득공제 항목 등에 대한 정보를 제공하고 있다. '드라마 시청하고 국세청과 소통하자'라는 이벤트를 실시하고 있다('좋아요' 131명, 댓글 139개, 공유 204명 참여).

(5) 기상청

한 달에 거의 20개의 글이 게시되며, 평균 '좋아요'는 30명 이하이고, 평균 댓글은 5개 이하, 공유 건수는 10명 이하이다. 청장의 행사 일정과 연설 내용, 장마전선의 이동, 국가기상위성센터, 전국의 대기 상황, 평창올림픽 스마트 기상 지원 워크숍, 전력과 날씨의 상관 관계, 기상고객협의회, 인터넷 기상방송, 기상청 방재 업무, 기상청 사칭 보이스피싱 예방 등의 정보를 제공하고 있다.

(6) 농림수산식품부

농림수산식품부는 하루에 1~3개의 글이 게시되지만 올리지 않는 날도 많아서 글 자체가 많지는 않다. 평균 '좋아요'는 10~30명이며, 공유는 10명 미만이며, 이벤트에는 댓글과 공유 수가 높게 나타나고 있다. 장관 일정, 공모전, 귀농/귀촌에 대한 콘서트, 농촌생활 설명회, 단순 이벤트가 아닌 플래시 감상, 댓글과 공유를 유도함으로써 이벤트 참여자들의 능동적이고 적극적인 참여를 유도하고 있다. 장관 1일 사용권과 같은 이벤트를 진행하고 GAP 농산물 안내를 하고 있다.

(7) 농촌진흥청

한 달에 거의 20개의 글이 게시되며, 평균 '좋아요'는 60명 이하이고, 평균 댓글은 10개 이하, 공유 건수는 10명 이하이다. 배 과수원의 피해 방지를 위한 방법, 한우 농가의 전망, 농수산물의 효용, 농작물 보험의 필요성, 청장의 행사 일정, 축산식품에 대해 10가지 병균을 동시에 접종할 수 있는 기술, 모내기 경연대회, 개청 50주년 행사, 행정안전부와 양해 각서 체결, 브리핑 등의 정보를 제공하고 있다.

(8) 대검찰청

한 달에 거의 40개의 글이 게시되며, 평균 '좋아요'는 30명 이하이고, 평균 댓글은 5개 이하, 공유 건수는 10명 이하이다. 생성된 지 얼마 안 된 계정이어서 아직 참여도가 미흡하다. 구속 기소된 판례, 검찰 최초 여성 사무국장 탄생에 대한 뉴스, 학교폭력 예술 치료 1일 캠프 베프존, 모호한 법률 문제에 대한 답변, 학교폭력 없는 준법 우수학교 선정, 검찰수사관의 학교 강연, 수사 및 단속 결과, 청렴문화 캠페인, 드라마 「추적자」에 대한 감상평, 웹툰을 이용한 법률 문제 설명, 간편해진 출입국심사 서비스에 대한 정보를 제공하고 있다.

(9) 문화재청

한 달에 거의 20개의 글이 게시되며, 평균 '좋아요'는 100명 이하이고, 평균 댓글은 20개 이하, 공유 건수는 30명 이하이다. 국립국악원에서 국립무용과 교육 실시, 종묘제례악 체험, 경복궁 다례 체험, 고고학을 통해 바라본 우리 역사 직무 연수, 목조 문화재에 피해를 주는 흰개미에 대한 연구, 2012년 청년 유네스코 문화유산 지킴이, 숭례문 복구 공사의 진행 상황, 공룡 발자국 연구 성과, 전통 혼례 무료 체험, 문화재 개방 시간에 대한 정보를 제공하고 있다.

(10) 방위사업청

법무부는 한 달에 평균 25개 정도의 글을 게시하고, 평균 '좋아요' 30명 이하, 댓글 5개 이하, 공유 10명 등이 참여한다. 영국 국제 에어쇼, TA-50항공기 공군에 인도, 청장의 일정과 연설 내용, 드림 프로젝트 이벤트, 주한 외무무관 초청 행사, 차기 전투기 사업 기종 선정 과정에서의 논란, 국제 군사과학기술 경진대회 홍보, 정전 대비 위기 대응 훈련, 방산육성자금 지원제도, 대형 구매사업 전용 웹페이지 개설, 직원들의 선행 등에 대한 정보를 제공하고 있다.

(11) 법무부

법무부는 한 주에 글을 많이 올리는 경우도 있지만 아예 올리지 않는 날도 많다. 평균 '좋아요' 10~60명, 댓글 10개 이하, 공유 5~20명 등이 참여한다. 성폭력 피해 아동-장애인 입법 공청회, 서울 부산지검 수사국 신설 추진, 교도관 생활 안내, 로앤톡 앱 출시, 온라인 법무 정책 국민평가단 위촉, 새로운 법률 정보, 최저 임금 설명 만화, 근로환경에 대한 만화 등의 정보를 제공하고 있다.

(12) 법제처

법제처는 한 달에 거의 20개 정도의 글을 올리며 평균 '좋아요' 20명 이하, 댓글 5개 이하, 공유 10명 등이 참여하며, 이벤트에는 댓글과 공유 수가 높게 나타나고 있다. 다른 부처에 비해 국민들의 관심이 적은 것으로 나타나고 있기 때문에 좀 더 적극적인 홍보활동이 요구된다.

아시아 법제 포럼, 교과부와의 협약식, 생활법령 블로그 기자단, 2012년 아시아 태평양 금융 포럼, 천안함 용사 2주기 추모식, 과천법제지원센터, 처장의 행사, 어린이 법제관 모집, 하위 법령 특별 정비와 SNS정책 설명회, 학교폭력 근절 대책을 법제적으로 지원하기 위한 법제처 학교폭력대책 TF 출범, 개인정보보호법의 변혁에 대한 정보를 제공하고 있다.

(13) 소방방재청

평균 '좋아요'는 10~40명, 댓글 10개 이하, 공유 3~15명 이하이고, 글이 많이 올라오는 편은 아니지만 최근 들어서 조금 더 신경을 쓰는 느낌이다. (병무청의 '굳건이'처럼) '캐릭터인 '네마'가 이야기하는 것과 같은 대화체의 게시글을 올리고 있다. 전체적으로 청장에 대한 이야기가 많다. 트위터와 페이스북의 어체가 다르기 때문에 담당자가 다른 것으로 추정된다. 5월부터 꾸준히 많은 글이 올라오고 있으며, 2011년에는 주로 청장이 참석한 기관 내 행사를 소개하는 글이 대부분이었고, 의견이나 대화는 전혀 없었다. 사진을 한꺼번에 5~15장씩 게시하기도 하여 페이스북의 특성을 전혀 이해하지 못한 운영을 했다. 그래도 2012년에는 댓글이나 '좋아요'가 많이 늘어난 편이다. 풍수해보험, 휴가철 관련 정보, 절전, 가뭄 등의 생활 이슈, 소화기 사용법 등의 정보 제공에 주력하며, 정보 전달에만 치중하기 때문에 글이 재미있는 편은 아니다.

(14) 식품의약안전청

'좋아요', 댓글, 공유 등이 거의 없으며 글도 자주 올라오는 편이 아니다. 보건복지부보다 약 3개월 늦게 생겼지만 '좋아요' 수 등에서 큰 차이가 나고 있다. 긴급유통 판매 금지 및 회수 제품, 의약품 재분류, 대장균 정보, 사후피임약, 대학생 체험 프로그램 등에 대한 정보를 제공하고 있다.

(15) 여성가족부

여성가족부의 페이스북에는 하루 3~4개가 게시되지만 한 달 평균으로는 15개 정도가 제시된다. 평균 '좋아요'는 10~50명, 댓글 20개 이하, 공유 20명 이하이고, 경품 이벤트에는 참여가 활발하다. 장관 일정, 심포지엄, 청소년 마음읽기 프로젝트, 결혼 이주 여성 취업 능력 개발 사회 능력 고양, 아이돌봄 통합 업무 시스템, 학교폭력 긴급전화, 청소년 중독 예방,

청소년 마음 영상 제작 이벤트, 유기견 보호 캠페인 등에 대한 정보를 제공하고 있다.

(16) 조달청

평균 '좋아요'는 10명 이하이고 댓글은 거의 없으며, 공유 1명 정도이다. 전체적으로 페이지의 느낌이 깔끔한 편인 것은 게시글이 대부분 한 문장이기 때문이다. 글이 대부분 한 문장이며, 그것도 블로그 링크로 이루어져 있다. 2011년과 2012년 초반보다는 상대적으로 글이 많이 올라오는 편으로서 약 2~3일에 하나 정도씩 게시되고 있다.

Q&A를 자체적으로 마련하여 조달청에 대한 정보를 제공하고, 간담회, 각 지역 조달청의 글, 블로그 기자단 활동, 전국의 조달청을 찾으라는 이벤트 등 전체적으로 블로그에 올린 글을 소개하는 채널로서의 역할을 하고 있다.

(17) 지식경제부

지식경제부 페이스북에는 하루 3~4개가 게시되는 경우도 있지만 글이 올라오지 않는 경우도 많다. 평균 '좋아요'는 30명 이하, 댓글 30개 이하, 공유 20명 이하이고, 경품 이벤트에는 참여가 활발하다. 카드 타입 디지털 도어락 보안주의, SNS 서포터즈 모집, 하반기 경제정책 방향, 전기 절약 정보, 하반기 수출 전망, 중동 진출 기업의 활약, 한-콜럼비아 FTA, E 지식경제 사전 애플리케이션 홍보 등의 정보를 제공하고 있다.

(18) 통계청

글은 하루에서 격일 간격으로 자주 올라오는 편이며, 평균 '좋아요'는 1~10명이다. 통계청의 경우는 정보 전달의 측면도 있지만 대화가 이루어지는 면도 많은 것이 특징이다. 한편으로는 블로그 링크를 거는 글이 많아서 블로그에 더 비중을 두고 있는 편이다. 링크 걸린 글이 대부분이며, 통계청 업무, 이주노동자 인원 및 상황 파악, 사교육비 인터넷 조사, 음주, 월세에 대한 통계, 통계청의 유래와 역사, 계절과 날씨 등에 대한 정보를 제공하고 있다. 최근에는 5천만 국민 돌파 이벤트를 진행하고 있다.

(19) 특임장관실

글은 약 2~3일에 한 번씩 게시되며 평균 '좋아요', 댓글, 공유는 없다. 페이스북의 활용도가 적고 활성화가 되어 있지 않다. 페이스북을 따로 관리하지 않으며, 게시된 글의 출처의

약 90%는 트위터에 올리면서 동시에 페이스북에 게시되는 방식으로 주로 장관의 활동 소개에 치중하고 있다.

(20) 특허청

특허청의 페이스북은 글이 자주 올라오는 편은 아니며 1주 내지 2주 간격으로 글이 올라온다. 평균 '좋아요'는 10~30명 이하, 댓글 10개 이하이다. 정보 전달 성격과 블로그 링크 글이 많다. 특허, 아이디어, 특허 괴물 연재, 특허청 기자단 활동, 발명 사례 등 콘텐츠는 좋지만 참여와 호응이 적은 편이기 때문에 이 점에 대한 보완이 필요하다.

(21) 행정중심복합도시건설청

2012년 1월 15일 생긴 이 기관의 페이스북은 평균 '좋아요' 10명, 댓글 10개 이하의 참여도를 보이고 있다. 7월 1일의 세종시 출범으로 인해 급성장하고 있는 분위기이며, 가장 최근에 생긴 페이지이기 때문에 아직 활발한 의견이나 대화는 없지만 세종시를 기반으로 한다는 점에서 세종시 인구를 페이지의 참여자로 끌어올 수 있는 가능성도 있다. 세종시 초등학교의 스마트교육, 도시 발전 과정, 찾아가는 법, 주변 유적과 외국의 자매결연 도시, 세종특별자치시 출범 축하 이벤트 등의 정보를 제공하고 있다.

그 밖에 공정거래위원회, 국가과학기술위원회, 국가인권위원회, 국민권익위원회, 금융위원회, 방송통신위원회, 원자력 안전위원회와 같은 위원회 기관들은 앞서 소개한 미흡한 사례의 기관보다 더 미흡한 운영 수준을 보이고 있다.

마지막으로 지적할 점은, 정부기관의 스마트 소셜 미디어 활용에 대한 시민의 호응은 단지 스마트 소셜 미디어 활용을 얼마나 하고 있는가에 비례되는 것이 아니라 다른 변수가 작용할 수 있음을 고려할 필요가 있다는 것이다. 즉, 기상청이나 소방방재청 같은 경우 제대로 된 상호작용 없이 일방적으로 정보를 제공하더라도 날씨, 교통, 재난 등의 기관 특성상 제공되는 정보가 시민들에게 유용성을 주기 때문에 팔로잉이나 '좋아요'를 하는 경우가 있다. 반면 원자력 안전위원회나 농촌진흥청 같은 경우는 그곳에서 제공되는 정보가 특정 계층 이외에는 노이즈로 작용할 수 있어서 상대적으로 팔로어나 '좋아요' 수가 적을 수도 있다. 이처럼 기관 고유 업무의 특성이나 범위의 차이 때문에 선호도가 달라질 수 있다는 점을 감안해야 한다.

표 4-17 정부기관의 스마트 소셜 미디어 활용 현황 평가(소결)

정량평가

1. 개설도(채널별 계정 개설 현황)

√ 페이스북(95%), 블로그(93%), 트위터(93%) 순으로 개설함
√ 최근 들어 유튜브(34%) 개설도가 높아지고 있지만 적극적으로 사용하지는 않음
√ 모바일 앱도 79% 정도의 기관이 서비스함
√ 향후 실시간 서비스(Realtime Service)에 대한 요구가 증가할 것이므로 효율적인 모바일 앱 홍보 방안에 대해서도 사전에 충분한 준비가 필요함
√ 미개설 기관: 감사원, 국가정보원, 특임장관실, 행정중심복합도시건설청

2. 참여도(트위터 활동지수, 페이스북의 '좋아요'와 '이야기하는 사람' 수)

√ 트위터 활동지수: 상위 기관 평균 클라우트 지수 50 이상(일반 평균 20)
√ 트위터 활동 유형: 전문가형(specialist, 50%), 확산자형(networker, 38%), 광범위성과 참여가 상대적으로 부족하므로, '참여 유인형 네트워크 홍보전략'이 절대적으로 요구됨
√ 페이스북: 큰 규모 기관이 우세, 반응이 높은 시기는 2012년 4~6월 사이로서 비교적 최근에 인기, 25~34세가 주로 방문, 서울 편중 현상

3. 연결도(홈페이지나 블로그에서 다른 채널로의 연결)

√ 홈페이지에서 7개 채널을 모두 연결한 곳은 한 곳도 없음
√ 국방부, 국토해양부, 기획재정부, 법무부, 특허청은 연결성이 높음
√ 농촌진흥청, 감사원, 국가정보원, 원자력안전위원회는 연결성이 낮음
√ 정부기관의 평균 링크 수는 4~5개
√ 개설 → 개방 → 참여 → 생산 → 연결 → 공유 → 참여 → 더 쉬운 생산의 선순환 구조 마련이 시급

정성평가

1. 모범 사례(10개 기관: 국가보훈처, 국무총리실, 국방부, 기획재정부, 대통령실(청와대), 병무청, 보건복지부, 산림청, 외교통상부, 행정안전부)

- 적극적인 글 게시, 친근감 있고 신속한 대응, 참여와 소통성을 높일 수 있는 다양한 방안 모색, 외부 채널과의 적극적인 연결, 효율적인 이벤트 운영, 게시물 관리 원칙 제시, 체감형 정보 제공

2. 보통 사례(8개 기관)

- 낮은 참여도, 의례적인 정보 제공

3. 미흡 사례(28개 기관)

- 적극적인 관리에 미흡

제 5 장 스마트 소셜 미디어와 전자정부 통합 체계

제 5 장 스마트 소셜 미디어와 전자정부 통합 체계

제 1 절 전자정부의 진화

1 정부 2.0과 전자정부 진화모형

국제기구들의 정의에 따르면, 전자정부는 더 나은 정부를 달성하기 위한 도구로서 정보통신기술과 특히 인터넷을 활용하는 활동이자(OECD, 2004: 11), 공공 부문이 국민과 더불어 사회 내의 구체적인 발전 문제를 다루기 위한 역량 제고의 수단이다(UN, 2010: 2). 전자정부는 그 자체로 행정이 추구하는 목표가 아니라 행정의 효율성, 대민 서비스, 국민의 행정 참여 등을 활성화하기 위한 수단(tools)이다.

국제기구들은 1990년대 이후 각국이 추진하고 있는 전자정부와 국가정보화의 노력과 성과를 비교 평가하면서 정보통신기술 활용 방법을 개발 및 보급함으로써 더 나은 정부를 구축하는 데 필요한 정보를 제공해 왔다. 그 일환으로 UN과 OECD는 전자정부의 진화모형을 개발하여 회원 국가들의 성과를 비교 분석하고 있다. OECD(2001)는 전자정부의 진화를 세 단계로 분류했다. 첫째, 정부가 웹을 기반으로 국민에게 정보를 제공하는 단계이다(information). 이것은 관보, 정보 웹사이트, 정부 기록(archives)에의 접근 등 정부가 시민을 위해 정보를 생산·전달하는 일방향적 관계이다. 둘째, 자문(consultation) 또는 상호작용(interaction)은 정부에 대해 시민이 의견을 제시하는 쌍방향적 관계이다. 여론조사, 법안

표 5-1 OECD 모형: 정부-시민 관계와 정책 도구 매핑

		제1단계	제2단계	제3단계
정부-시민 관계	단계	정보 제공	협의(상호작용)	능동적 참여
	대상	행정정보	행정서비스	공공정책
	소통	일방향성	쌍방향성	파트너십
정책 수단	입법	정보공개법	행정절차법(고지와 답변 기간), 환경영향평가법(EIA)	국민투표법, 주민 입법청원
	정책	정부의 통신정책 반응 시간과 요금 등 부과	고충/불만 관리·분석, 규제영향평가, 협의정책	시민참여정책, PPP, 대안정책 제안, 자율규제
	기관	-집행: 부처, 공개기관 -감시: 옴부즈만, 법원	-집행: 홍보기관 -감시: 옴부즈만, 법원	부처, 중앙전략 지원부서, 시민단체, 학계, 싱크탱크
	IT 등 정책도구	관보, 정보관리 시스템, 정부 웹사이트, 포털, TV, 라디오, 연보, 인터넷방송	데이터분석 S/W, 담당공무원 email 주소, 서베이, 여론조사, 공청회, 초점집단(FGI), 온라인 채팅 행사	컨센서스 회의, 시민배심원제, 민중대회 세션, 온라인토론집단, 토론미팅, 독자 웹사이트, e-mail 목록

자료: OECD(2001: 28).

에 대한 의견 제시 등이다. 셋째, 국정 운영 과정에서 국민과 정부가 파트너십을 형성하는 능동적 참여(active participation) 단계이다. 예를 들면, 컨센서스 콘퍼런스, 시민 법정 등이 포함된다.

2005년 이후 2008, 2010, 2012년 등 격년 단위로 UN 경제사회사무국(UNDESA)에서 시행하는 전자정부조사는 최근 들어 많은 국가에서 정부와 국민 사이의 소통을 원활하게 추진하고, 국민의 국정 참여를 활성화하기 위한 다양한 노력을 기울이고 있음을 보여준다. 특히 그동안 추진하던 전자정부를 확장하여 전자적 협의와 웹 2.0 기반의 의사결정 참여에 박차를 가하고 있다.

국가들의 정부-국민 간 소통 도구는 크게 두 차원이다. 첫째는 전자적 협의(e-consulation)로서 주로 온라인 여론조사, 서베이나 의견 수렴, 간단한 토론이나 단문 메시지, 웹 로그(블로그), 리스트 서브나 뉴스그룹 등이 포함된다. 이들에 대한 국가들의 활용도가 2008~2012년간에 크게 증가하고 있음을 알 수 있다.

둘째, 전자적 의사결정 참여(e-decision-making)는 주로 웹 2.0 도구를 활용하는 형태이다. 온라인 토론 포럼이나 게시판, 청원, 투표는 물론 각종 스마트 소셜 미디어를 활용한 의사결정 참여가 활성화되고 있다. 온라인 토론 포럼과 게시판은 물론 청원 등 거의 모든 웹 2.0 활용 유형이 2년 사이에 거의 두 배로 증가하고 있다.

2 UN 회원국의 웹 2.0 활용

2000년대 초반부터 UN 경제사회사무국(DESA)이 회원 국가를 대상으로 1~2년 간격으로 조사하여 발표하는 전자정부 순위는 국가들의 전자정부에 대한 관심과 경쟁을 유발하는 중요한 계기가 되고 있다. 연도별 조사자료를 보면, 2008년도 조사 이후 국가들은 웹 2.0에 기반한 전자정부 활용에 초점을 두고 있음을 알 수 있다. <표 5-2>를 보면, 많은 국가가 전자정부는 물론, 스마트 소셜 미디어를 활용한 정부-국민 간의 소통 확대를 위해 노력하고 있음을 보여준다.

우선 OECD모형의 2단계인 전자 협의를 위한 도구로 상당히 많은 국가가 2010년도에 온라인 폴 30개(16%), 온라인 서베이나 피드백 55개(29%), 기타 쌍방향적 도구의 활용 33개(17%) 국가에 이르고, 이 숫자는 2012년에 각각 54개(28%), 87개(46%), 58개(30%) 국가로 증가한다. 또한 웹 로그(블로그) 사용 국가도 20개(10%)에서 48개(25%) 국가로 증가한다.

표 5-2 UN 회원국의 전자 협의와 웹 2.0 활용 유형과 추세

도구		국가 수	
		2010(%)	2012(%)
e-협의 도구	온라인 폴	30(16)	54(28)
	온라인 서베이나 피드백	55(29)	87(46)
	채팅 룸이나 인스턴트 메시징	11(6)	14(7)
	웹 로그(블로그)	20(10)	48(25)
	리스트 서브나 뉴스 그룹	16(8)	14(7)
	기타 쌍방향적 툴	33(17)	58(30)
	대상 국가 수	184	190
e-의사결정에 사용되는 웹 2.0 툴	온라인 토론 포럼	32(17)	78(40)
	온라인 게시판	27(14)	76(39)
	시민 요구에 대한 공무원 반응	16(8)	38(20)
	e-협의에 대한 공무원 중재 역할	8(4)	17(9)
	온라인 청원	17(9)	42(22)
	온라인 투표	17(9)	18(9)
	합계	184	190

자료: UN, E-Government Survey 2010, 2012, UNDESA.

전자적 의사결정에서 웹 2.0 도구를 활용하는 국가의 실태를 보면, 2010년에는 온라인 토론 포럼 32개(17%), 온라인 게시판 27개(14%), 시민 요구에 대한 공무원 반응 16개(8%), 온라인 청원 17개(9%)로 나타났고, 2012년에는 각각 78개(40%), 76개(39%), 38개(20%), 42개(22%)로 대부분 두 배 이상으로 증가한다. 이것은 UN 회원 국가들이 스마트 소셜 미디어를 활용하여 국민과 정책 협의 및 소통에 적극 노력하고 있음을 보여준다.

전자정부에서 세계를 선도하고 있는 한국의 입장에서 스마트 소셜 미디어를 활용한 정부와 국민 간의 소통을 더욱 활성화하는 기술적, 제도적, 운영적 노력을 경주해야 할 이유이다.

3 한국의 전자정부

1987년에 시작된 국가기간전산망사업으로부터 출발한 국가정보화사업은 1990년대 중반부터 '산업화는 늦었지만, 정보화는 앞서 가자'라는 구호 하에 초고속정보통신망 구축사업과 정보화촉진기본계획에 따라 국가정보화를 적극 추진했다.

전자정부사업은 김대중 정부에서 2001년 전자정부특별위원회를 구성하여 11대 다부처 사업을 추진하면서 공식화되었다. 이후 노무현 정부가 출범하는 2003년 대통령 자문 정부혁신지방분권위원회의 전자정부전문(특별)위원회를 중심으로 31대 로드맵 과제를 마무리한 바 있다. 두 정부의 전자정부사업은 기본적으로 인터넷 기반의 다부처 및 범정부적인 사업에 초점을 두었다는 점에서 과거의 국가정보화사업의 일환으로 추진된 이전의 공공 부문 정보화와는 크게 다른 성격을 지니고 있다(송희준, 2007: 28-29). 개별 부처들이 추진할 수 있는 과제들은 가급적 부처들이 자율적으로 추진하도록 하고, 대통령의 리더십이 필요한 다부처, 범정부 과제들을 대통령 소속 위원회에서 발굴하여 대통령 임기 내에 마무리하도록 점검 및 관리했다. 대통령 의제와 장관 의제를 구분하여 그에 맞는 추진 체계, 즉 공공 거버넌스를 구축 활용함으로써 전자정부 성공을 가져온 것이다.

특히 전자정부사업의 비전과 목표가 시대적 요구에 맞게 진화했다는 점을 주목할 필요가 있다. 즉, 제1차, 2차 국가기간전산망사업(1987~1991; 1992~1996)은 효율성에만 초점을 두었으나, 정보화촉진기본계획(1996~2000)은 효율성과 대민 서비스를 강조했다. 그러나 제1차 전자정부사업(2001~2002)이 효율성과 대민 서비스, 그리고 행정 투명성을 추구했고, 제2차 전자정부사업(2003~2007)은 제1차의 세 가지 가치 이외에 국민 참여라는 새로운 가치를 추가했다(송희준·조택, 2007: 28). 이것은 정부 운영 원리가 정부가 국민에게 일방적인

표 5-3 김대중 정부와 노무현 정부의 전자정부 목표와 사업

구분	김대중 정부	노무현 정부
사업 목표	- 대국민 행정 서비스 - 친기업 환경 조성 - 행정 처리의 생산성 · 투명성 - 정보 인프라 안전성 · 신뢰성	- 일하는 방식 혁신으로 투명한 행정 - 정보자원관리 혁신으로 효율적 행정 - 정보 서비스 혁신으로 참여행정
대민 서비스 (대민 서비스 혁신)	- 민원서비스 혁신(G4C) - 4대 사회보험 정보 연계 - 국가종합전자 조달 - 홈택스 서비스(HTS)	- 인터넷 민원 서비스 고도화 - 국가안전관리 종합 서비스 - 건축 · 토지 · 등기 고도화 - 종합 국세 서비스 고도화 - 국가복지 종합 서비스 - 식의약품 종합정보 서비스 - 고용취업정보 서비스 - 행정심판 인터넷 서비스 - 기업 지원 단일창구 서비스 - 국가물류 종합정보 서비스 - 전자무역 서비스 - 외국인 종합 지원 서비스 - 전자정부 해외 진출 지원 - 온라인 국민 참여
내부 업무 (일하는 방식 혁신)	- 국가재정정보 시스템 - 시 · 군 · 구 행정종합정보화 - 교육행정정보(NEIS) - 전자인사관리(PPSS)	- 문서 처리 전 과정 전자화 - 국가 · 지방재정 종합정보 - 전자지방정부 - 전자감사 체계 - 전자국회 - 형사사법통합정보 체계 - 인사행정 종합정보화 - 외교통상 정보화 - 국정과제 실시간 관리 - 행정정보 공유 확대 - 정보 기능 연계 모델(BRM)
기반 구축 (정보자원관리)	- 전자결재 및 문서 유통 - 전자서명 · 행정전자서명 - 범정부 통합전산 환경	- 범정부 통합전산 환경 구축 - 전자정부통신망 고도화 - 범정부 정보기술 아키텍처 - 정보보호 체계 구축 - 정보화 인력 및 운영 조직
범제도 정비		- 전자정부 및 안전 법령 정비
계	11개	31개

자료: 전자정부특별위원회(2003), 전자정부백서; 행정안전부 · 정보화진흥원(2008), 전자정부사업백서.

정보 제공에 초점을 두는 Gov 1.0 가치에서 정부와 국민 사이의 개방, 참여, 공유를 통한 협업을 강조하는 Gov 2.0 가치로 진화하는 일반 원리를 정확하게 반영하고 있다는 점에서 큰 의를 지닌다. 즉, 전자정부의 강조점이 김대중 정부에서는 행정 처리의 투명성을 강조하여 정보 공개에 초점을 두었다면, 노무현 정부는 그보다 진화된 정보 서비스 혁신을 통한 참여 행정을 강조하여 국민의 적극적인 국정 참여에 초점을 두었다는 점에서 진일보한 셈이다.

이명박 정부에 들어와서는 새로운 다부처, 범정부 사업을 개발하기보다는 과거 정부들이 추진한 전자정부사업의 보완 및 고도화에 초점을 두었다.

여기서 Gov 2.0 가치를 구현하는 데 중요한 의미를 지닌 전자정부사업으로 정보공개 시스템, 정보공유 시스템, 온라인 국민참여 시스템(국민신문고), 대한민국 대표 포털(펀통이), 그리고 정책공감 시스템을 분석한다. 이들은 제1차, 제2차 전자정부사업 속에 포함되어 추진되거나, 후속 사업으로 개발 운영되고 있다.

제 2 절 전자정부와 스마트 소셜 미디어 연계 활용 현황

1 정보공개 시스템

정보공개는 국가기관과 지방자치단체 등 공공기관에서 수행하는 업무와 예산집행 내역을 국민과 고객이 알 수 있도록 공공기관이 보유·관리하는 정보를 국민에게 공개함으로써, 국민의 알 권리를 보장하고 더 많은 정보를 바탕으로 국정 운영에 참여할 수 있도록 하는 제도이다. 이를 위해 공공기관의 정보공개에 관한 법률이 1996년에 제정·공포되고, 1998년 1월 1일부터 시행되었다.

이와 같은 정보공개법의 취지를 구현하기 위해 정부는 정보공개 시스템(www.open.go.kr)을 개발 운용하고 있다. 그 결과 정보공개 시스템의 활용도는 빠른 속도로 높아지고 있다. 실제로 한국과 일본의 중앙정부 정보공개 실태에 대한 비교분석에서 한국은 일본에 비해 정보통신망을 이용하여 정보공개를 요청하는 비율이 압도적으로 높으며, 그 비율 또한 연도별로 급증하는 추세를 보이고 있다(송희준 외, 2012: 308-309). 정보공개 시스템이 개설된 이후 정보공개 청구 방법에서 정보통신망을 사용하는 비율이 한국은 평균 27.2%인데 비해 일본은 5.1%에 불과하다. 한국 내에서 김대중 정부에서는 18%였으나 노무현 정부에서

20.2%로 증가하고, 이명박 정부에서는 54.7%로 크게 증가했다. 이것은 기술 진보와 경험 축적에 따라 전자정부 시스템이 고객 지향적으로 정착되고 국민의 관심이 높아진 결과이다.

정보공개 시스템은 트위터, 페이스북, 미투데이, 유튜브 등 국내 중앙행정기관들이 주로 개설 운영하고 있는 스마트 소셜 미디어를 개설하지 않고 있다. 따라서 아래에 소개되는 온라인 참여 시스템과 같이 트위터, 페이스북 등 미디어를 개설하여 담당 부서로 연계되는 구조를 갖출 필요가 있다.

정보공개 청구 방법의 정보통신망 이용 증가에도 불구하고, 정보공개 시스템이 당면한 가장 큰 과제는 정보공개 청구 처리, 정보공개의 범위(전부 공개, 부분 공개, 비공개)와 비공개 사유, 불복 신청(이의신청과 행정심판) 처리 결과, 정보공개 결정 기간 등에서 김대중 정부와 노무현 정부에 비해 이명박 정부에서는 현격하게 악화된다는 점이다(송희준 외, 2012). 전반적으로 이명박 정부는 앞의 두 정부에 비해 정보공개 청구 처리율이 낮아지고, 즉 취하율이 높아지고, 공개 범위에서 전부 공개율이 낮고 부분 공개 및 비공개 비율이 현저히 높아졌다. 또한 정보공개심의회의 심의 결과에서도 이명박 정부는 이전의 두 정부에 비해 기각·각하율이 높아지고, 정보공개 결정 기간도 길어지는 등 정보공개 운영 실적이 전반적으로 악화되었다. 이것은 정보공개에서 정보 시스템 구축이나 스마트 소셜 미디어 채널과의 연계와 같은 기술적 요소 이상으로 제도 운영에 대한 최고 정책결정자의 의지와 정부관료제의 솔선수범이 중요한 요소라는 점을 말해 준다. 좋은 정보 시스템과 소통 채널을 개설해 놓더라도 고객과 국민이 원하는 정보를 정부가 자발적으로 공개하지 않으면 그들은 포기하거나 불복 절차를 거치는 등 많은 사회적 비용이 소요되기 때문이다.

여기서 정부정책 결정과 집행과 관련된 정보를 공개함으로써 정보비대칭(information asymmetry)이 존재하지 않는 상태가 정부와 국민 간의 신뢰 형성에 필수 조건임을 보여준다. 정부PR 2.0은 바로 이와 같은 소통 조건을 해결하는 활동이다.

2 온라인 참여 시스템

국민신문고(www.epeople.go.kr)는 국민의 참여 활성화를 위해 전자적 참여 수단을 제공하고 주민 편의성을 향상시킬 수단으로 온라인 국민 참여 포털 형태로 31대 로드맵 과제의 하나로 개발·개설되었다. 국민신문고는 이미 운영되어 왔던 청와대의 인터넷 신문고(고충민원), 국민참여마당(국민제안, 정책참여), 국민고충처리위원회의 관련 시스템(고충민원, 국민제안)을 통합하여 2005년부터 서비스가 제공되고 있다.

국민신문고는 현재 국민권익위원회가 시스템을 관리하고 있다. 국민권익위원회는 부패 방지와 국민의 권리 보호 및 구제를 위해 과거 국민고충처리위원회와 국가청렴위원회, 국무총리 행정심판위원회 등의 기능을 합쳐 2008년 2월 새로 출범했다. 세 위원회를 권익위원회로 통합한 이유는 국민고충처리위원회의 국민 권리구제 업무와 국가청렴위원회의 국가청렴도 향상을 위한 활동, 행정심판위원회의 행정과 관련한 쟁송 업무 등 국민의 권익 보호 관련 업무들을 한 기관에서 처리하기 위한 것이다. 즉, 여러 기관으로 나뉘어 있어 국민에게 혼란과 불편을 초래할 수 있는 고충민원 처리, 부패 방지 및 행정심판 기능을 통합하여 국민의 권익 구제 창구를 일원화하고 신속하고 충실한 원스톱 서비스 체제를 마련했다.

시스템은 그동안 고질적인 병폐로 여겨졌던 원스톱 처리 부재, 민원 늑장 처리, 불성실한 답변, 민원 당사자의 민원 처리 등의 문제를 개선하는 차원에서는 성과를 거두었다(한국정보화진흥원, 2011: 223).

그림 5-1 국민신문고의 초기 화면

현재 국민신문고 시스템은 트위터, 페이스북, 미투데이의 세 가지 미디어로 연계되어 있으며, 국민권익 블로그가 개설 운영되고 있다. 여기서 트위터, 페이스북, 미투데이로 들어가면 국민권익위원회의 SNS로 연결된다. 그러나 국민신문고 시스템에서 권익위원회와 국민과의 소통은 거의 대부분 민원 신청 및 처리와 관련된 내용으로 진정한 의미에서 정책 과정에의 국민 참여로 보기 어렵다. SNS의 활용이 국민 권익과 관련된 정책 토론과 심의(policy discussions and deliberations)로 승화될 수 있도록 노력할 필요가 있다.

3 행정정보 공유 시스템

정부는 Gov 2.0과 PR 2.0의 핵심 가치의 하나인 부처 간, 정부-시민 간 정보 공유를 활성화하기 위해 전자정부사업을 추진해 왔다. 정보 공유의 초기 형태는 2001년 전자정부 11대 과제의 하나인 '정보화를 통한 민원서비스 혁신사업(Government For Citizens: G4C, www.g4c.go.kr)의 세부 과제의 하나로, 행정기관이 보유한 행정정보 중 국민생활과 밀접한 관계가 있는 주민, 부동산, 자동차, 기업, 세금 등 5대 분야 20종의 정보를 행정기관 간에 공동 이용하여 전자적으로 확인하게 하는 것이었다. 이를 통해 민원인이 한 행정기관에서 제증명서류를 발급받아 다른 행정기관에 민원 구비서류로 제출하거나, 행정기관 내부적으로 업무 처리를 위해 다른 행정기관으로부터 제증명서류를 떼어 활용하는 중복성과 비효율성을 해소하도록 하려는 목적이었다.

2003년 31대 로드맵 과제의 하나로 '행정정보 공유 확대사업'이 채택되자 2005년 행정정보공유추진단이 구성되어 '행정정보 공동이용 종합추진계획'이 확정되어 수차례에 걸친 사업 끝에 G4C로부터 독립된 '행정정보 공유 시스템(pr.share.go.kr)'으로 자리 잡게 되었다. 이 과정에서 공동 이용 대상 정보의 양적 확대와 질적 고도화, 공동 이용 대상 사무의 확대, 공동 이용 대상기관의 확대와 같은 성과를 거두었다(행정안전부/행정정보공유추진단, 2010). 부처 간, 기관 간 행정정보 공유 확대는 UN의 전자정부 수준 모형에서 마지막 5단계인 정부-민간 간 연계 서비스 제공이 가능한 마디 없는 통합(seamless integration) 단계로의 진입이 시작되었음을 의미한다.

실제로 정보 공유 시스템이 활용되기 시작한 이후에 이용 실적과 비용 절감 효과와 녹색정보화 효과도 매우 큰 것으로 조사되었다. 민원(고객)사무와 내부 사무를 포함한 공동 이용 실적은 2009년에 6천 1백만 건이었고, 2010년에는 6천 7백만 건으로 증가했고, 같은 기간에 탄소 저감 효과(t-CO_2)는 122천 톤에서 133천 톤으로 증가했다(한국정보화진흥원, 2011: 308-209).

그러나 정보 공유 사업은 크게 두 가지 문제를 가지고 있다.

첫째, 부처 간, 정부-민간 간 행정정보 공유가 확대되고 있는 것은 틀림없는 추세이지만, 이것은 어디까지나 행정기관 내부의 확인 업무와 민원 구비서류의 감축을 통한 시간 및 비용 절감 효과를 제고하는 데 초점을 두고 있다는 점이다. 즉, 행정 공유사업은 Gov 2.0과 PR 2.0에서 강조하는 정책 과정에의 참여와 공유를 통한 협업 단계로 나아가지 못하고 있다. 이것은 행정환경의 불확실성과 복잡성의 증대에 따라 전통적인 조직 경계를 넘어 발생하는 공공난제(tangled or wicked problems)를 해결하는 데 필요한 집단 지성(collective intelligence) 단계는 아니라는 것이다. 이 점에서 정보 공유 시스템은 행정정보에 대한 '알 필요'에서 정책 지식을 '공유할 필요'를 충족시킬 수 있는 공공 부문 지식 네트워크(public sector knowledge network)로 진화할 필요가 있다(Dawes, Cresswell, & Pardo, 2009: 392).

둘째, 이를 위해 공유 시스템에 트위터, 페이스북, 미투데이 등 스마트 소셜 미디어와의 연계를 강화할 필요가 있다. 현재 공유 시스템의 초기 화면에는 트위터 등 스마트 소셜 미디어 채널이 개설되어 있지 않기 때문에, 시스템에 들어가 정보 공유 시스템과 관련된 정책 참여나 협의를 스마트 소셜 미디어를 이용하여 수행할 수 없는 구조이다. 따라서 다수의 지혜(wisdom of crowds)를 활용하는 정부 2.0과 PR 2.0의 공유 및 협업 가치를 정보 공유 시스템을 통해 구현하는 데는 현실적인 어려움이 있다.

4 대한민국 대표 포털

대한민국 정부포털(펀통이)(www.korea.go.kr)은 행정안전부가 관리하는 사이트로 뉴스, 정부 사이트 소개, 취업/창업, 테마별 서비스, 사용자별 서비스, 대한민국 돋보기 등 많은 정보를 소개하고 있다. 또한 국민과의 소통과 참여를 활성화하기 위한 통로도 개설하고 있다. 초기 화면의 우상단에 페이스북, 트위터, 미투데이 같은 스마트 소셜 미디어가 개설되어 있다. 특히 초기 화면 우하단에는 '실시간으로 보는 소셜 뉴스'란을 설치하여 각종 스마트 소셜 미디어를 통한 홍보와 소통 기능을 활성화하고 있다.

2012년 9월 30일 현재 페이스북에는 '좋아요'가 79,933회, '얘기하는 사람'이 17,685회가 기록되어 있고, 트위터에는 767 트윗, 31,536 팔로잉, 32,909 팔로어를 기록하고 있다. 또한

그림 5-2 대한민국 대표 포털(korea.go.kr)

모바일 앱과 동영상, 웹툰 등이 개설되어 있다. 따라서 대한민국 정부 대표 포털로서 SNS의 개설과 링크는 비교적 잘 되어 있는 것으로 평가된다. 이 대한민국 대표 포털은 문화부 국민소통실의 기능과 긴밀하게 연계할 필요가 있다.

5 정책공감 블로그

2008년 광우병 괴담과 연계된 미국산 쇠고기 수입 반대 촛불 시위 이후 정부는 웹 2.0 기반의 블로그 '정책공감(hellopolicy)'을 개설 운영하기 시작했다([그림 5-3] 참조). 공감 코리아는 현재 각 부처에서 생산하는 정책정보를 한 곳에 모아 서비스하면서 민간 포털 등에 연계하여 확산하는 역할을 수행하는 정부 정책 포털이다. 이것은 정책에 대한 국민 소통 중대를 위한 '정책기자마당', 공공기관의 채용 관련 정보를 종합적으로 제공하는 '일자리정보' 등 다양한 코너 등을 운영하고 있다.

이 블로그는 국내에서 대표적인 두 개의 포털 사이트인 네이버(blog.naver.com/hellopolicy)와 다음(blog.daum.net/hellopolicy)으로 연계하여 활용된다. 생활 속 정책 이야기, 정책 현장 속으로, 정책 포커스, 그리고 참여 공간 등으로 구분되어 있는 정책공감 블로그에는 4,300건의 글이 올라 있다. 이 블로그들은 트위터, 페이스북, 미투데이 등 채널과 연계 운영되고 있다. 정책공감은 트위터에서 2012년 9월 1일 현재 트윗 6,069개, 팔로잉 6,412개, 팔로어 6,794개를 기록하고 있다. 또한 페이스북에서 '좋아요(likes)' 226,461회, 그리고 "이야기하는 사람(talking about this)" 2,443명이다.

이 블로그들은 정부부처들에 이미 설치된 웹사이트와 달리 웹툰(web tune)을 설치하거나, '폴리씨(氏, policy)' 같은 알기 쉬운 화자를 설정하여 쉽고 가벼운 대화의 형식으로 정부정책과 주요 이슈, 사회적 쟁점에 대한 정보를 제공하고 소통의 장을 마련하고 있어서 고객 친화성을 높이려고 노력했다. 그러나 실질적으로는 일방향적인 정책홍보와 정부홍보의 장에 머물러 있다는 지적을 받고 있다(조화순, 2010: 72). 또한 사회적 쟁점에 대한 게시 글과 댓글, 태그(tag), 트랙백(trackback) 기록도 저조한 실정이다.

그림 5-3 정책공감 블로그의 초기 화면

제 3 절 전자정부 시스템과 스마트 소셜 미디어 연계의 문제점

제2절에서 정부 2.0의 개방, 참여, 공유 가치를 구현하기 위한 전자정부 시스템과 정책 참여 포털에 대한 현황과 실태를 살펴보았다. 그러나 다섯 가지 시스템 중에서 정보공개 시스템과 정보 공유 시스템에는 주요 스마트 소셜 미디어 채널이 개설되어 있지 않는 것으로 나타났다. 따라서 일차적으로는 이와 같은 전자정부 시스템에 스마트 소셜 미디어 채널의 연계가 필요하다.

다음으로는 전자정부 시스템상의 스마트 소셜 미디어 서비스가 주로 공급자 측면에서 일방향적으로 이루어지고 있다는 점이다. 이것은 참여와 공유 관점에서 더 많은 발전의 여지가 있음을 보여주는 현상이다.

마지막으로 중앙행정기관들의 웹사이트를 통한 스마트 소셜 미디어 채널에의 이용자 참여 형태에서 나타나는 문제점들이 전자정부 시스템에서도 그대로 나타나고 있다는 점이다. 페이스북, 트위터 등의 활용이 주로 '좋아요' 같은 단순한 공감이나 동조 수준이지, 질적 수준을 제고하는 대화나 심의 수준에는 미치지 못하고 있다.

따라서 스마트 소셜 미디어의 활용에서 공무원들이 전통적으로 유지해 온 정부의 기능과 활동을 소개하는 홍보 차원이 아닌, 국민과의 소통과 참여를 촉진할 필요가 있다. 이를 위해 정부의 대표 포털이나 정책공감 블로그를 정부가 '관리'하는 기술적 도구로 인식하는 데서 벗어나 플랫폼으로서의 정부(government as platform)로 전환하기 위한 제도적, 기술적, 행태적 전환이 요구된다.

제 6 장 스마트 소셜 미디어 홍보 활성화

제 6 장 스마트 소셜 미디어 홍보 활성화

제 1 절 요약

1 개설도, 참여도, 연결도

1) 개설도

전체적으로 보았을 때, 모바일을 포함한 스마트 소셜 미디어 서비스 가운데, 가장 많이 개설한 순으로는 페이스북(95%) 〉 블로그(93%) = 트위터(93%) 〉 모바일 앱(79%) 〉 유튜브(34%) 순으로 나타나 동영상 서비스나 모바일에 비해 페이스북, 블로그, 트위터의 개설률이 더 높은 것으로 나타났다. 대부분의 스마트 소셜 미디어 서비스를 페이스북, 블로그, 트위터로 평가하기 때문에, 이와 같은 현상은 매우 자연스러운 결과이다. 아울러 최근 들어 동영상 서비스인 유튜브에 채널을 개설하는 정부기관이 늘고 있으며, 모바일 앱 서비스를 매우 적극적으로 제공하고 있다는 점도 특징으로 평가할 수 있다.

향후 스마트 소셜 미디어의 진전은 텍스트보다는 동영상 중심, 혹은 텍스트와 동영상이 결합된 서비스로 확대될 것을 감안한다면 유튜브에서의 채널 확대도 효과적인 정부 홍보를 위해 신경써야 할 서비스라고 할 수 있다. 이미 세계 주요 국가들은 유튜브에 독자적인 채널을 개설하여 전 세계적인 정부PR를 위해 노력하고 있으며, 공공 분야뿐만 아니라 유튜브에서의 출마 선언 등 정치인이나 선거 영역에서의 활용도도 매우 높은 편이다. 따라서 흥미를 끌기 어려운 뉴스 보도류의 형식적이고 딱딱한 느낌의 동영상보다는 동영상이라는 매체의 강점을 이용하여 긴 텍스트를 활용할 시간이 없거나 활용할 수 없는 이들에게 효율적으로 전달할 수 있는 효과적인 메시지 전달 방안에 대한 고민이 필요하다.

모바일에서는 현재 정부기관의 앱은 단순 홍보성 공공앱인 정책 안내는 30%에 이르는 반면, 민원·고용·치안 등 사용자 체감형 생활 서비스는 매우 낮게 나타났다. 사용자와 쌍방향적 소통을 할 수 있기보다는 일방적인 정보 제공에 머물러 있는 것이다. 모바일이라는 이동성의 특징을 반영하여 사용자에게 유용한 정보를 제공한다는 점에서는 의미가 있지만, 유선 웹과 같은 홈페이지에서 이미 제공되고 있는 정보를 모바일에서 단순하게 축약하여 제공하는 수준에 머물러 있기 때문에 콘텐츠 및 콘텐츠 제공 방식의 다양화라는 과제가 여전히 제기될 수 있다.

또한 단순 정보 전달이 아닌 공공성을 기준으로 볼 때, 공공앱이 여행, 교통, 생활 분야에만 치중하는 것이 의미있는 것인가에 대한 고민이 필요하다. 특히, 정책 안내, 민원 해결, 정책 의견 수렴 등 시민 참여를 유도하면서도 공공성을 확보하여, 제도적으로 정책에 대한 이해와 참여를 촉진시킬 수 있는 공공앱의 개발이 요구된다고 할 수 있다.

2) 참여도

조사 결과 클라우트 지수가 없거나 계정이 없는 5곳을 제외한 42개 부처 가운데 전문가(specialist) 유형이 21곳(50%), 확산자(networker) 유형이 16곳(38%)으로, 거의 전 부처의 90%가 이 두 가지 유형으로만 나타났다.

첫째, 정부기관별 '좋아요' 순위를 정리한 결과, '좋아요'의 10위 내 상위 그룹에는 중앙부처와 대통령실(청와대), 국무총리실이 랭크되어 있으며, 국민권익위원회 등이 포함되어 있다. 반면 38위 이하의 '좋아요' 하위권에 있는 중앙부처는 계정 개설이 얼마 되지 않은 특임장관실이 포함되어 있는 정도이다. 이와 같은 현황을 보았을 때 상대적으로 작은 규모의 기관보다 중앙부처의 페이스북 참여도가 높다는 것을 알 수 있다.

둘째, '좋아요' 순위와 '이야기하고 있는 사람 수' 순위가 공통되게 나타나는, 즉 활용도가 같게 나타나는 기관의 상위 그룹에는 대통령실(청와대), 국무총리실, 보건복지부, 행정안전부, 외교통상부, 문화체육관광부가 있으며, 하위 그룹에는 해양경찰청, 공정거래위원회, 법제처, 대검찰청, 식품의약안전청, 국가인권위원회, 원자력안전위원회, 감사원, 특임장관실이 포함되어 있다. 비교적 상위 그룹에는 중앙부처가 많이 포함되어 있으며, 하위 그룹에는 위원회, 처, 청 단위가 많이 포함되어 있어 이 역시 규모가 클수록 페이스북 활용이 상위에 있음을 알 수 있다. 또한 트위터 참여도가 높은 청와대와 보건복지부는 페이스북의 참여도도 높은 것으로 나타났다.

셋째, 기관들이 페이스북에서 가장 인기 있던 한 주는 (페이스북 계정이 활성화된 43개 기관 가운데) 2011년이 10곳, 2012년 상반기(3월까지)가 6곳, 2012년 중반기(6월까지)가 27곳으로 나타나고 있다. 즉, 대부분 페이스북에 대한 반응이 강하게 나타나고 있는 현상은 2012년 4~6월 사이인 최근의 현상인 것이다.

넷째, 정부기관에 가장 많이 호응하는 도시가 모두 서울로 나타나고 있다는 점도 특징적이다. 이는 페이스북 사용자가 대부분 서울이라는 가설로 해석할 수 있기도 하고, 서울 지역에서 공적인 관심도가 높다고 해석될 수도 있는 현상이다.

다섯째, 정부기관을 가장 많이 방문하는 연령층은 18~24세가 2곳(외교통상부, 국방부), 18~34세가 4곳(대통령실, 국무총리실, 문화재청, 법무부), 25~34세가 37곳으로 나타나 주요 연령층이 25~34세의 매우 젊은 층으로 나타났다. 이 역시 페이스북 사용자가 상대적으로 젊기 때문에 나타나는 현상이라고 해석할 수도 있고, 젊은 층의 정부기관에 대한 호응도가 높기 때문이라고 해석할 수도 있다.

3) 연결도

스마트 소셜 미디어를 통해 정부기관의 효율적인 홍보가 이루어지기 위해서는 개설→개방→참여→생산→연결→공유→참여→더 쉬운 생산 등의 홍보의 선순환 구조를 지향해야 한다. 앞서 개설도에서 살펴본 것처럼 개설→개방 단계에서는 해당 채널에 계정을 개설하여 참여 공간을 제공한다. 국민과의 소통을 통해 국민들의 참여 유인 요소를 자극하여 궁극적으로 국민들이 더 많이 참여할 수 있게 할 수 있다. 이어서 연결→공유 단계에서는 채널 간 연결을 통해 콘텐츠의 개방적인 공유를 제공할 수 있어야 한다.

분석 결과 홈페이지에서 블로그, 트위터, 페이스북, 미투데이, 요즘, 유튜브, 모바일 서비스 등 7개 채널을 모두 연결하고 있는 기관은 단 한 곳도 없는 것으로 나타났다. 그래도 국토해양부와 법무부의 경우는 홈페이지 방문자를 위해 거의 전체 서비스라고 할 수 있는 여섯 곳의 서비스를 소개하고 연결할 수 있게 해놓았다는 점에서 홈페이지의 연결성이 매우 높은 수준이라고 할 수 있다. 반면 국가보훈처, 농촌진흥청, 감사원, 국가정보원, 원자력안전위원회는 연결한 서비스가 하나도 없으며, 대검찰청과 대통령실은 단 한 개의 서비스만 연결해 놓았다는 점에서 연결성이 매우 낮은 수준이라는 것을 알 수 있다.

또한 정부기관의 평균 스마트 소셜 미디어 링크 수는 4~5개 수준으로 나타나, 전체 대비 60%는 외부 링크가 4개 이상이고, 나머지 40%는 3개 이하 정도만 연결하거나 링크가 없다는 것을 알 수 있다. 즉, 채널 간 연결도가 높을 경우 끊김없는 논스톱 채널 이용이 가능하지만 현재 국내 정부기관 서비스에서 그러한 연결성은 그다지 높지 않게 나타나고 있다.

전체적으로 이와 같은 낮은 연결성 수준은 블로그에서도 마찬가지로 나타나고 있다. 현재 블로그에서 링크할 수 있는 모든 서비스는 5개인데, 5곳 모두를 연결하고 있는 기관은 없다. 그래도 국방부, 기획재정부, 특허청은 4곳이나 연결하고 있는 것으로 나타나 연결성이 매우 높은 수준이고, 이에 비해 법무부, 지식경제부, 법제처, 국세청, 농촌진흥청, 감사원, 국가정보원, 특임장관실, 국민권익위원회, 방송통신위원회, 원자력안전위원회 등은 오로지 블로그 서비스만 제공하고 있는 것으로 나타났다.

2 홍보 유형

1개월 동안 정부기관의 페이스북 활동에 대한 반응은 몇 가지 유형으로 구분할 수 있다. 우선, 어쨌든 반응의 상승이 이루어지는 상승형 그룹(upward group)이 있다. 그러나 이들 그룹은 반응의 시기와 유형을 중심으로 꾸준히 지속적으로 상승이 이루어지는 꾸준한 상승형, 최근에서야 반응이 나타나고 있는 최근 상승형, 그리고 이벤트 중심으로 특정 시기에만 반응이 상승되는 돌발 상승형으로 구분할 수 있다.

가장 의미가 있는 것은 꾸준한 사용자 반응의 상승이라고 할 수 있지만, 다른 상승 유형의 경우에는 왜 그러한 반응이 나타나는가에 대한 좀 더 면밀한 분석이 필요하다(기관별 내용분석은 다음 부분 참조). 일단 또 다른 하나의 유형은 정체형과 하향세형인데, 정체 또한 언제 끝날지 모르는 소극적 반응이고, 현재의 문제를 돌파하지 못한다는 점에서 둘 다 하향세형 그룹(downward group)으로 구분할 수 있다.

3 종합평가

이제까지의 계량적 평가를 총괄하면, 47개 정부기관에 대한 다섯 가지 평가지표(트위터 활용지수, 페이스북의 '좋아요' 수, 페이스북 '이야기하는 사람'의 수, 페이스북의 '좋아요'와 '이야기하는 사람' 간의 추이 관계, 페이스북의 운영 유형) 가운데 3개 지표 이상에서 높게 평가된 사례로 뽑힌 기관은 대통령실(청와대, 4개 지표), 행정안전부(4개 지표), 보건복지부(3개 지표), 기획재정부(3개 지표), 외교통상부(3개 지표) 등 5개 기관이다.

상대적으로 큰 규모인 중앙부처기관 외에 위원회 단위나 청 단위의 정부기관은 운영이 원활하지 않은 사례로 많이 선택되었다. 한편, 국가정보원이나 감사원과 같은 기밀정보 유지라는 업무상의 특수성이 있는 기관의 경우 스마트 소셜 미디어 홍보에는 주력하지 않는 경향이 나타나고 있다.

우선, 정량평가와 정성평가에서 모두 우수 사례로 뽑힌 기관의 경우, 기관의 적극적인 운영과 시민들의 적극적인 참여가 이루어지고 있으며, 앞으로의 발전 가능성도 예측할 수 있는 것으로 나타났다. 그러나 이런 기관은 전체 47개 부처 가운데 10개, 약 20% 정도로 나타나 대부분의 정부부처가 좀 더 스마트 소셜 미디어의 홍보에 대해 고민이 필요함을 알 수 있었다.

우수 사례에는 정량평가에서 우수 사례로 뽑힌 5개 기관 외에 국가보훈처, 국무총리실, 국방부, 병무청, 산림청 등이 추가되었는데, 이들 5개 기관은 정량평가에서 최고평가를 받지는 못했지만 그에 준하는 정도의 우수한 평가를 받았고, 다른 채널의 정량평가에서도 두드러지게 나쁜 평가를 받지 않았고, 특히 페이스북 사용에서 소통성이 다른 기관에 비해 상대적으로 높거나 독특한 시사점을 제공한 사례가 있기 때문에 우수 사례에 포함했다.

두 번째 사례인 보통 사례의 경우 거의 모든 기관이 '좋아요'는 10~30명 내외, 댓글은 10개 이하, 공유는 10명 이하라는 비슷비슷한 참여도가 나타나고 대부분 비슷한 기프티콘 지급 중심의 사행적인 이벤트 운영을 하고 있으며, 기관의 업무를 소개하는 정도에 그치는 것으로 나타났다. 즉, 거의 대부분의 기관이 적당한 정보 제공과 이벤트를 통한 적당한 참여 유도라는 소극적 운영에 머물러 있는 것이다. 정부기관의 홍보란 일반적인 기업이나 상품 홍보와 달리 공공성의 확보와 정부 서비스에 대한 적극적인 참여 유도가 필수적이라는 차별성이 있음에도 불구하고, 민간 영역의 홍보와 대동소이한 모습을 보이거나 공공성을 확보하는 데는 실패하고 있다는 것이다. 이와 같은 과제는 향후 정부기관의 스마트 소셜 미디어 홍보에서 가장 주력해야 할 사안이라고 할 수 있다.

마지막 사례로서 미흡한 사례의 경우 겨우 계정만 개설해 놓고 아무런 적극성을 보이지 않으며, 그에 따라 참여도 매우 미진한 사례라고 볼 수 있다.

표 6-1 정부기관의 스마트 소셜 미디어 활용 현황 평가(소결)

정량평가

1. 개설도(채널별 계정 개설 현황)

√ 페이스북(95%), 블로그(93%), 트위터(93%) 순으로 개설함
√ 최근 들어 유튜브(34%) 개설도가 높아지고 있지만 적극적으로 사용하지는 않음
√ 모바일 앱도 79% 정도의 기관이 서비스함
√ 향후 실시간 서비스(Realtime Service)에 대한 요구가 증가할 것이므로 효율적인 모바일 앱 홍보 방안에 대해서도 사전에 충분한 준비가 필요함
√ 미개설 기관: 감사원, 국가정보원, 특임장관실, 행정중심복합도시건설청

2. 참여도(트위터 활동지수, 페이스북의 '좋아요'와 '이야기하는 사람' 수)

√ 트위터 활동지수: 상위 기관 평균 클라우트 지수 50 이상(일반 평균 20)
√ 트위터 활동 유형: 전문가형(specialist, 50%), 확신자형(networker, 38%), 광범위성과 참여가 상대적으로 부족하므로, '참여유인형 네트워크 홍보전략'이 절대적으로 요구됨
√ 페이스북: 큰 규모 기관이 우세, 반응이 높은 시기는 2012년 4~6월 사이로서 비교적 최근에 인기, 25~34세가 주로 방문, 서울 편중 현상

3. 연결도(홈페이지나 블로그에서 다른 채널로의 연결)

√ 홈페이지에서 7개 채널을 모두 연결한 곳은 한 곳도 없음
√ 국방부, 국토해양부, 기획재정부, 법무부, 특허청은 연결성이 높음
√ 농촌진흥청, 감사원, 국가정보원, 원자력안전위원회는 연결성이 낮음
√ 정부기관의 평균 링크 수는 4~5개
√ 개설 → 개방 → 참여 → 생산 → 연결 → 공유 → 참여 → 더 쉬운 생산의 선순환 구조 마련이 시급

정성평가

1. 모범 사례(10개 기관: 국가보훈처, 국무총리실, 국방부, 기획재정부, 대통령실(청와대), 병무청, 보건복지부, 산림청, 외교통상부, 행정안전부)

– 적극적인 글 게시, 친근감 있고 신속한 대응, 참여와 소통성을 높일 수 있는 다양한 방안 모색, 외부 채널과의 적극적인 연결, 효율적인 이벤트 운영, 게시물 관리 원칙 제시, 체감형 정보 제공

2. 보통 사례(8개 기관)

– 낮은 참여도, 의례적인 정보 제공

3. 미흡 사례(28개 기관)

– 적극적인 관리에 미흡

자료: 본 보고서.

제 2 절 정부의 홍보조직 체계

1 홍보조직의 현황과 문제점

1) 과거의 정부홍보 조직

대한민국 수립 이후 공보실, 공보처, 문화공보부, 국정홍보처 등 정부홍보 조직 체계는 대통령 소속, 국무총리 소속, 독립 부처, 교육 또는 문화 관련 부처 통합 등을 거치면서 신설과 폐지, 기능 강화와 약화를 빈번하게 반복했다. 정부부처 조직 중에서 이와 같은 변동을 겪은 경우도 거의 없다. 1948년 7월 17일 최초로 제정된 정부조직법에 따라 공보 업무는 국무총리 소속의 공보처에서 관장하다가 1955년 2월 대통령 소속의 공보실로 전환되었다. 1961년부터 1968년까지는 독립 부처로 공보부가 출범하여 공보행정과 더불어 문화예술 업무의 일부를 담당했다. 1970~1980년대는 문화공보부로 개편되어 문교부의 문화재와 박물관 관리 기능이 소속되었고, 해외홍보 기능도 대폭 강화되었다.

1990년대 노태우 정부에서 문화와 공보 기능을 분리하여 문화공보부를 문화부와 공보처(장관: 국무위원)로 분리 운영하다가 제15대 대통령선거에서 정권 홍보 시비에 휘말려 김대중 정부 출범 시 폐지되었다. 이때 국정홍보 기능은 국무총리 직속 공보실(1실 4담당관)로 축소되고, 매체 기능과 해외홍보 기능 및 영상간행물 기능은 문화관광부에 흡수되었다. 그러나 곧바로 국정 운영의 홍보 기능 강화 필요성이 제기되면서 1999년에 다시 차관급 부처로 국정홍보처가 신설되어 노무현 정부에 이르게 되었다. 노무현 정부는 주요 언론매체들과의 긴장 관계 속에서 국민을 직접 상대하는 대안 매체로 국정홍보처 기능을 대폭 강화했다.

2) 이명박 정부의 정부홍보 조직

(1) 홍보조직의 개편

2008년 2월 이명박 정부의 정부조직 개편으로 국정홍보처는 폐지되고, 국정홍보처의 거

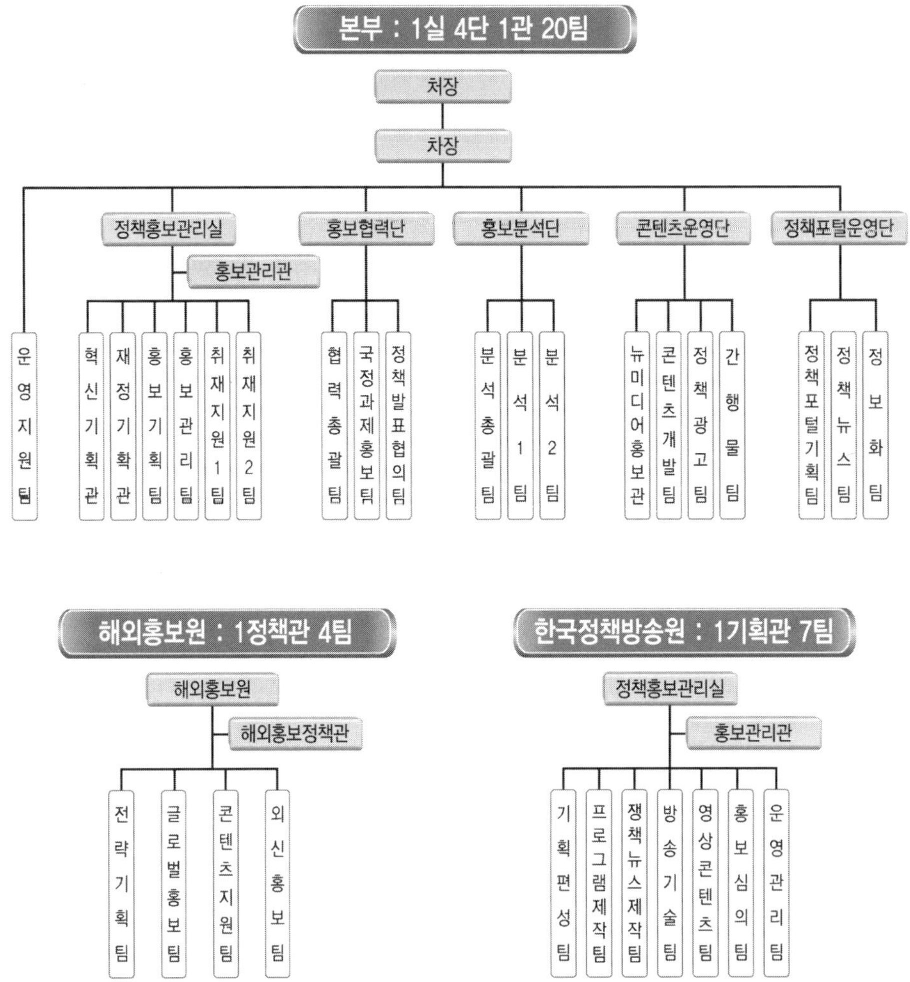

그림 6-1 노무현 정부의 국정홍보처 조직(2007.12.31)

의 전 기능은 문화체육관광부로 이관되었다. 당시 대통령직 인수위 부위원장이던 김형오 전 국회의장은 참여정부의 국정홍보처를 두고 "관제 홍보 시대는 끝났다"며 "(이명박 정부에서는) 자발적이고 자율적인 민간의 창의와 협조 속에서 홍보가 구현될 것"이라고 말한 바 있다.[1)]

특히 참여정부의 국정홍보처가 본연의 기능인 정부정책 홍보보다 언론 규제 등에 편향되

---

1) 제17대 대통령직인수위원회, 2008.1. 정부 기능과 조직개편.

고, 부처 발표 정책의 사전 협의, 정책광고, 정책고객 홍보 메일 발송 등 분야에서 각 부처의 홍보 운영에 과도하게 개입하는 문제점이 개편 이유였다(박재완, 2008: 14). 이에 따라 국정홍보처를 폐지하고, 꼭 필요한 해외홍보 기능은 문화체육관광부로 이관하며, 정부부처 홍보에 대한 사전 협의나 조정 기능은 폐지하고, 한국정책방송원(KTV)과 인터넷 매체의 방만 운영을 개선하는 데 초점을 두었다.

(2) 상위의 정부홍보 조직

이명박 정부의 정부조직 개편에서 정부홍보 담당조직과 기능은 가장 불안정한 모습을 보여왔다. 이명박 정부는 국정 홍보 기능을 없앴다가 쇠고기 촛불집회 때인 2008년부터 점차 강화해 왔다. 이 과정에서 홍보 기능은 청와대(홍보수석) – 국무총리실 – 문화체육관광부(국민소통실) – 각 부처 홍보 담당부서의 네 기관 사이의 상호 작용으로 연계되어 있다.

첫째, 현재 대통령실은 대통령실장 소속의 홍보수석이 정부홍보를 총괄하고 있다. 홍보수석은 홍보기획, 대변인, 국정홍보, 뉴미디어, 춘추관을 담당하는 비서관들을 총괄하고 있다. 이것은 국정홍보처 폐지 이후 그 기능을 문화체육관광부가 담당했으나 청와대 중심으로 입안되고 집행되는 국정 전반을 체계적으로 홍보하지 못했다는 지적에 따라, 이명박 정부 출범 초기에는 대폭 약화시킨 국정홍보비서관 기능을 강화시켰다. 우선 이명박 정부는 2008년 쇠고기 수입을 반대하는 촛불집회 이후 2009년 대통령실에 '뉴미디어 비서관', 2010년 대통령의 SNS 홍보 전담 대변인인 '온라인 대변인', 문화체육관광부의 뉴미디어 관련 홍보 담당부서인 '온라인홍보협력과'를 신설했다. 또한 중앙정부기관들은 블로그, 트위터, 페이스북, 미투데이 같은 스마트 소셜 미디어를 활용하여 정책홍보와 의견 수렴을 실시간으로 수행해 왔다. 이와 함께 사회통합수석실의 선임 비서관을 국민소통비서관으로 하고 국민소통비서관실에 세대 공감 회의를 설치했다. 이 회의는 20~40대의 이해와 요구를 반영하기 위한 것으로 세대공감팀장을 신설, 전담시키고 있다. 이와같이 대통령실의 홍보조직은 홍보수석실과 사회통합수석실(국민소통비서관)로 이원화되어 있는 셈이다.

둘째, 국무총리실도 국정홍보와 관련된 일부 기능을 수행하기도 했다. 2010년에는 각 부처에 흩어진 국정홍보의 조정·조율이 필요하다는 이유로 국무총리실에 정책 홍보 기능이 신설되기도 했다. 이를 위해 정책홍보 총괄·조정 기능이 문화체육관광부에서 국무총리국정운영실에 이관되었다. 그러나 2012년 2월 문화체육관광부에 국민소통실이 설치되면서 다시 문화부로 이관되었다.

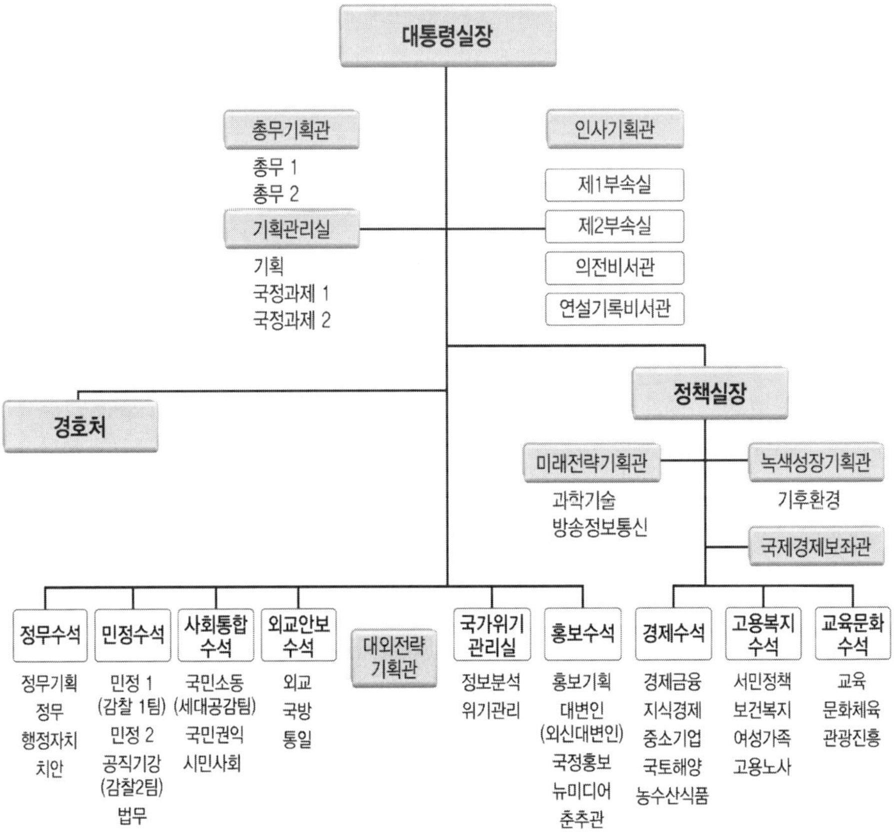

그림 6-2 대통령실의 홍보조직(2012.8.31)

(3) 문화체육관광부

과거 국정홍보처장의 기능 중 정부 대변인은 문화체육관광부 장관이 맡게 되었으나, 실질적으로는 장관을 대신한 제2차관이 담당하는 형태이다.

문화체육관광부에는 제2차관 밑에 국민소통실(1급직)이 설치 운영되고 있다. 국민소통실은 2012년 2월 1일 홍보 업무를 문화부로 일원화해 국정홍보의 효율성을 제고하려는 목적으로 102명의 직원으로 설치되었다. 정부홍보 업무 전반을 도맡았다는 점에서 참여정부 국정홍보처와 조직 성격이 유사하다는 평가를 받고 있다.

국민소통실에는 홍보정책관 밑에 홍보정책, 정책여론, 분석, 홍보 협력, 매체 협력 등 5개 과가, 홍보콘텐츠기획관 밑에 홍보 콘텐츠, 국민홍보, 정책 포털, 온라인 소통 등 4개 과가

그림 6-3 문화체육관광부 국민소통실의 조직구조(2012.8.31)

설치 운영되고 있다. 또한 문화체육관광부는 해외 홍보활동을 담당하기 위해 해외문화홍보원을 설치 운영하고 있다.

그런데 현재의 정부홍보 업무가 홍보 주체 간 다원화되어 자발적, 수평적 의사 소통과 협력이 미흡하고 비효율적이라는 조사 결과가 있다(김윤권·윤수재·최호진·이재호, 2011: 776). 특히 미국산 쇠고기 수입과 관련된 촛불집회, 천안함 사태 등을 둘러싼 문제에 체계적으로 대응하지 못한 홍보 체계에 대한 불신이 자리 잡고 있다. 그 밖에도 청와대와 문화체육관광부 및 각 부처의 노력에도 불구하고, 정부적 특성이 국민과의 소통이 원활하지 못한 '불통 이미지'의 고착을 방지하는 데 성공을 거두지 못했다고 평가받고 있다. 따라서 정부홍보 기능을 활성화하기 위한 거버넌스 개편에 대한 수요는 크다고 할 수 있다.

(4) 각 부처

각 부처는 고유 업무와 관련된 홍보 기능을 가지고 있다. 많은 정부정책은 전문성과 책임성 원리에 따라 부처 차원에서 형성, 집행되기 때문에 국민과의 소통에 대한 일차적인 의무를 지니고 있다. 스마트 소셜 미디어를 통한 홍보조직으로 2011년 10월 10일자로 대통령령인 40개 중앙행정기관의 직제들을 일괄 개정하여 온라인 대변인제를 신설했다. 즉, 중앙행정기관의 대변인 조항과 장관정책보좌관 조항을 개정하여 온라인 소통 관련 직제를 도입했다.

그런데 직제 출범 직후의 온라인 대변인의 신분은 내부 공무원인 경우도 있고, 외부 전문가가 영입된 경우도 있으며, 직급도 일반직 공무원 4급 서기관에서 6급 주무관까지 다양하다.[2] 외부 특채는 전문계약직 가급에서 일반계약직 5호까지 분포하고, 경력도 전직 아나운서, 신문기자, 홍보 컨설턴트, 출판사 대표 등으로 다양하다. 온라인 대변인 제도 도입 자체는 스마트 소셜 미디어를 통한 국민과의 적극적인 소통 대응이라는 점에서 전문화의 진일보로 평가할 수 있다. 그러나 업무 과부하와 신분 불안정 등의 문제가 제기되고 있다.

표 6-2 행정안전부 직제상의 온라인 대변인 관련 규정

제7조(대변인) ① 대변인은 고위공무원단에 속하는 일반직 또는 별정직 공무원으로 보한다.
② 대변인은 다음 사항에 관하여 장관을 보좌한다〈개정 2011.2.1, 2011.10.10〉
1. 주요 정책에 관한 대국민 홍보계획(온라인 홍보계획 포함)의 수립 · 조정 및 집행
2. 정책 홍보와 관련된 각종 정보 및 상황의 관리
3. 부내 업무의 대외 발표 사항의 관리
4. 언론 취재의 지원 및 보도 내용의 분석 · 대응
5. 온라인 대변인 지정 · 운영 등 스마트 소셜 미디어 정책 소통 총괄 · 점검 및 평가

제8조(장관정책보좌관) ① 장관정책보좌관은 계약직 공무원으로 보한다. 다만, 특별한 사유가 있는 경우 고위공무원단에 속하는 일반직 · 별정직 공무원 또는 4급 이상 일반직 · 별정직 공무원으로 대체할 수 있다.
② 장관정책보좌관은 다음 사항에 관하여 장관을 보좌한다.〈개정 2011.10.10〉
1. 장관이 지시한 사항의 연구 · 검토
2. 정책과제와 관련된 전문가 · 이해관계자 및 일반국민 등의 국정 참여의 촉진과 의견 수렴
3. 관계 부처 정책보좌 업무 수행기관과의 업무 협조
4. 장관의 스마트 소셜 미디어 메시지 기획 · 운영

2) 서울신문, 2011.12.12일자.

2 향후 개편 방향

다음 정부에서 정부홍보 조직개편은 중앙정부조직 개편의 일환으로 이루어질 것이다. 홍보조직은 역사적으로 전담 부처(공보처, 국정홍보처 등)와 문화부 소속 형태(문화공보부, 문화체육관광부 등)를 반복해 왔다. 다음 정부도 이 범주에서 크게 벗어나지 않을 것이다. 현재 전담 부처의 필요성에 대한 여론은 반반인 것으로 조사되고 있다(강정석 외, 2010).

첫째, 독립 부처의 신설은 과거의 공보처나 국정홍보처의 형태를 부활할 수 있다. 또한 정부홍보 기능을 재설계한 미디어소통처 같은 부처의 신설도 검토될 수 있다(김윤권 외, 2011: 777). 독립 부처 설치는 정부조직 전체 차원에서 부처 수의 관리 문제와 연계되어 있다. 신설 부처가 많아질 경우 독립 부처 신설은 어려울 수 있기 때문이다. 어떠한 명칭과 기능이든, 독립 부처로 부활 또는 신설되면, 그 부처는 오랫동안 관성적으로 유지되어 온 일방적이고 권위적인 방식의 정보 전달이 아닌, 자발적인 정보 공개와 쌍방향적인 의사 소통을 중시하는 정부 2.0 가치를 구현할 수 있도록 미션을 명확히 설정할 필요가 있다. 이 부처는 국무위원인 '행정 각부'보다는 '처'가 되는 것이 바람직하다.

둘째, 현재의 문화체육관광부의 국민소통실을 외교통상부 통상교섭본부와 비슷한 본부 형태로 문화체육관광부 소속으로 확대 개편하는 방안이다. 다만 현재 통상교섭본부장은 장관급이지만, 국민소통본부장은 차관급으로 보임한다. 이 경우 부처 수의 증가 없이 홍보정책의 전문화와 부처간 정책조정 기능을 효율적이고 일관성 있게 수행하는 데 다소 기여할 수 있다.

셋째, 현재와 같은 문화체육관광부의 국민소통실 기능을 유지하는 방안이다. 이 경우 부처별 정책홍보는 각 부처 단위에서 해결하고, 국민소통실은 부처별 정책홍보의 지침이나 방법 등을 개발 보급하는 수준의 업무를 수행함으로써 정부홍보를 정치적으로 활용한다는 일부의 의구심을 약화시키는 데 기여할 수 있다. 그러나 현행 체계에서는 문화체육관광부의 홍보정책 조정 및 조율 기능을 수행하는 위상과 지위가 미약하고, 범정부 정책의제에 대한 홍보는 청와대나 국무총리실이 담당해야 한다는 문제가 있으며, 문화체육관광부 자체가 매우 광범한 업무 영역을 가지고 있어서 홍보 업무에 전문화하기 어려움이 상존한다는 약점이 있다(김윤권 외, 2011: 780).

넷째, 어떤 경우에도 스마트 소셜 미디어를 통한 정부-국민 간의 소통 활성화를 위한 조직과 인력 보강이 필요하다. 트위터, 페이스북 등 스마트 소셜 미디어 채널이 국민과의 소통, 여론 동향 파악, 모바일 홍보, 기관 홍보 등에 긍정적인 효과가 있는데도 불구하고, 문화체육관광부 국민소통실에는 온라인소통과가 설치되어 적은 인력으로 온라인 소통을 담당하고 있다. 특히 국민과의 일선 현장에서 온라인 소통을 담당하는 인력을 많은 수가 비정규직이다. 이것은 각 부처도 동일한 상황이다. 이러한 조직적, 인적 구조를 가지고 스마트 소셜 미디어를 활용한 정부PR가 체계적이고 효율적으로 이루어지기는 어렵다. 정부와 국민 간의 원활한 의사 소통을 통해 정부 2.0 가치를 구현하는 신뢰 구조를 구축하기 위해서는 이와 같은 영세한 조직적, 인적 구조의 전면적인 강화가 필요하다.

제 3 절 소셜 정부(G4S 정부) 전략

1 G4C에서 G4S로의 가치 전환

정부 형태의 발전은 누적적이지만 반드시 단계적이지 않으며 파급적이므로 초기부터 좀 더 높은 수준 단계를 목표로 하는 것이 적절한 발전전략이다. 앞으로 정부 3.0 전략을 목표로 개방・참여・협업의 동시적 확산전략을 통해 공공 홍보의 혁신을 가속화하는 것이 중요하다. 정부 1.0에서 분절되어 나타나고, 정부 2.0에서 개방성만을 표방하던 가치는 정부 2.0에서 포괄적으로 수렴될 필요가 있다.

이는 기존의 기술, 산업, 참여의 가치를 모두 포함하면서도 분야별로 혁신과 참여의 가치를 증폭시킬 수 있는 포괄적 정부 모델로서 기술 변화, 산업 발전, 시민 참여를 능동적으로 수용한 정부 형태라고 할 수 있으며, '국가 전반에 새로운 부가 가치를 창출하는 거버넌스 형태'이다.

새로운 부가 가치를 창출하기 위해 정부가 지향해야 할 가치와 그것을 소통하고 추진하는 형태는 의미 단지, 개방, 참여, 협력이란 가치만 추구하여 완성될 수 있는 것이 아니라 웹이 가지는 최대의 장점을 적극적으로 적용함으로써 정부 안팎으로 선순환적인 핵심 가치를 구현하고, 정부 개방성 확대를 통해 기존 정부 형태와 다른 차별성이 부각될 수 있는 것이다.

전자정부 서비스의 일부로서 G4C(Government for Citizen) 개념은 시민을 위한 정부의 서비스를 의미한다. 그러나 여전히 시혜적 입장에서의 정부 서비스를 전제하고 있다는 점에서 민주적으로 충분한 서비스의 완성체라고 평가하기는 어렵다. 또한 이 모든 전략의 기저에는 창조적 혁신이 부족하다는 지적도 제기되고 있다(한세억, 2011: 8).

시민이 능동적으로 참여하여 정부와 쌍방향 관계로 진화하면서 웹 2.0을 거쳐 개인별 맞춤 정보의 제공이 가능한 웹 3.0으로의 가능성이 높아지고 있다. 그러나 정부 구현에 필요한 기술적 진보는 3.0을 지향하는데 정부조직, 행정절차 및 제도, 관료의식 및 형태는 1.0 수준에 머물러 있다. 스마트 정부[3]의 기술적 조건에 비할 때 충분 조건으로서 정부 개혁이나 혁신 성과는 미미하다. 산업 시대에 생산되었던 행정 이념과 철학도 관료주의 한계에서 벗어나지 못하고 있다. 행정 기능의 준거로 작용해 왔던 각종 법률, 규칙과 규정도 쉽게 변화되지 못해 변화의 발목을 잡고 있다(한세억, 2011: 8).

따라서 지속 발전이 가능한 홍보모형을 수립할 필요가 있다. 앞으로는 더욱 참여-소통-통합 가치와 성과에 대한 기대감이 증대할 것이기 때문에 정부PR에서의 소통과 참여 욕구를 보장하고 주요 자원으로 활용할 수 있는 스마트 소셜 미디어 홍보 체계를 선진적으로 수립하는 것이 시급하다. 더구나 복지정책 등 현안의 부상, 갈등의 복잡화, 새로운 부가가치 창출을 위한 거버넌스의 필요성으로 개방 · 참여 · 협력의 중요성은 더욱 증대될 것이기 때문에 더 높은 발전 수준의 소통모형을 지향하여 개방 · 참여 · 협력이 표방하는 혁신과 민

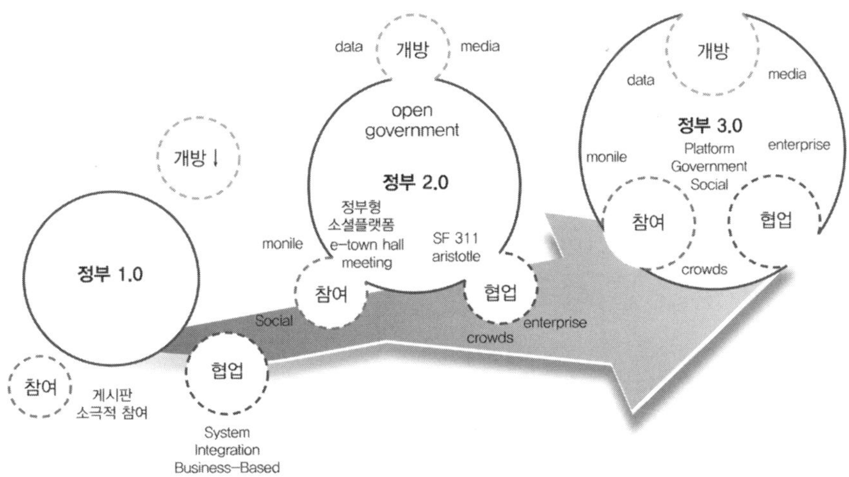

그림 6-4 플랫폼으로서 정부의 가치

자료: 한국정보화진흥원. Beyond IT 시대의 정보화전략 방향 Ⅲ. 미발표 보고서.

---

3) 2011년 3월 29일, 행정안전부는 스마트 전자정부 계획을 발표했다.

주적 가치의 파급적 확산을 실현할 시기가 된 것이다.

이 연구에서 새롭게 제안하는 G4S(Government for Social) 개념은 첫째, 과거의 정부 서비스들이 시민의 수요를 먼저 제시하고 사용을 요구하는 '사회적 공명의 정치화(제도화)' 단계에 머물러 있었다면 이미 존재하는 정부 서비스를 시민에게 전달하고 확산시키려는 노력인 '정치(제도)의 사회적 공명화(PR)' 전략에서 출발한다. 이는 [그림 6-4]에 나타난 바와 같이 참여, 개방, 협업의 가치를 적극적으로 정부 내에 수용한 모델을 의미한다. G4S 서비스는 도구적인 의미에서 다양한 미디어를 활용한 다채널 전략으로 구성되기 때문에 정보의 개방성을 전제로 하고, 관계적인 의미에서는 개인에 머무는 것이 아닌 개인, 집단, 이익단체 등 다양한 사회적 행위자들과의 관계 형성 전략을 추구한다.

둘째, 환경적 측면에서는 정책 서비스 구현을 목표로 한다. G4S에서의 사회적인 것(Social)이란 즉자에서 대자를 매개하는 Social로서, 사회와 사회의 관계뿐만 아니라 주체와 주체의 관계를 강조하는 의미이다(J. B. Thompson). 또한 창의성에 의한 변화가능성을 전제로 하는 다이내믹한 의미로서의 Social을 의미한다.

셋째, 정부부처의 미디어 활용은 G4S 서비스를 지향하며 좀 더 구체적으로는 시민을 위한 정부 서비스(Government for Citizen)에서 한 걸음 더 나아가 시민에 의한 정부 서비스(Government by Citizen), 시민의 정부 서비스(Government of Citizen)를 포함하는 다층적이고 전략적인 의미를 반영한 것이어야 한다. 여기에서는 목표가 불분명한 for가 아닌 by와 of의 관계적 다이내믹스를 고려해야 한다는 것이 중요하다.

넷째, '공급'과 '기술'에서 '시민 집중'으로 전환, 즉 나의 정부, 일상적 정부, 우리 정부 가치가 구현되어야 한다. 온라인 정부(Online Government) – 쌍방향 정부(Interactive Government) – 통합정부(Integrated Government) – 수요에 맞는 정부(On Demand Government)로 이어지는 정부 서비스 발전의 가치를 구현하기 위해서는 비전(vision) 수립, 리더십과 조직문화 개혁, 비즈니스 모델 제시, 기술 인프라 활용, 서비스 전환 로드맵 등의 실천 단계를 구현하고, 공급자로서 정부가 주도하는 정보가 아닌 시민의 필요와 가치에 부응하는 공공홍보를 실천해야 한다(Ramsey, 2004).

따라서 미래 정부를 표상하는 스마트 정부, 소셜 정부가 내포하고 있는 기술적 의미를 서비스 정신을 반영할 수 있는 가치로 전환해야 하는데, '나를 위한 정부', '일상적 가치에 부합한 정부', '우리의 정부'라는 가치를 강조하여 맞춤형 정보를 홍보할 필요가 있다. 즉, 일상적인 정보, 라이프 스타일에 맞는 정보, 시민의 최신 필요에 맞는 정보를 우선적으로 선택하여 서비스하는 것이다.

[참고] 영국의 Midata 사례

- 2011년 11월, 영국 비즈니스 혁신 및 기술부(BIS)는 26개 주요 기관과의 파트너십을 통해 소비자에게 자신의 데이터 활용에 대한 통제권을 부여함으로써 소비자 주권을 강화하도록 하는 것을 목표로 하는 Midata 프로그램 추진 발표
- 개인의 데이터 활용에 대한 많은 통제권을 개인에게 부여하고 있는 세계 최초의 정부 지원정책
- 현재 서비스 제공업체들이 소비자 데이터의 대부분을 소유하고 있는데 제공업체와 소비자 모두 활용 효과를 기대할 수 있는 정책

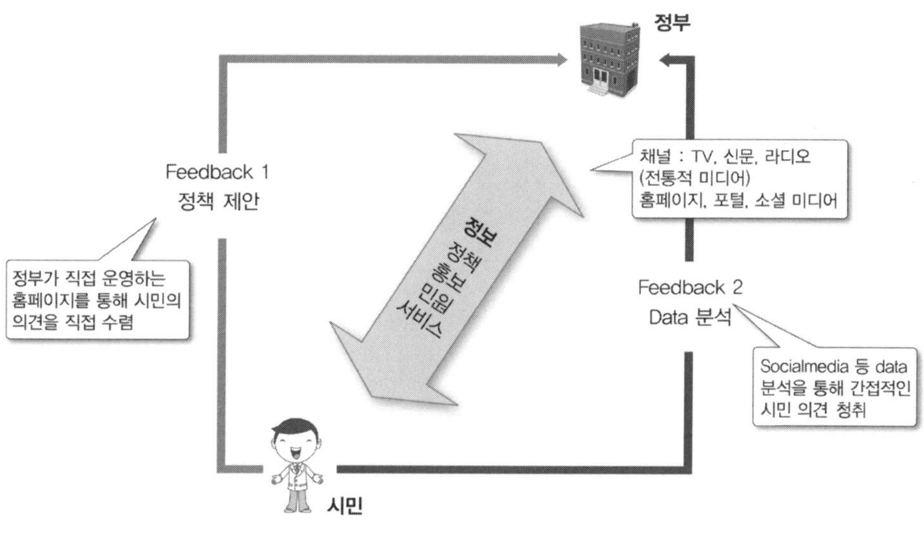

그림 6-5 정부의 G4S 서비스

2 스마트 소셜 미디어 가치의 수용

국내 스마트 소셜 미디어 사용자의 이용 목적은 인맥관리(76.1%), 정보 교류(59.8%), 개인사 정리(29.5%), 재미(42.6%), 업무(11.4%), 개인홍보(5.6%) 순으로 나타났다(김희연·오주현, 2012. 7. 2: 23). 한편 유니버셜맥켄코리아가 발표한 자료에서 한국은 스마트 소셜 미디어 내에서의 '관계맺기'에 더 치중하며 동시에 스마트 소셜 미디어가 가지는 여론 형성의

그림 6-6 국가별 스마트 소셜 미디어 이용 목적

자료: "SNS 활용, 미국=흥미, 중국=공부, 한국은?", 『지디넷코리아』, 2012.3.27.

'권한'을 중시한다. 즉, 한국은 재미와 흥미 위주의 미국과 영국, 새로운 것을 배우는 창구로 활용하는 중국과 홍콩과는 다른 양상으로 스마트 소셜 미디어를 활용하고 있다.

또한 가장 최근 발표된 스마트 소셜 미디어 사용자 라이프스타일의 특성으로는 개성, 사회적 관계, 혁신, 디지털, 문화와 여행이 제시되었다. 이에 따라 오프라인 네트워커, 아날로그, 아웃도어, 트렌디, 합리적 개성, 소비 지향적이라는 특성이 도출되었다(DMC미디어, 2012b: 8).

이러한 스마트 소셜 미디어 사회에서의 가치를 이해하지 못한다면, 정부의 스마트 소셜 미디어 활용은 여전히 지속적으로 새로운 서비스 채널에 종속되는 방향으로 현재까지의 폐단을 반복하는 형태에 머물러 있게 될 것이다. 이와 같은 현상은 스마트 소셜 미디어 정부 홍보의 선진 사례라 할 수 있는 미국, 영국, 일본에서도 공통적으로 나타나는데, 단 한 개의 서비스를 사용하더라도 해당 국가의 현재 사회의 핵심 가치에 대한 이해가 맞지 않을 경우 서비스의 개설은 의미가 없으며, 서비스의 활용도는 매우 낮게 나타나게 되는 것이다.

그나마 외국 사례에서 선진적으로 평가할 수 있는 부분은 부처 각각의 개별적인 홍보가 아니라 단일의 서비스 목적에 충실한 범부처적인 서비스일 때 효과가 큰 것으로 나타났다는 것이다. 즉, 문화, 복지, 환경, 위기관리 등 이제 스마트 소셜 미디어 홍보의 가치는 주제 중심으로 전환될 필요가 있으며, 그러한 주제는 해당 국가의 현실 가치를 능동적으로 반영한 형태여야 한다는 것이다. 최근 3년여 동안 수많은 국가에서 수많은 스마트 소셜 미디어 활용이 전개되어 왔지만 그것은 트위터, 페이스북과 같은 상업적 서비스에 종속되는 형태 혹은 상업적 서비스 그 자체를 광고하는 것에 지나지 않았다. 공적인 의미에서의 활용은 그러한 가치에 머물러 있는 것이 아니라 현재 사회의 가치를 반영하고, 개개인의 능동적인 그러한 가치의 연결성과 개방성을 고려하면서 그 안에 공동체적 가치를 부여하는 데에 있다. 따라서, 스마트 소셜 미디어가 내포하고 있는 참여 · 공유 · 개방 혹은 미래 정부의 핵심 가

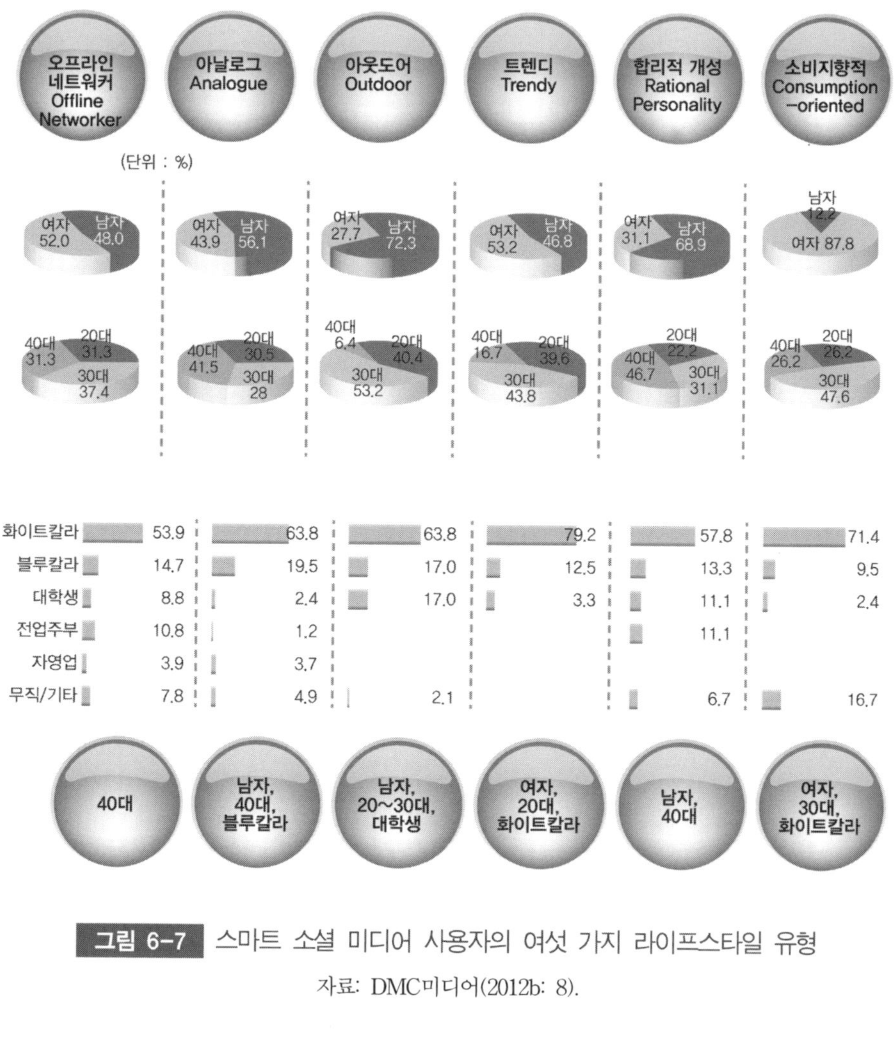

그림 6-7 스마트 소셜 미디어 사용자의 여섯 가지 라이프스타일 유형

자료: DMC미디어(2012b: 8).

치로서 참여 · 개방 · 협업의 가치를 구체적으로 반영한 홍보전략을 고민해야 한다.

제 4 절 선택과 집중의 가이드라인

기존에 제시된 스마트 소셜 미디어 활용과 관련된 가이드라인의 유형은 다음과 같다.[4) 첫째, 호주의 공공 서비스청, 영국 시민서비스청과 같이 온라인 소통 일반에 대한 지침을 제시하는 소통 일반형 가이드라인, 둘째, 뉴질랜드 시민서비스청과 같이 스마트 소셜 미디어 소통에 대한 지침을 제시한 소셜 소통형 가이드라인, 셋째, 영국 총리실, 영국 기업혁신기술부와 같이 채널별 특성에 맞춘 채널 중심형 가이드라인이 그것이다. 그리고 이들 가이드라인은 각각 세세한 행동지침까지 제시하는 최대주의적 가이드라인과 어느 정도의 원칙 준수만을 대략적으로 밝힌 최소주의적 가이드라인의 특성을 보인다.

정부기관의 공식 계정을 통해 홍보를 할 때에는 채널의 특성에 따라 사용 방법과 소통 방식이 다르다는 것을 유념하여 국내적 특징에 맞는 효과적인 공공 홍보 가이드라인을 제시할 필요가 있다. 그 밖에 공무원들이 SNS 환경에 익숙해지도록 스토리텔링(storytelling), 의사 소통(communicating), 스킬(skill)에 대한 교육, 훈련(실습 포함)이 이루어질 필요가 있다. 경우에 따라서는 인트라넷에서부터 활용할 필요가 있다.

표 6-3 스마트 소셜 미디어 가이드라인 유형

유형	특징	사례
소통 일반형 (최대/최소)	온라인 소통 일반에 대한 지침	호주 공공서비스청 영국 시민서비스청
소셜 소통형 (최대/최소)	소셜 미디어 소통에 대한 지침	뉴질랜드 시민서비스청 영국 총리실
채널 중심형 (최대/최소)	채널별 특성에 맞춘 지침	영국 기업혁신기술부

* 최대주의적 지침: 세세한 행동지침까지 제시
** 최소주의적 지침: 어느 정도의 원칙 준수만을 대략적으로 제시

4) 한국정보화진흥원(2010. 8), 연세대학교 산학협력단(2011. 8: 17-) 및 그 외 관련 자료를 참조하여 재구성.

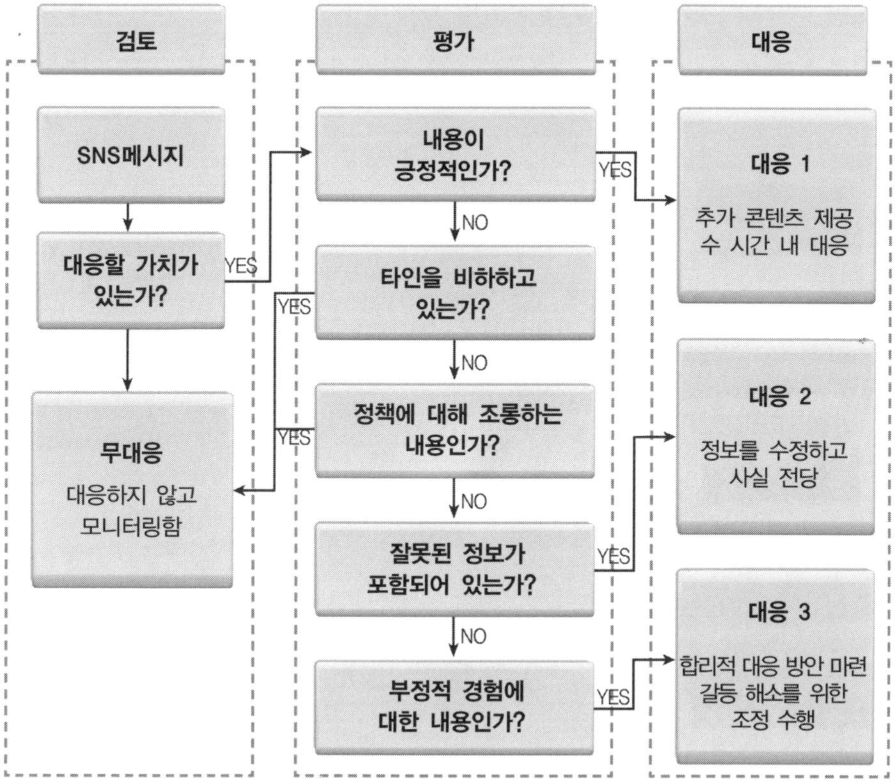

그림 6-8 정부기관의 SNS 대응 체계

자료: 관계 부처 합동(2011.7.12: 1).

1 소통 일반형 가이드라인

문화체육관광부의 'SNS 사용의 기본 원칙'(연세대학교 산학협력단, 20011. 8)은 스마트 소셜 미디어 사용 원칙이라기보다는 소통 일반에 대한 기본 원칙과 같다. 그러나 정부기관의 스마트 소셜 미디어 홍보는 이와 같은 기본 원칙을 기본으로 그 이상의 가치를 내포하고 있어야 한다는 점에서 소통 일반형 가이드라인은 일반적인 소통의 원칙을 제시하는 데 그친다는 한계가 있다.

표 6-4 문화체육관광부의 SNS 사용 기본 원칙

번호	내용
1	책임감을 가져라
2	공론화 가능성을 항시 염두에 두어라
3	기밀을 유지하고 사생활 보호를 명심하라
4	투명하라
5	수용자를 존중하라
6	정부 및 관계기관의 정책 및 미션과의 일치성을 고려하라
7	인간미를 발휘하여 친밀감과 공감대를 형성하라

자료: 연세대학교 산학협력단(2011. 8: 23-25).

2 소셜 소통형 가이드라인

1) 최소주의적 가이드라인

미국에서는 보안이 중시되고 엄격한 명령과 통제조직인 군대에도 스마트 소셜 미디어 이용을 권장하고 있다. 미 해군은 사병이 개인의 스마트 소셜 미디어를 통해 소속 부대와 해군 전체의 비공식 대사(ambassdor)로 활동하며 군에 대한 사회적 평판을 제고해 줄 것으로 기대한 것이다. 이러한 미 해군의 스마트 소셜 미디어 사용자 지침은 상세한 최대주의적 내용보다는 원칙만 제시한 최소주의적 소셜 소통형 가이드라인으로 평가할 수 있다.

영국 내각부에서는 2012년 5월 7일 스마트 소셜 미디어를 활용한 국민과의 소통 방안을

표 6-5 미 해군의 가이드라인

번호	내용
1	작전 보안 준수
2	자신의 실명, 계급, 직위 공개
3	해군 관련 사안 언급 시 개인 의견임을 명시
4	저작권 준수
5	해군에 대한 오해는 정중히 사실 그대로 정정하되 설전은 삼감
6	자신의 온라인 게시글을 수정한 경우 그 사실을 명시함
7	가족 및 개인 정보 노출 방지

자료: U. S. Navy(2010).

담은 소셜 미디어지침(Social media guidance for civil servants)을 발표했다. 지침은 2011년 3월에 발표된 정부 ICT 전략(Government ICT Strategy)의 일부로서, 사용지침과 기술적 장애 해결 방안의 두 부분으로 구성되어 있다. 사용지침으로 제시된 6대 원칙은 다음과 같다.

1. 국민이 이미 자리 잡은 공간에서 시민과 소통하기: 스마트 소셜 미디어 사용은 단순히 숫자 놀음(a numbers game)이 아니므로 상호 작용의 품질과 사용자 인구 구조를 고려한 스마트 소셜 미디어 채널을 선택해야 한다. 특히 다수 사용자가 사용하는 채널에 접근해야 시간, 자원, 예산을 절감할 수 있으며, 동시에 신규 출현 채널에 뒤처지지 않게 따라야 한다.
2. 스마트 소셜 미디어를 이용한 상담과 관여: 스마트 소셜 미디어의 관여 사이클을 이해해야 온라인 관여가 정책 사이클 상 유용할 수 있는 단계를 규명할 수 있다. 이것은 크라우드 소스(crowd-source) 관점에 대한 질문을 던지는 것을 포함할 수 있지만, 동시에 라운드테이블과 상담 이벤트에 대한 인식을 제고하는 것만큼 단순할 수도 있다.
3. 스마트 소셜 미디어를 활용한 투명성과 책임성 제고: 정부가 무엇을, 어떻게, 왜 하는지를 설명하는 일은 의회를 통한 정부, 정부 웹사이트 등에 올라 있는 공공정보에 이미 노정되어 있다. 스마트 소셜 미디어는 투명성과 책임성을 대중에게 한 단계 추가한다. 스마트 소셜 미디어는 시민들에게 의사결정 투입을, 질문을 하고 답변해야 한다.
4. 스마트 소셜 미디어를 활용한 대화를 통한 편익 도모: 대화에 참여함으로써 좀 더 싸게, 좀 더 개인화된 서비스 전달이나 행태 변화를 촉진할 수 있다. 또한 스마트 소셜 미디어는 1 대 1보다 1 대 다 소통을 통해 직접적이고 빠르며 값싼 소통 기회를 제공한다. 대화에 참여함으로써 온라인 커뮤니티의 창조를 위한 촉진자(a catalyst)를 제공할 수 있다. 커뮤니티는 정부부처가 창조하기 전까지 존재하지 않을 수 있으나, 공무원이 전달하려고 하는 정부 외부에서 공유 장을 만드는 초기의 노력과 더불어 발전할 수 있다.
5. 정부 단독으로 또는 고립되어 모든 일을 할 수 없다는 사실의 인식: 정부는 스마트 소셜 미디어 대화와 그것을 통해 얻는 모든 편익에서 능동적 역할을 하기를 원할 수 있지만, 그렇다고 모든 질문과 의문을 스마트 소셜 미디어를 통해 답변해야 하는 것은 아니다. 정부는 트위터 흐름(stream)에서 질문을 제기하는 모두를 지원해서는 안 되며, 어떤 경우에는 공평성과 합법성 이유로 적절하지 않기도 한다. 정부가 제공하는 서비스와 정부는 비영리법인, 비정부기관과 같은 조직 네트워크를 따라 존재한다.
6. 공무원은 온라인과 오프라인 모두에서 공무원강령(Civil Service Code) 준수: 모든 공무원은 청렴성, 정직성, 객관성, 불편부당성 등 공무원강령 같은 조건의 제약을 받는다.

표 6-6 영국 총리실의 스마트 소셜 미디어 사용 가이드(최소주의적)

번호	내용
1	국민들이 이미 사용하고 있는 공간에서 소통
2	국민들에게 상담을 해 주고 좋은 관계를 구축
3	더욱 투명해지고 책임감을 가질 수 있게 함
4	내화를 통해 스마트 소셜 미디어 활용이 가져올 수 있는 혜택을 도모
5	정부 혼자 고립되어서는 모든 것을 할 수 없다는 것을 이해
6	온라인과 오프라인 모두에서 공무원 강령 준수

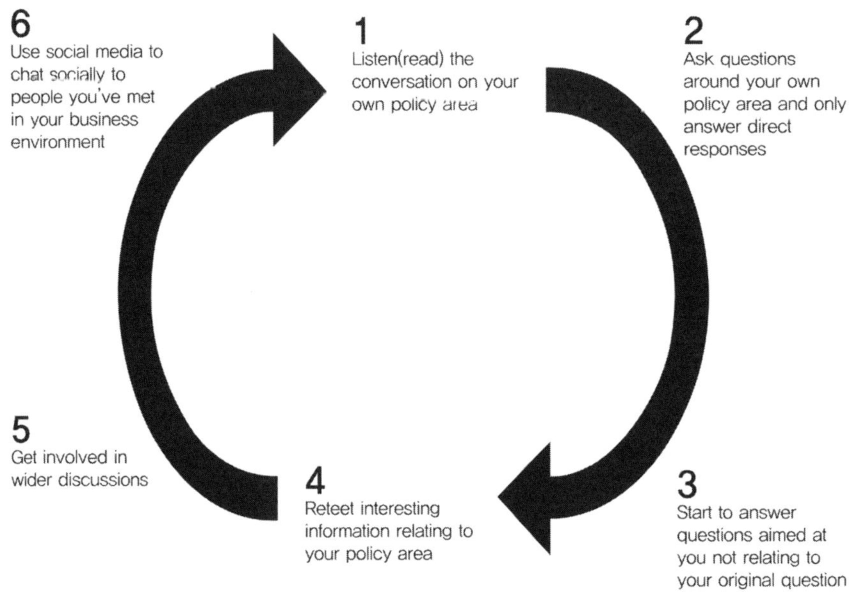

그림 6-9 스마트 소셜 미디어에서 참여의 구조

자료: Cabinet Office(2012.5.17: 1).

2) 최대주의적 가이드라인

최대주의적인 소셜 소통형 가이드라인은 스마트 소셜 미디어 사용 시의 주의 사항에 대한 모든 주의 사항을 포괄적으로 제시한다. 이러한 가이드라인은 주의 사항을 환기시키는 데에는 효과적일 수 있지만, 구체적인 행동강령을 제시하는 데에는 한계가 있다.

표 6-7 영국 총리실의 스마트 소셜 미디어 사용을 위한 10대 tip(최대주의적)

번호	내용
1	행동 변화, 서비스 제공, 상담, 커뮤니케이션 등 목적의 명확화
2	시작하기 전에 각 스마트 소셜 미디어 공간의 규칙 준수
3	공무원 강령을 준수하고 확실하지 않은 경우에 조언을 구함
4	개인이 아닌 부서에 속한 공식 계정임을 상기
5	시민들이 있는 곳에서 소통
6	(스마트 소셜 미디어는 많은 커뮤니케이션 채널 중의 하나이므로) 이해관계자와 온-오프라인 관계 구축
7	이메일에서 전화로 이동하는 등 채널을 옮기지 않음
8	유지할 수 없는 채널은 개설하지 말 것
9	오프라인으로 대화가 이루어져야 함
10	욕설을 하거나 공격적인 사용자들과 부딪치지 말 것

3 채널 중심형 가이드라인

1) 영국 총리실(2009년)

2012년 이전인 2009년, 브라운(Gordon Brown) 총리는 공무원의 업무 활동을 공개하고 이에 대한 국민의 피드백을 실시간으로 받도록 각 부처 공무원의 트위터 사용을 의무화했다. 이때 공무원의 트위터 지침으로는 인간적으로 신뢰감을 주는 태도, 구어체 영어 사용, 하루에 2~10개의 트윗을 작성하되 트윗 사이에 최소 30분 간격을 둘 것, 시민들이 공무원을 팔로잉하기 전에 먼저 시민들을 팔로잉하지 말 것, 선거 관련 메시지 전달 금지, 정부 목적에 맞게 사용 등이 제시되었다.

이러한 가이드라인은 이후에 제시된 가이드라인의 성격과는 달리 초기의 가이드라인 형태로서 채널의 매뉴얼에 가까운 지침을 제시하고 있어 수동적이고 방어적인 가이드라인으로 평가할 수 있다.

2) 한국 문화체육관광부(2011년)

문화체육관광부는 채널의 특성별 지침을 구분하여 제시하고 있다. 먼저 트위터, 미투, 플리커(이미지), 유튜브(동영상) 등은 정보지향성 SNS로 구분하고 있다.

표 6-8 문화체육관광부의 정보지향성 SNS 가이드라인(최대주의적)

권장	금지
포스팅하기 전에 어떤 메시지를 제공할 것인지에 대한 계획을 세워라	
의미있는 정보를 제공하기 위해 각 분야의 전문가에게 관련 아이디어 및 자료를 요구하라	
정확한 정보를 제공하라	로비 활동, 정치적 견해에 대한 홍보, 상품에 대한 광고 수단으로 SNS를 사용하지 마라(공정성)
부서 관련 주제 및 정부 주요 정책 이슈에 대한 정보 및 시각을 제공하라	부서 관련 기밀 사항이나 민감한 이슈, 개인적 정보에 대해 누설하지 마라(보안)
주장에 대한 합리적 근거와 맥락을 함께 제공하라(논리성)	불필요한 논쟁을 가능한 한 피하라(합리성)
명쾌하고 분명한 어투를 사용하라(정확성)	
인간적인 말투를 사용하라(친근감)	개인적인 의견을 정부 및 부서의 공식적 입장으로 제시하지 마라(객관성)
매일 관련 활동을 모니터링하고, 메시지를 작성하라(기록)	
정보 제공적 SNS를 소통의 장으로 활용하라	
다른 이들의 질문, 불만 사항에 대해 답하라(반응성)	
위기 발생 시, 부서가 제공할 수 있는 가이드라인 및 대처 방안을 즉각적으로 제공하라(위기 대처)	
더 심층적인 정보를 제공하기 위해 링크 및 해시태그(hash tag, 임의주제어)를 활용하라(데이터)	
정보지향적 SNS 활용을 위한 본인만의 노하우를 개발하라	
이메일 서명이나 명함에 운영 중인 계정이나 URL을 넣어라	
스마트폰과 연동하라(상시성)	

자료: 연세대학교 산학협력단(2011. 8: 30-33).

표 6-9 문화체육관광부의 관계지향성 SNS 가이드라인(최대주의적)

권장	금지
프로필 사진을 잘 활용하라	
계정 설정 시 관계기관의 명칭을 효과적으로 활용하라	
프로필에 기관의 공식 페이지 URL을 명시하라	
검색이 잘 되도록 관련 기관의 정체성을 잘 반영할 수 있는 키워드를 넣어라	
페이지를 창의적으로 구성한다	
방문자들과 지속적으로 상호 작용한다	방문자의 댓글이나 게시글을 절대 일방적으로 삭제하지 마라
최근 관계지향적 SNS 사용자들 간에 떠오르는 이슈를 배워라	
새로운 사람들과 새로운 방식으로 접촉하라	불특정 다수와 일방적인 관계를 맺지 마라
개인적인 것과 사적인 것을 구별하라	
동일한 정체성을 유지하도록 노력하라	
방문자를 격려하라	관계지향적 SNS 환경 설정에서 방문자가 글을 쓰는 것을 금지하지 마라
주기적으로 포스팅하고, 평어체로 작성하라	
관계지향적 SNS 활용을 위한 개인 전략을 개발하라	고민이 될 때에는 일단 게시하지 마라
이메일 서명이나 명함에 운영 중인 계정이나 URL을 넣어라	
스마트폰과 연동하라(상시성)	

자료: 연세대학교 산학협력단(2011.8: 33-36).

제 5 절 지속 가능한 홍보 구조

지속 가능한 홍보모형 전략은 정보 제공, 커뮤니케이션, 빅데이터 분석, 피드백, 정보 업데이트 과정으로 이루어진다. 단, 현재의 단계는 Gov 2.0으로 진화하고 있는 단계이기 때문에 정보 제공은 일방적인 공급자 중심의 정보 제공이 아니라 시민과의 정보 커뮤니케이션을 의미한다고 보아야 한다. 또한 각 단계는 순차적으로 이루어지는 것이 아니라 정부의 반응성과 효율성을 중심으로 두 가지 방향(2 tracks)에서 이루어짐을 유념할 필요가 있다. 이와 같은 이상적인 공공PR(Public PR)의 개념도를 제시하면 [그림 6-10]과 같다.

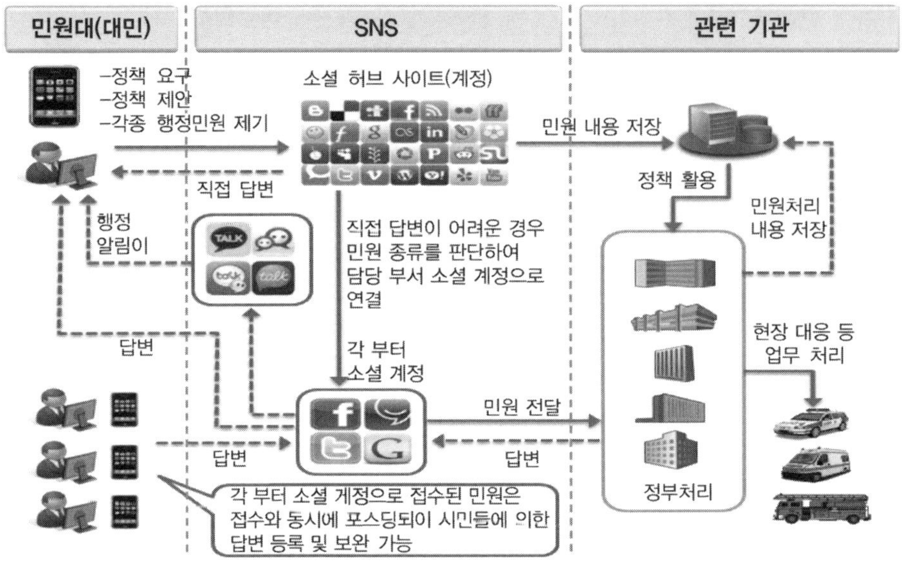

그림 6-10 공공PR 개념도

1 정보 제공

1) 서비스 플랫폼 구축

특정 국가의 정보통신 발전 정도에 따라 혹은 각 정부가 추구하고자 하는 정치·정책적 이념에 따라 가치들은 달리 배치될 수 있으며, 차별성을 가짐에도 불구하고 정부 2.0의 가장 큰 의미는 정부가 과거의 정부처럼 분절적이거나 폐쇄적인 것이 아니라 기술환경의 변화와 발전에 대응하는 수용력을 향상시키고, 이를 통해 정부와 시민, 민간(기업)과의 소통과 개방을 확대하여 시민의 참여와 민간(기업)과의 협업을 통해 새로운 부가 가치를 창출하기 위한 전략으로서 전환적인 가치를 표출할 수 있다는 것이다.

정부 서비스 전환의 구체적 형태는 플랫폼으로서의 정부 역할을 통해 핵심 가치와 사회의 주요 행위자가 모두 체험하게 되는 유기적인 조정자로 나타나게 된다. 여기에서의 개방성과 포괄성은 따로이 존재하는 외재적 가치가 아니라 정부 3.0 단계로 전환되면서 완성태를 지향하는 것을 의미한다.

정부 2.0 이전의 정부 서비스는 일방향적 최종 서비스 전달로 귀결되는 자판기형 정부였다. 정부가 보유한 정보의 디지털화, 프로세스 온라인화 등 ICT 활용이 정부 내 업무에 집중되고, 국민에게 최종 산출물 형식으로 일방향적인 서비스를 제공하는 전달자, 즉 '자판기'로서 기능한 것이다. 그러나 정부 2.0 이후의 정부 서비스는 서비스 개방과 참여, 협업을 주도하는 플랫폼형으로 전환되어야 한다. 즉, 정부의 정보를 국민에게 개방하고 공유하며, 국민이 정부 서비스 전달 과정에 적극 참여할 수 있도록 지원하여 스스로 새로운 가치를 창출할 수 있는 협력의 장(場)을 만들어 주는 '오픈 소셜 플랫폼' 서비스를 제공해야 한다.

2) 정보의 개방성 확보

전자정부 이용률의 저조함이나 서비스 개선의 필요성이 제기되는 근거는 서비스 이용의 불편함, 국민의 필요에 적합한 서비스 제공, 국민들의 요구에 대한 신속한 반응성, 신기술 혹은 개방적 기술의 사용이 부족하다는 것 등이 제기되고 있다.

첫째, 기관 간 정보 공유가 원활하게 이루어질 수 있도록 단계별 공공정보 표준을 마련하여, 표준 기반의 개방형 시스템 구조를 마련할 필요가 있다.

둘째, OPEN API와 CC(Creative Commons) 적용 환경을 구현해야 한다. 즉, 공공 서비스의 개방성을 확보하기 위해 소스 코드를 공개한 OPEN API를 적용하고, 저작권의 문제를 유연하게 개방한 CC를 적용하여 정보 공유 문화의 확산에 기여할 필요가 있다. 공유자원 포털(www.data.go.kr)에서는 프로그램과 데이터 공유자원을 공개하고 있는데 이 서비스에서의 정부기관 OPEN API 현황은 <표 6-10>과 같다.

표 6-10 공유자원 포털에서 OPEN API를 제공하는 정부기관

제공 기관	서비스 수				오페레이션 수
	계	SOAP	REST	RSS/ATOM	
경기도	18	9	9		40
국민권익위원회	11	11			26
국회도서관	6	2	3	1	15
기상청	9		9		73
농림수산식품부	33	13	20		90
문화재청	4	4			12

문화체육관광부	7		7		31
법제처	5	5			32
서울특별시	11	6	5		56
식품의약품안전청	10	10			19
지식경제부 우정산업본부	9	2	7		26
행정안전부	10	2	8		21
합계	**133**	**64**	**68**	**1**	**441**

자료: www.data.go.kr/pubs/pot/IntroSvc.do/

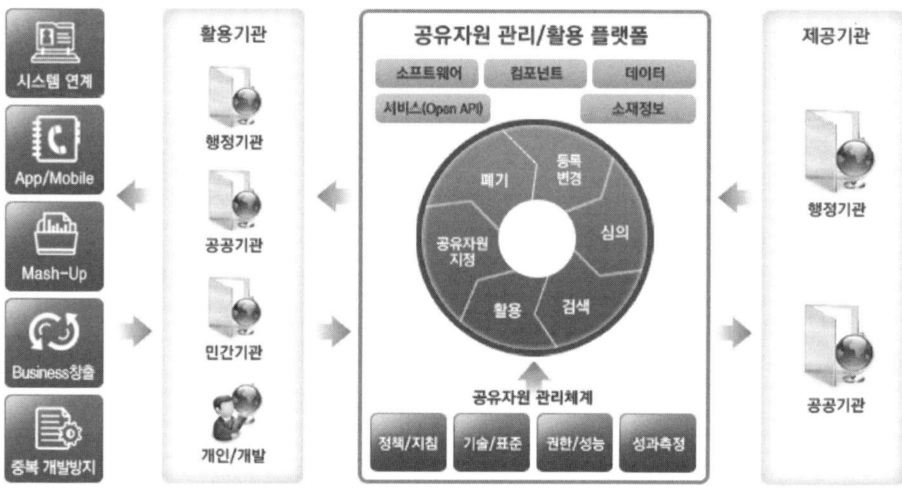

그림 6-11 공유자원 활용의 개념도

자료: www.data.go.kr/pubs/pot/IntroSvc.do

셋째, (형식적이지 않은) 실질적인 정보공개 방안을 마련해야 한다. 현 단계의 공공 홍보는 더 많은 정부 정보의 데이터화와 그 데이터에 대한 개방적인 접근이 기본적인 과제인 만큼,[5] 실질적인 정보공개를 위해 더욱 박차를 가해야 한다.

정부는 2001년 이후 국가지식포털사업으로 지식 DB를 확보하여, 총 139종의 국가 DB를

5) 미국은 물론이고, 영국의 경우 민간산업 육성을 목표로 이미 2001년 공공정보등록소가 보유한 정부자산의 소재 정보를 공개하는 등 적극적인 정책을 펼치고 있으며, EU 역시 일자리 창출과 경쟁력 향상을 목표로 공공정보 개방에 나서고 있다(“정부 앱 더딘 정보공개, 민간은 한숨,” 『연합뉴스』 2010년 12월 9일자).

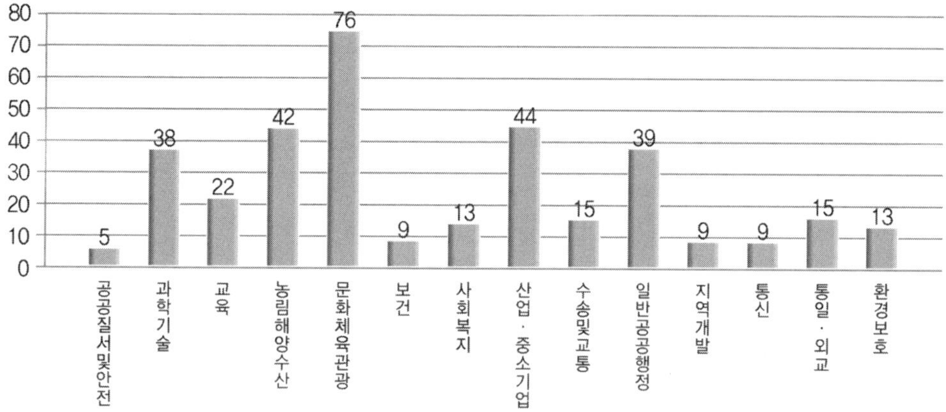

그림 6-12 공공정보활용지원센터 제공 DB의 종류 및 분포

자료: bit.ly/MGGx3S.

구축하고 국가기관 등이 보유하고 있는 1,068종의 정보 가운데 약 59%에 달하는 629종의 정보를 공개하고 있으며, 2010년 6월 10일, 한국정보화진흥원 내 공공정보활용지원센터(bit.ly/bfurYM)를 개소하여 현재 351건의 DB를 공개하고 있다.

한편, 모바일 분야에서는 공공앱 서비스 활성화를 위해 2010년 12월 현재 버스운행정보, 취업정보, 위해식품정보 등 13개 국가정보 서비스에 대해 개방을 추진하고 있으며, 2013년까지 100개 국가 서비스의 단계적 개방을 추진하고 있다.[6)]

3) 공공정보의 신뢰성과 최신성 확보

공공정보는 민간 서비스와의 유연한 연계를 통해 신속히 업데이트된 최신 정보를 제공하여 신뢰성과 최신성을 확보해야 한다.

4) 매시업(mash-up) 공공정보 제공

정보 활용은 단일 형식의 정보에 머물지 않고 기술, 서비스, 콘텐츠의 융합을 통해 더욱 진일보하게 진화할 수 있다. 따라서, 지도 데이터, 기상 데이터, 지역경제 지표, 투표율, 지

6) 기상청, 경찰청, 조달청 등 6개 기관에서 40여개 공유 서비스를 제공 중이다.

역정책자료, 의료보건 가이드, 출생, 사망, 결혼, 부동산과 같은 등록 정보, 인구 통계 정보, 정부 간행물에 대한 재이용이 원활하게 이루어질 수 있는 기반을 마련할 필요가 있다.

5) 시맨틱과 클라우드 신기술의 적극 도입

맞춤형 정부 구현을 위해 시맨틱(Semantic) 기술을 적극 도입하여 정부 데이터를 가상으로 저장하고, 활용할 수 있는 클라우드(Cloud) 정부 서비스센터를 운영한다.

6) 모바일 정부 서비스 강화

스마트폰 사용자 3천만 명 이상인 현재의 모바일 활성화 환경에 적합한 이동정부 서비스를 제공할 필요가 있다. 따라서 전략적인 공공앱 운영안을 마련하고, 민관 협력에 의한 개방적 플랫폼을 형성하며, 범정부 소통형 앱 플레이스 구축, 콘텐츠 규모와 품질 고양, 기술적 개방성과 편의성 확보, 적극적인 홍보 방안 등을 마련해야 한다.

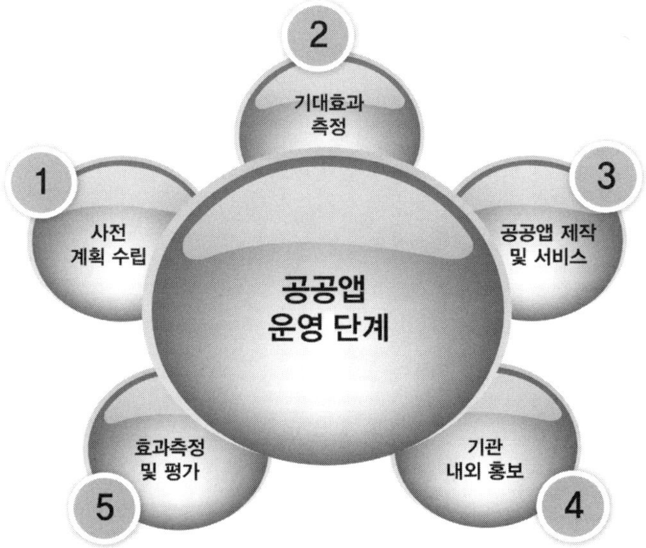

그림 6-13 공공앱 운영의 단계별 선순환 구조

2 커뮤니케이션

1) 접근성 향상

모든 미디어의 활용을 위해서는 접근성을 향상시킬 필요가 있다. 숙명여대 웹발전연구소가 한국웹접근성인증위원회와 함께 43개 정부부처의 웹사이트를 평가한 결과 공정거래위원회, 감사원, 교육과학기술부 등 14개 기관은 정보 검색에 대한 개방성이 가장 낮은 것으로 평가되었다(<표 6-11> 참조). 반면, 기획개정부, 행정안전부, 산림청, 통계청, 행정중심복합도시건설청 등 5개 부처는 웹 개방성이 높은 부처로 평가되었다.

이 평가에는 검색 로봇의 접근 차단 여부, 각 페이지의 색인 가능 여부, 액티브 엑스나 자바 링크로 외부에서의 정보 접근 차단 여부, 자바 스크립트 오류로 인한 정보 제공 제한 등 네 가지 항목을 기준으로 평가가 이루어졌는데, 대부분의 기관이 접근성이 대단히 낮다고 평가된 것이다. 특히 일반적인 웹 접근성에 더해 스마트 소셜 미디어의 경우 스마트 격차(smart divide)라고 할 수 있는 정보 소외계층이 많이 나타날 수 있다. 또한 홈페이지조차 접근하기 어려운 환경에서 다양한 스마트 소셜 미디어의 활용은 원천적으로 차단될 수 있다는 측면을 고려할 때, 국내 웹 접근성 환경에 대한 기본적인 인프라 간소화와 편리성 향상은 매우 중요한 과제라고 볼 수 있다.

표 6-11 정부기관의 웹 개방성 순위

순위	부처명	웹 개방성 지수	등급
1	기획재정부	96	A(우수)
	행정안전부	96	
	통계청	96	
	산림청	96	
	행정중심복합 도시건설청	96	
6	국가보훈처	92	
	외교통상부	92	
	병무청	92	
9	국가정보원	88	B(양호)

	방송통신위원회	84	
10	중소기업청	84	
	식품의약품 안전청	84	
	국무총리실	80	
13	기상청	80	
	해양경찰청	80	
	국민권익위원회	76	
16	통일부	76	C(보통)
	농림수산식품	76	
	지식경제부	76	
	국토해양부	76	
	국세청	76	
22	특임상관실	72	
	법제처	68	
23	문화체육관광부	68	
	농촌진흥청	68	
	청와대	64	D(미흡)
26	금융위원회	64	
	법무부	64	
	대검찰청	64	
	감사원	8	
	공정거래위원회	8	
	교육과학기술부	8	
30	국방부	8	
	보건복지부	8	
	환경부	8	
	고용노동부	8	E(매우 미흡)
	여성가족부	8	
	관세청	8	
	조달청	8	
30	방위사업청	8	
	경찰청	8	
	소방방재청	8	
	문화재정	8	

자료: "홈페이지 정보, 검색 차단한 정부부처 많다." 한국경제신문. 2012.7.25.

접근성의 또 다른 한 축은 스마트 격차의 해소이다. 정부기관의 스마트 소셜 미디어 환경에 적합한 홍보의 고도화 전략만큼 중요한 것은 정부기관 홍보의 보편적 소통을 확대하는 것이다. 이는 복합한 전자정부 서비스의 수혜를 받지 못하는 노인, 장애인 혹은 정보 접근이 어려운 계층(information poor)을 위해 상담원의 직접 응대를 원칙으로 하는 110 콜센터 서비스를 제공한 원칙과 같은 관점이다. 즉, 기본적인 스마트 소셜 미디어 홍보 서비스(Basic Public PR)를 제공해야 한다. 스마트 소셜 미디어 사용자가 1,000만~3,000만 명까지 규모가 급증하는 환경이라고 해도 공적인 의미에서의 활용도는 매우 낮은 실정이기 때문에 이와 같은 필요성은 더욱 절박하다. 스마트 소셜 미디어 서비스는 서울과 같은 대규모 도시의 젊은 층 중심의 서비스라는 비판을 아직까지는 귀를 기울일 필요가 있다.

따라서, 기본적인 홍보에서는 로그인, 개인 확인을 위한 인증, 복잡한 사용자 환경(User Interface)이 아닌 간편한 이용 방법을 통하면서도 스마트 소셜 미디어를 활용할 수 있는 범정부기관 서비스를 모색해야 한다. 예를 들면, 사전에 충분한 수요 조사를 통해 방문 빈도나 사용 빈도가 높은 기관과 서비스(정책)에 대한 대표번호 안내를 하는 스마트 소셜 미디어 핫라인(hot line) 서비스를 제공하는 것이다. 일종의 비상전화 콜센터 번호와 같이 1=대통령실 중요 행사, 2=외교 핫이슈 게시판, 3=중요 고용정보, 4=어린이를 위한 정부기관(및 정책) 안내, 5=체감 복지정보, 6=연말정산 정보 등을 제시하는 것이다. 혹은 온 국민의 생애주기(life cycle)에 맞는 가장 기본적인 스마트 소셜 미디어 서비스를 집중적으로 제공하는 방법도 생각해 볼 수 있다.

이와 같은 서비스를 제공하여 정부기관이 특정 계층이 아닌 보편적인 대상을 위해 홍보를 하고자 하며, 단지 기술만을 앞세운 편향적인 홍보를 제공하는 것은 아니라는 것도 밝힐 필요가 있는 것이다.

2) 이용률 제고

전자정부 서비스의 이용률은 2007년의 41.1%에서 2009년에는 60.2%로 증가했다. 그러나 우리나라는 세계적 수준의 전자정부 기반의 기술이라는 외피를 갖추었음에도 불구하고 수요자인 국민들의 관심과 주의를 끌기에는 부족하고 실질적인 이용률은 저조하다는 평가가 많이 제시되고 있다(한세억, 2011: 8).

따라서 정기적이되 과학적인 이용률 조사가 필요하다. 즉, 기관의 실적을 평가하기 위한 이용률 수치 상승만을 도모할 것이 아니라 이용률과 만족도와 관계, 변화의 원인에 대한 분석 등이 뒷받침되어야만 PR 채널의 확대가 근거를 가지게 되는 것이다. 특히, 보편적인 민간 스마트 소셜 미디어 서비스에 비해 접근성이나 이용 방법이 불편한 공공 서비스의 낙후성은 스마트 소셜 미디어 시대에도 여전히 극복되고 있지 못함을 유념하여 실질적인 이용률을 높일 수 있는 민관 협력 방안에 대한 모색이 필요하다.

3) 피드백

UN은 미국과 아일랜드의 블로그, 포럼, 커뮤니티 등 다양한 스마트 소셜 미디어에서의 2년간 50만 건의 대화에 나타난 채팅(chatting) 정서를 분석하여 실업률 대책을 마련한 바 있다. 분석 방법으로는 소셜 미디어 애널리스틱스(Socialmedia Analystics)와 SAS 텍스트마이너 솔루션을 사용했는데 채팅 속의 감정을 기분 점수(Mood Scores)라는 지수로 계량화하고 이 점수와 대화량이 실업률 변화에 미치는 영향을 분석한 것이다. 분석 결과 실업률 증가 직전에는 식료품 구입 감소, 대중교통 이용량 증가, 차량 다운그레이드(downgrade)에 관한 대화가 급증했으며, 이에 따라 실업률이 증가하면 소득이 감소했기 때문에 휴가 취소, 의료비 지출 감소, 담보물 처분, 퇴거 등의 대화가 자주 등장했다.

이와 같은 빅 데이터(big data) 혹은 소셜 데이터(social data) 분석이 상시적으로 이루어질 경우, 과거처럼 문제가 발생한 후에 해결책을 제시하는 지체된 느린 상황이 아니라 신속하게 문제를 발견하고 예방하는 등 대응할 수 있게 된다. 따라서 정부PR에서는 상시적으로 스마트 소셜 미디어에서의 시민들의 정·부(positive/negative) 반응을 지수화하여 더욱 개선된 정보로 개선하거나 신속하게 피드백할 수 있는 방안을 모색할 필요가 있다. 이제는 단순히 채널을 개설하고 서비스를 실시하고 있다는 것에 만족할 것이 아니라 서비스의 효능감을 실시간으로 과학적으로 분석 평가하고 대응하는 시대가 되었음을 유념할 필요가 있다.

제 6 절 법제도 환경 개선

정부 2.0의 핵심 가치인 개방·참여·공유를 구현하기 위해서는 많은 장애 요인이 존재한다. 예를 들면, 정보 공유는 여전히 진행 중인 도전이다. 정부와 국민 사이에 정보 공유가 잘 이루어지지 않는 이유는 정부나 국민이 정보 공유를 원하지 않기 때문이 아니라, 공유를 방해하는 행정적 · 법제도적인 구조가 진행되고 있기 때문이다(Corrin, 2012.6.20.). 따라서 이와 같은 법제도적인 환경을 개선하지 않은 채 기술적 차원으로만 접근하면 문제 해결은 이루어지지 않는다.

따라서 '열린 정부'를 위한 법제도 정비는 SNS 사용 국민에 대한 개인정보 보호[7]와 저작권 등의 분야에서 우선적으로 시행될 필요가 있다.

먼저 개인정보 보호 부문은, 각 기관 SNS 사이트의 개인정보 보호정책을 미리 검토하고, 해당 기관 개인정보 보호정책과의 일치 여부, 정보 소유권 보유자, 개인정보 보호정책의 파급 효과 등을 확인해야 한다. 공식 SNS를 운영할 때에는 「개인정보보호법」에 의거하여 국민의 개인정보를 취급해야 하지만 여전히 완전한 개인정보 보호가 이루어지고 있다는 신뢰를 주지 못하고 있는 상황이다.

다음으로 합법적인 콘텐츠 관리를 위한 저작권 문제가 있다. 저작권 보호를 위해서는 원저작자로부터 저작물 사용에 대해 항상 허락을 받아야 하며, 저작권법에 저촉되는 자료를 올렸을 경우 이에 대한 보상 문제 발생에 대비해야 한다. 또한 스마트 소셜 미디어상의 이미지(사진, 비디오)도 사용할 경우 등장하는 인물들의 초상권을 사용할 수 있도록 사전에 허락을 받거나, 허락을 받지 못할 경우에 대한 대비책을 사전에 수립해야 한다. 저작권법에 저촉되는 콘텐츠가 게시되었다는 이의 제기나 경고를 받을 경우, 문제가 되는 해당 콘텐츠를 즉각 삭제해야 하며, 계속적으로 경고 조치가 들어올 경우 해당 계정을 삭제하는 것을 권장한다. 저작권법에 저촉되지 않는 방법으로 타인이 제작한 콘텐츠의 일부를 사용하는 경우에도 상업적인 목적으로 사용될지 비상업적인 목적으로 사용될지 여부, 콘텐츠를 일부 발췌하여 사용할 때 사용하는 부분이 양적으로 표절로 인식될 만큼 문제될 정도인지 여부에 대해 판단해야 한다. 또한 유연한 CCL(Creative Common License)의 적용이 공공 영역에서 얼마나 가능할 수 있는지에 대한 사회적 공론화 작업도 모색해 볼 필요가 있다.

이와 같은 공공정보 제공 지침, 정보공개, 개인정보 보호, 저작권, 국가재정과 계약 등 정보공개와 관련된 법제도가 상충되지 않도록 정확하게 제정되어야 한다. 이를 위해 「국가정보화기본법」, 「온라인디지털콘텐츠산업발전법」, 「위치정보의 보호 및 이용 등에 관한 법률」, 「저작권법」 등 관련법의 개정이 필요한데, 미국(「전자정보자유법」, 1996, 「정부실천계획」, 2009), 영국(「공공정보 재이용에 관한 법률」, 2005), 호주(「범정부 차원의 정보공개 체계 정

7) 관계부처합동(2011. 7. 12: 26-30).

립에 관한 지침」, 2009)에서의 가이드라인과 법제도 정비는 이러한 과제 실현을 위한 훌륭한 참조 사례라고 할 수 있다. 특히 2012년 5월에 발표된 영국 내각부의「공무원을 위한 스마트 소셜 미디어 지침」은 현실적으로 참조할 수 있는 좋은 지침이다.

결론적으로 성급한 신기술의 적용이나 원칙 없는 홍보는 그간의 노력을 무화(無化)시킬 수 있는 점이 있다는 것을 유념할 필요가 있다. 또한 주요 국가의 사례에 비해 국내의 정부기관 PR는 어느 정도 매우 지속적으로 발전해 왔다는 사실도 높이 평가할 수 있다. 그러나 지금은 잘못해 왔다는 비판이 필요하기보다는 좀 더 잘할 수 있다는 관점에서 더욱 능동적이고 적극적인 정부PR의 과제에 대해 연구할 필요가 있는 것이다.

참고 문헌

국내 문헌

강정석 · 이재호 · 최호진 (2010). 「정부 신뢰와 소통 제고를 위한 Public Relations 시스템 구축」. 한국행정연구원.

관계부처합동 (2011). 「공직사회 SNS 활성화 기반 구축」. 국무회의 보고자료.

국정홍보처 (2007). 「참여정부 5년 정책홍보백서」. 국정홍보처.

금희조 (2010). 온라인 소셜 미디어와 참여적 사회자본. 「한국방송학보」, 24(5): 9-45.

김윤권 · 윤수재 · 최호진 · 이재호 (2011). 글로벌 행정환경 변화에 따른 미래 정부조직 재설계 연구. 한국행정연구원 KIPA 연구보고서 2011-10.

김희연 · 오주현 (2012). 국내외 SNS의 현황과 사회적 의미. 「정보통신정책」, 제24권 12호. 19-42.

남기범 (2010). 정부조직의 소셜 미디어 사용자 지침에 관한 연구. 「한국지역정보학회지」, 13권 3호. 41-63.

도준호 · 심재웅 · 이재신 (2010). 「소셜 미디어의 확산과 미디어 이용 행태 변화」. 한국언론진흥재단.

DMC미디어 (2012a). 「소셜 미디어 현황 및 전망」.

——— (2012b). 「한국인의 소셜 미디어 라이프스타일」.

류석진 · 조희정 (2009). 「디지털 컨버전스 환경에서의 정치제도와 시민사회 변화 연구」. 정보통신정책연구원.

류한석 (2011). 전자정부 추진 방향에 대한 제언. 「스마트정부 오픈포럼 자료집」, Vol. 1. 27-41. 한국정보화진흥원.

문정욱 (2009). 미국의 IT를 활용한 열린 정부 구현 전략 소개: 'Data.gov'를 중심으로. 「방송통신정책」, 21권 16호. 100-105.

문화체육관광부 (2010). 「뉴미디어를 활용한 정책홍보 가이드라인」.

문화체육관광부 · 행정안전부 (2011). 「공직자 SNS 사용 원칙과 요령」.

문화체육관광부 보도자료(2011). 공무원이라면 SNS 사용은 이렇게.

박동서(1997). 「한국행정론」. 법문사.

박재완(2008). 새 정부 정부혁신의 방향. 「한국행정학회 2008년도 기획세미나 발표논문집」. 3-40.

박준·최홍·박성민(2011). 「소셜 미디어가 여는 새로운 정책환경」. 삼성경제연구소.

박춘식(2010). 「안전한 모바일 서비스 구현을 위한 보안 방안」. 행정안전부 주최 스마트폰 기반 전자정부 추진전략 세미나 발표문.

서인석(2010). 「소통 방식의 변화를 주도하는 페이스북」. 삼성경제연구소.

서진완(2011). 「지방자치단체 소셜 미디어 활용 방안 연구」. 한국지역정보개발원.

소셜비즈니스인사이트(2012). 「제1회 정부부처 SNS 분석」.

송인혁·이유진 외 한국 트위터 사용자들(2010). 「모두가 광장에 모이다: 소셜이 바꾸는 멋진 세상」. 아이앤유.

송정희(2010). Gov 2.0으로 가기 위한 서울시 준비와 변화. 나경원 의원실 주최 정책토론회 「거버먼트 2.0의 구현과 발전전략 모색」.

송희준·김은정·권효진·유효정(2012). 한국과 일본의 정보공개 제도와 운영 실적의 비교연구: 중앙정부를 중심으로. 「한국행정학보」, 46(1): 289-312.

송희준·조택(2007). 한국의 전자정부: 성과와 과제. 「정보화정책」, 14(1): 20-38.

연세대학교 산학협력단(2011). 「공직자를 위한 SNS 사용 길라잡이」. 문화체육관광부.

오석홍(2007). 「행정학」. 박영사.

오유진(2012). 「소셜 미디어의 힘: 잠자리 효과」. 포스코경영연구소.

유재웅·박현우(2009). 일간지 분석을 통한 'PR'과 '홍보' 용어의 의미 분석. 「한국광고홍보학보」, 11(4): 93-118.

윤종수(2010). Government 2.0 in web 2.0 Era. 나경원 의원실 주최 정책토론회 「거버먼트 2.0의 구현과 발전전략 모색」.

이보경·김태진(2012). 「페이스북에 관한 거의 모든 것: 현재와 미래」. Digieco.

이은주(2011). 컴퓨터 매개 커뮤니케이션으로서의 트위터: 향후 연구의 방향과 과제. 「언론정보연구」, 48권 1호.

이진형(2011). SNS의 확산과 동향. 「*Journal of Communications & Radio Spectrum*」, Vol. 44: 54-58.

이호영·김희연·정부연·장덕진·김기훈(2011). 「소셜 미디어의 성장과 온라인 사회관계의 진화」. 정보통신정책연구원.

전자정부특별위원회(2003). 「전자정부백서」.

정국환 외(2010). 「공공-민간 소통합리성 증진과 협업 촉진 방안 연구」. 정보통신정책연구원.

정부연(2010). 모바일 환경 변화에 따른 모바일 콘텐츠 및 앱의 변화 추세와 시사점. 「방송통신정책」, 제22권 18호. 37-64.

정유진·배국진(2008). 「소셜네트워킹 서비스의 동향과 전망」. 한국과학기술정보연구원.

조화순 (2010). 「디지털 거버넌스: 국가, 시장, 사회의 미래」. 책세상.

조희정 (2009). 「정보사회의 사회통합구조와 정부-시민 간 소통 활성화 방안」. 한국정보화진흥원.

——— (2011). 전자정부 시민참여 서비스의 전환과 정부 모바일 애플리케이션의 쟁점: 중앙정부와 지방정부의 활용 현황을 중심으로. 「의정연구」, 제17권 제2호. 71-109.

조희정 · 강원택 (2010). 『디지털 정치조직의 출현과 e-거버넌스의 미래』. 정보통신정책연구원.

조희정 · 이상돈 (2011). 네트워크 사회의 사회적 개인의 발현과 공조: 소셜 미디어를 활용한 의제 제안 · 의제 연결 · 집단화 과정을 중심으로. 「시민사회와 NGO」, 제9권 제2호. 231-267.

조희정 · 이승현 (2011). 「공공앱 현황과 발전 방안」. 국회입법조사처.

지은희 (2007). 「Government 2.0, 웹 2.0시대의 공공서비스」. SW Insight 정책리포트.

최선희 (2008). 웹 2.0과 정부의 역할 변화. 「정보통신정책」, 제20권 5호.

팔란티리 (2020, 2008). 「우리는 마이크로 소사이어티로 간다: 세상의 변화를 읽는 디테일 코드」. 웅진윙스.

한국인터넷진흥원 (2011). 인터넷 이용 실태조사.

——— (2012). 「글로벌 방송통신 통합리포트」, 제69호.

한국정보화진흥원 (2007). 「미래 유비쿼터스 정부의 진화, Government 3.0」. 유비쿼터스 사회연구시리즈, 제29호.

——— (2008). 「국가정보화전략 및 성과연구」.

——— (2009a). 공공부문 소셜 네트워크 서비스 도입의 이슈와 방향. *CIO Report,* 제12호.

——— (2009b). 주요 선진국의 소통형 디지털 정부 추진 현황과 시사점. *CIO Report,* 제14호.

——— (2010a). 공공부문의 성공적인 소셜 미디어 도입 및 활용전략. *CIO Report,* 제24호.

——— (2010b). 미래지향적인 국정 운영을 위한 국가정보화 역량 강화 방안. *CIO Report,* 제27호.

——— (2010c). 스마트 정부의 공공정보 개방과 이용활성화 전략. *CIO Report,* 제28호.

——— (2010d). 스마트사회 구현을 위한 공간정보 서비스 활용전략. *CIO Report,* 제29호.

——— (2011a). 「스마트 정부 구현을 위한 협업 활성화 전략」. IT정책연구시리즈, 제15호.

——— (2011b). 「플랫폼형 정부 구현을 위한 전략 방안 연구」.

——— (2011e). 「국가정보화백서」.

——— (2011f). 미디어 패러다임 변화에 따른 정부의 소셜 미디어 커뮤니케이션 방향. *IT&Future Strategy,* 제13호.

——— (2011g). 스마트사회 실현을 위한 新국가정보화전략 분석: 영국. *IT&SOCIETY,* 제4호.

——— (2011h). Beyond IT 시대의 정보화전략 방향 III, 미발표 보고서.

——— (2011i). 「재난 안전 부문의 소셜 미디어 활용 선진 사례 연구」.

——— (2012). 「전자정부 선진국의 정책 추진 동향: ③ 북미지역(미국, 캐나다)」.

한세억 (2011). 스마트정부의 가치와 지향.「스마트정부 오픈포럼 자료집」, Vol. 1. 3-25. 한국정보화진흥원.

행정안전부 (2010a).「모바일 전자정부 보편적 서비스 제공을 위한 표준화 및 공공정보 공유」.

——— (2010b).「국민과 함께 하는 세계 최고의 차세대 전자정부 비전 및 과제」.

행정안전부 · 정보화진흥원 (2008).「전자정부사업백서」.

행정안전부 · 행정정보공유추진단 (2010). 정보공유 실천 방안 연구.

홍준형 (2010).「스마트폰 기반 전자정부: 이용 활성화를 위한 법제도적 해법 모색」.

황상민 (2011). 인간 중심 전자정부 추진 방향에 대한 제언.「스마트정부 오픈포럼 자료집」, Vol. 1. 43-56. 한국정보화진흥원.

황종성 (2011). IT와 정부 역량: 서울시 사례를 중심으로.「한국정보사회학회 2011년 상반기 연례학술대회 자료집」, 80-97.

●… 국외 문헌

Auer, Matthew R. (2011), The Policy Sciences of Social Media. *Policy Studies Journal*, 39(4): 709-736.

Boyd, D. M. & N. B. Ellison (2008). Social Network Sites: Definition, history, and scholarship. *Journal of Computer-Mediated Communication*, 13: 210-230.

Butcher, Mike (2010). UK government sets its data free, for the people's apps. *TechCrunch*.

Cabinet Office United Kingdom (2012). *Social Media Guidance for Civil Servants*.

Conneally, Paul (2011). Digital Humanitarianism. TED 강연. bit.ly/KB2Mlw

Corrin, Amber (2012). Can New Mobile Government Plans Overcome Old Problems? *Federal Computer Week*.

Dawes, Sharon S., Anthony M. Cresswell, & Theresa A. Pardo (2009), From "Need to Know" to "Need to Share": Tangled Problems, Information Boundaries, and the Building of Public Sector Knowledge Networks, *Public Administration Review*, May/June, 392-402.

GAO US (2011). *Social Media: Federal Agencies Need Policies and Procedures for Managing and Protecting Information They Access and Disseminate*, Report to Congressional Requesters.

Government 2.0 Taskforce Report (2009). *Engage: Getting on with Government 2.0.* gov20.kr 옮김. 2011.『호주 정부 2.0 태스크포스 보고서: 참여와 소통의 정부 2.0』. 서울: iNU(www.gov20.kr).

IBM (2012). *Leading through Connections: Insights from the Global Chief Executive*

Officer Study.

Kaplan, Andreas M. (2012). If You Love Something, Let It Go Mobile: Mobile Marketing and Mobile Social Media 4x4, *Business Horizons*, 55: 129-139.

Kaplan, Andreas M. & Michael Haenlein (2010). Users of the World, Unite! The Challenges and Opportunities of Social Media, *Business Horizons,* 53: 59-68.

Kirkpatrick, David (2010). *The Facebook Effect: the Inside Story of the Company That Is Connecting the World*, New York: Simon & Schuster.

Lakhani, Karim R., Robert D. Austin, & Yumi Yi (2010) *Data.Gov*, Harvard Business School Press.

Leadbeater, Charles (2008). *We-think: Mass Innovation, not Mass Production.* Profile Books. 이순희 옮김 (2009). 『집단지성이란 무엇인가』. 21세기북스.

Merchant, Raina M., Elmer, Stacy & Lurie, Nicole (2011). Integrating Social Media into Emergency-Preparedness Efforts. *The New England Journal of Medicine.* Government spends thousands on iPhone apps. BBC News. 2010년 6월 2일자.

National Audit Office (2012). *Cross-government review: Implementing transparency.*

OECD (2004). *The e-Government Imperative*, OECE e-Government Studies, OECD, Paris.

——— (2007). *Participative Web and User-Created Content: Web 2.0, Wikis, and Social Networking.* OECD, Paris.

O'Reilly, Tim (2012). *Government as a Platform.* //ofps.oreilly.com/. accessed July 8, 2012.

O'Reilly, Tim, Daniel Lathrop, & Laurel Ruma (eds.) (2010). *Open Government: Collaboration, Transparency, and Participation in Practice.* O'Reilly Media. CC Korea 자원활동가 옮김 (2012). 『열린 정부 만들기: 모든 시민이 참여하는 투명한 정부 2.0 프로젝트』. 에이콘.

Pahlka, Jennifer (2012). Coding a better government. TED 강연. bit.ly/w4Yv8i

Ramsey, Todd (2004). *On Demand Government: Continuing the e-government Journey.* IBM Press.

Rory, Cellan-Jones (2010). Government apps: A case for the axe?. *BBS News blog.*

Salamon, Lester M. (2002). The New Governance and the Tools of Public Action: An Introduction. in Lester Salamon ed. *The Tools of Government: A Guide to the New Governance.* Oxford University Press.

Sander, Todd (2011). *Government 2.0 : Building Communities with Web 2.0 and Social Networking.* Digital Communities.

Shirky, Clay (2009). "어떻게 소셜 미디어는 역사를 만들어내는가." bit.ly/gIXJ9

United Kingdom Cabinet Office (2012). *Social Media Guidance for Civil Servants.*

United Nations Department of Economic & Social Affairs (2010). *United Nations E-Government Survey 2010: Leveraging E-Government at a Time of Financial and Economic Crisis*, UN, New York.

U.S. Department of Emergency (2010). *Social Networking for Emergency Management and Public Safety*. Pacific Northwest.

U.S. Navy (2010). *Navy Command Social Media Handbook.*

Verci, Dejan, Betteke van Ruler, Gerhard Butschi, & Bertil Flodin (2001). On the Definition of Public Relations: A European View, *Public Relations Review*, 27: 373-387.

Weimer, David L. & Aidan R. Vining (2005). *Policy Analysis: Concepts and Practice*, 3rd ed. Englewood Cliffs: Prentice-Hall.

Weinberg, Bruce D. & Ekin Pehlivan (2011). Social Spending: Managing the Social Media Mix. *Business Horizons*, 54: 275-282.

White, Candace & Joosuk Park (2010). Public Perceptions of Public Relations, *Public Relations Review*, 36: 319-324.

White House (2009). *Open Government Directive.*

——— (2012). *Digital Government: Building a 21st Century Platform to Better Serve the American People.*

World Economic Forum (2011). *The Future of Government: Lessons Learned from around the World.* "What is the Ushahidi Platform?"(vimeo.com/7838030)

웹사이트

대한민국정부 공공앱: m.korea.go.kr

디엠씨미디어 www.dmcmedia.co.kr

미국 공공앱: apps.usa.gov

미국 샌프란시스코 시 공공앱: datasf.org/showcase

미국 총무성 모바일 정부 프로젝트: www.gsa.gov/makingmobilegov

영국 공공앱: apps.gov.uk

방송 프로그램

MBC. 2010. 2. 18. "후플러스: 애플의 공습"

SBS. 2010. 7. 21. "뉴스추적: 스마트폰의 불편한 진실"

SBS. 2010. 12. 8. "손 안의 디지털 혁명"
EBS. 2011. 1. 18. "IT 문명 세상을 바꾸다 3부: 스마트 빅뱅, 스마트 라이프"
SBS. 2011. 2. 9. "디지털의 진화, 스마트한 세상을 만들다"
CBS. 2011. 6. 6. "세상을 바꾸는 시간 15분: 1회 진짜 스마트하게 사는 법"
KBS. 2011. 6. 12. "스마트 혁명, 세상을 바꾸다"
MBC. 2012. 7. 5. "IT 코리아, 스마트로 업로드하다"
MBC. 2011. 9. 27. "프라임: 스마트, 세상을 바꾸다"
MBC. 2012. 2. 23. "세상보기 시시각각: 스마트폰의 경고"
MBC. 2012. 3. 2. "세상보기 시시각각: 스마트 몰래카메라 범죄"
CBS. 2012. 3. 26. "세상을 바꾸는 시간 15분: 122회 스마트 시대, 시간의 진화"

저자 약력

송희준

[주요 경력]
서울대학교 인문대학 국사학과(문학사), 서울대학교 행정대학원(행정학석사)을 거쳐 펜실베이니아대학교 워튼스쿨에서 정책학박사 학위를 취득했다.
주요 경력으로는 사회과학대학장, 정책과학대학원장, 한국정책학회장, 한국정책분석평가학회장, 대통령자문 전자정부특별위원회 위원장, 정부혁신지방분권위원회 위원, ICT대연합 운영위원장을 역임했으며, 현재 이화여자대학교 행정학과 교수로 재직 중이다.

[주요 관심 분야]
정책형성 및 집행론, 정책평가론, 전자정부, 국가정보화정책 등.

[주요 저서 및 논문]
대표 저서로는 『행정개혁실천론』(법문사, 오석홍 편) 등 공저 5권이 있으며, 주요 논문으로 “한국과 일본의 정보공개 제도와 운영실적 비교연구”(한국행정학보, 2012) 등 70여편이 있다.

조희정

[주요 경력]
서강대학교에서 “미국 전자투표와 기술수용 정치: 브라질 · 에스토니아와 비교를 중심으로”로 정치학 박사학위를 취득했다.
주요 경력으로는 중앙선거관리위원회 전문계약직(2015), 국회입법조사처 문화방송통신팀 입법조사관(2010~2013) 등을 역임했으며, 현재 서강대학교 사회과학연구소 책임연구원으로 재직 중이다.

[주요 관심 분야]
전자민주주의를 중심으로 전자정부론, 전자투표, 온라인 선거운동 등.

[주요 저서 및 논문]
대표 저서로는 『민주주의 기술: 미국의 온라인 선거운동』(2013), 『네트워크 사회의 정치와 민주주의: 정부, 정당, 시민사회의 변화와 전망』(2010)이 있으며, 주요 논문으로 “정당의 소셜미디어 활용 현황과 과제: 의제 · 자원 · 확산 전략을 중심으로”(2012), “전자정부 시민참여 서비스의 전환과 정부 모바일 애플리케이션의 쟁점”(2011), “Government 2.0 in Korea: Focusing on E-participation Services”(2010) 등이 있다.

소셜 미디어와 정부PR

펴낸날 / 제1판 제1쇄 2013년 5월 30일
지은이 / 송희준 · 조희정
펴낸이 / 임춘환
펴낸곳 / 도서출판 대영문화사
주소 / 서울 용산구 청파동 1가 178-2 ㊄ 140-869
등록 / 1975년 12월 26일 제3-16호
전화 / (02)716-3883, (02)714-3062
FAX / (02)703-3839
홈페이지 / http://www.dymbook.co.kr

ISBN 978-89-7644-441-7
ISBN 978-89-7644-444-8(세트)

〔값 15,000원〕